股市抄底技术图谱大全

刘文杰◎编著

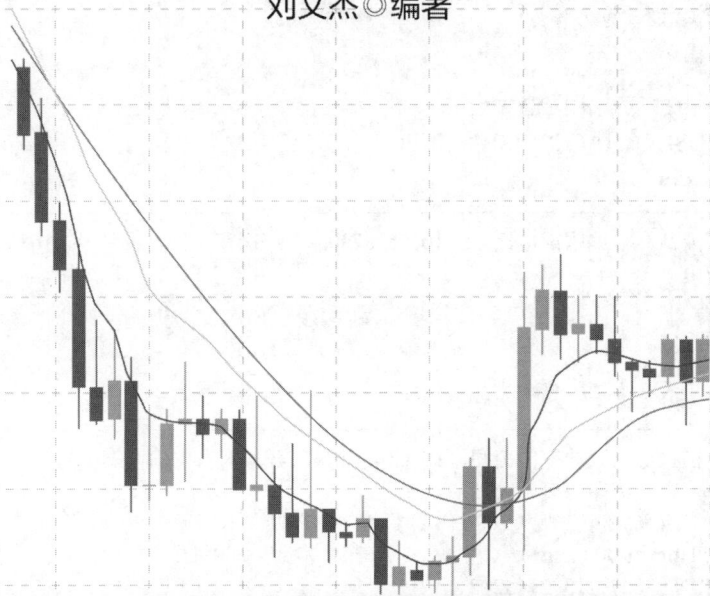

中国铁道出版社有限公司
CHINA RAILWAY PUBLISHING HOUSE CO., LTD.

内 容 简 介

　　本书从抄底的角度出发，为股民介绍了多种技术抄底方法，帮助股民更好地判断股价底部信号。全书共 11 章，可分为 3 个部分，即技术抄底准备部分、技术抄底入门部分和技术抄底进阶部分。

　　书中大量使用图例方式讲解，且图例上有进行充分说明的图标注，能帮助读者更直观地感受案例所要表达的内容，让读者更快地学会相关知识。因此，既适合初入股市的股民和希望通过炒股实现理财的读者，也适合有一定经验的股民参考了解。

图书在版编目（CIP）数据

股市抄底技术图谱大全 / 刘文杰编著 . —北京：
中国铁道出版社有限公司，2021.6（2021.11重印）
　ISBN 978-7-113-27652-2

Ⅰ . ①股…Ⅱ . ①刘… Ⅲ . ①股票投资 – 基本知识
Ⅳ . ① F830.91

中国版本图书馆 CIP 数据核字（2021）第 052401 号

书　　　名：	股市抄底技术图谱大全
	GUSHI CHAODI JISHU TUPU DAQUAN
作　　　者：	刘文杰

责任编辑：张亚慧	编辑部电话：（010）51873035	邮箱：lampard@vip.163.com
编辑助理：张秀文		
封面设计：宿　萌		
责任校对：孙　玫		
责任印制：赵星辰		

出版发行：中国铁道出版社有限公司（100054，北京市西城区右安门西街 8 号）
印　　刷：三河市宏盛印务有限公司
版　　次：2021 年 6 月第 1 版　2021 年 11 月第 2 次印刷
开　　本：700 mm×1 000 mm　1/16　印张：20.25　字数：289 千
书　　号：ISBN 978-7-113-27652-2
定　　价：69.00 元

前 言

每一个进入股市的股民都想在股价低的时候买进，抓住投资机会，以便在价格上涨时获得丰厚的收益回报，也就是抄底。

但是，想要在变幻莫测的股市中准确找到股价底部谈何容易，如果股民贸然抄底，入场后股价继续下跌，股民将面临巨大的精神压力和经济损失。那么，如何抄底，什么时候抄底才是最合适的呢？

为了帮助更多的股民精准抄底，笔者特地精心编写了本书。全书从抄底的角度出发，为广大读者介绍各种底部形态特征，并通过各种各样的方法介绍和技术分析，帮助股民判断真假底部，找到准确的抄底信号，以便在股市中披荆斩棘，股海淘金。

精彩内容

全书共11个章节，通过图解的方式向读者展示了各种经典技术指标分析方法，并讲解具体的实战应用。

第1部分 技术抄底准备（第1章）
这部分是本书的准备篇，也是在正式抄底前需要股民掌握的一些基础知识。主要包括股价的趋势介绍，股价的底部形态和股市投资的一些常见策略，以便股民能对抄底有一个正确的认识。

第2部分 技术抄底入门（第2~7章）
这部分是技术抄底的入门篇，主要介绍了时下市场中热门的一些常见的技术分析方法，包括单根K线及K线组合、长期K线形态、移动平均线、分时走势图、成交量分析和常见的经典技术指标。

第3部分 技术抄底进阶（第8~11章）
这部分是技术抄底的进阶篇，难度相对来说更大，主要介绍了股市筹码分布形态、股价运行趋势分析、如何跟庄和胜庄以及如何识别常见的一些假底陷阱，帮助股民更从容地应对股市变化。

内容特点

知识讲解采用专题介绍，通过顺序编号的方式，方便快速查找。而且讲解过程中大量采用一图展示、要点剖析和分析实例的结构，深入地介绍知识点的用法，以便读者能快速理解和掌握。

一图展示
一张截图，充分展示当前知识点下的指标形态和其特点。

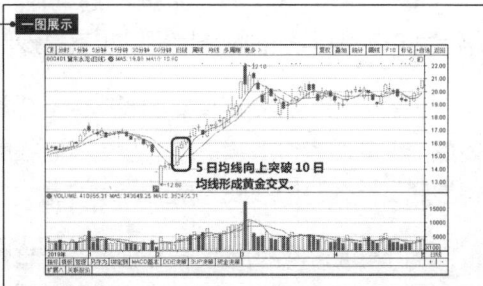

5 日均线向上突破 10 日均线形成黄金交叉。

要点剖析
简洁明了，摒弃模糊概念，直指当前知识点关键所在。

要点剖析

在一波下跌行情后，股价曲线由下向上突破5日均线和10日均线，且5日均线向上突破10日均线，形成黄金交叉，这是资金主动抄底进入的现象，显示多方力量增强，已有效突破空方的压力线，后市上涨的可能性较大，此时是股民买入抄底的好时机。

分析实例 *ST华塑（000509）5日均线向上突破10日均线买入

*ST华塑2020年2月至6月的K线走势如下图所示。

分析实例
实战例证，用标准的、具体的实例介绍指标的运用。

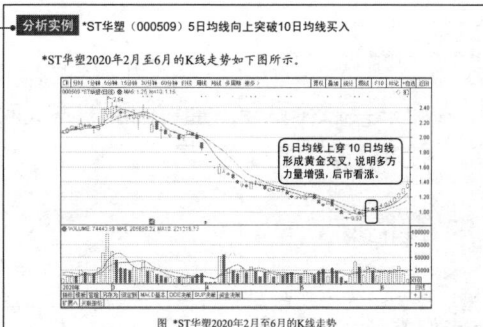

5 日均线上穿 10 日均线形成黄金交叉，说明多方力量增强，后市看涨。

图 *ST华塑2020年2月至6月的K线走势

读者对象

无论是初次接触股市的读者还是经验丰富的老股民，都可以通过对本书内容的学习，进而了解股市，并且掌握更多的抄底方法，以便更精准地寻找到更低的买入点。

编　者
2021年3月

目 录

第1章 技术抄底准备——认清趋势和底部 1

1.1 辨明趋势，才能顺势而为 2

No.001 认清股价运行的趋势 2

No.002 趋势的转折 3

1.2 认清底部，才能买在起涨点 4

No.003 反弹底部 4

【实例分析】黑猫股份（002068）抢反弹 6

No.004 趋势底部 7

【实例分析】中国长城（000066）趋势底部买入 9

No.005 震荡底部 10

【实例分析】国城矿业（000688）震荡底部买入 11

No.006 回调底部 13

【实例分析】万年青（000789）回调底部买进 15

1.3 制定策略，才能精准抄底 16

No.007 左侧交易与右侧交易都可以盈利 16

No.008 投资过程中的仓位管理 17

No.009 提前设置止损点 21

第2章 技术抄底入门——揭秘K线及K线组合 ... 23

2.1 单根K线发出的抄底信号 24

No.010 底部大阳线 24

【实例分析】神州泰岳（300002）底部大阳线抄底 25

No.011 底部T字线 26

【实例分析】宝通科技（300031）底部T字线买入 27

No.012 底部螺旋桨 28

【实例分析】华鑫股份（600621）底部螺旋桨买入 29

No.013 底部锤头线 30

【实例分析】开元股份（300338）底部锤头线抄大底 31

No.014 底部十字线 33

【实例分析】中国汽研（601965）低位十字星抄底 34

2.2 两根K线组合发出的见底信号 35

No.015 好友反攻 36

【实例分析】新华锦（600735）好友反攻抄底 37

No.016 曙光初现 38

【实例分析】扬杰科技（300373）曙光初现抄底 39

No.017 旭日东升 40

【实例分析】三聚环保（300072）旭日东升抄底 41

No.018 看涨吞没 42

【实例分析】金通灵（300091）看涨吞没抄底 43

No.019 身怀六甲 **44**

【实例分析】大理药业（603963）身怀六甲抄底 45

2.3 通过多根K线组合研判底部 46

No.020 早晨之星 **47**

【实例分析】安控科技（300370）早晨之星抄底 48

No.021 底部三颗星 **50**

【实例分析】苏大维格（300331）底部三颗星抄底 52

No.022 低档五阳线 **53**

【实例分析】尔康制药（300267）低档五阳线抄底 54

No.023 低位大阳线上档盘整 **55**

【实例分析】中铁装配（300374）大阳线上档盘整抄底 56

No.024 低位红三兵 **57**

【实例分析】迪安诊断（300244）低位红三兵抄底 59

第3章 技术抄底入门——掌握股票底部形态 61

3.1 认清底部反转形态 62

No.025 认识股票形态学 62

No.026 双重底 **65**

【实例分析】士兰微（600460）双重底突破抄底 67

No.027 头肩底 **69**

【实例分析】中材科技（002080）头肩底突破抄底 70

No.028 圆弧底 **71**

【实例分析】腾邦国际（300178）圆弧底抄底 72

No.029 塔形底 **73**

【实例分析】华西股份（000936）塔形底抄底 75

No.030 V形底 **76**

【实例分析】露笑科技（002617）V形底抄底 78

No.031 岛形底 **79**

【实例分析】海顺新材（300501）岛形底抄底 80

3.2 找准上升趋势中回调波段的整理形态 **81**

No.032 三角形整理 **81**

【实例分析】丰华股份（600615）下降三角形突破买入 84

No.033 楔形整理 **85**

【实例分析】珈伟新能（300317）下降楔形突破买入 86

No.034 旗形整理 **87**

【实例分析】五矿稀土（000831）下降旗形买入 89

第4章 技术抄底入门——移动平均线的运用 91

4.1 通过不同周期均线抄底 **92**

No.035 短期均线抄底法 **92**

【实例分析】泛海控股（000046）短期均线抄底买入 93

No.036 中期均线抄底法 **94**

【实例分析】盐田港（000088）中期均线抄底买入 96

No.037 长期均线抄底法 **97**

【实例分析】中联重科（000157）长期均线底部买入信号 98

4.2 通过均线的交叉、排列抄底 ………………… 100

No.038 5日均线向上突破10日均线 ……………… 100

【实例分析】*ST华塑（000509）5日均线向上突破10日均线买入 ……… 101

No.039 10日均线向上突破30日均线 ……………… 103

【实例分析】威孚高科（000581）10日均线向上突破30日均线买入 ……… 104

No.040 移动平均线多头排列 ……………………… 105

【实例分析】上峰水泥（000672）均线多头排列买进 ……………… 106

4.3 葛兰威尔均线交易法则 ………………… 108

No.041 买点1，黄金交叉 ……………………… 108

【实例分析】沙钢股份（002075）买点1运用 ……………… 109

No.042 买点2，回调不破 ……………………… 110

【实例分析】宜昌交运（002627）买点2运用 ……………… 111

No.043 买点3，小幅跌破 ……………………… 113

【实例分析】广联达（002410）买点3运用 ……………… 114

No.044 买点4，乖离过大 ……………………… 115

【实例分析】新兴铸管（000778）买点4运用 ……………… 116

4.4 通过移动平均线形态抄底 ……………… 118

No.045 银山谷形态 ……………………………… 118

【实例分析】长江证券（000783）银山谷抄底 ……………… 119

No.046 金山谷形态 ……………………………… 121

【实例分析】海印股份（000861）金山谷买进 ……………… 122

No.047 蛟龙出海形态 ……………………………… 123

【实例分析】棕榈股份（002431）蛟龙出海抄底 ……………… 124

第5章 技术抄底入门——看懂分时走势图...... 127

5.1 分时图中交易的基础知识 128

No.048 大盘分时图介绍 128

No.049 个股分时图信息 129

5.2 掌握强势个股分时图具备的特点.................. 130

No.050 回落不踩均价线 130

【实例分析】新洋丰（000902）分时线回调不破均价线............ 131

No.051 盘中分时线向上飙升 133

【实例分析】靖远煤电（000552）分时线盘中飙升 134

No.052 分时线呈稳健式向上攀升 137

【实例分析】风华高科（000636）分时线稳健式攀升............ 138

5.3 根据分时图形态抄底 140

No.053 向上突破平台 140

【实例分析】云内动力（000903）分时线向上突破平台............ 141

No.054 台阶式拉升 143

【实例分析】瑞泰科技（002066）台阶式拉升走势买进............ 144

No.055 分时线V形底 147

【实例分析】东阿阿胶（000423）V形底部形态............ 148

No.056 分时线W形底 150

【实例分析】振华科技（000733）W形底部形态............ 151

No.057 分时线头肩底形态 153

【实例分析】越秀金控（000987）头肩底形态 154

第6章 技术抄底入门——洞悉成交量的变化.....157

6.1 量价关系找准买入点................................. 158

No.058 量增价涨，买入信号................................. 158
【实例分析】大为股份（002213）量增价涨买进 159

No.059 量增价平，持股待涨................................. 161
【实例分析】威孚高科（000581）量增价平抄底 162

No.060 量平价升，持续买入................................. 163
【实例分析】海印股份（000861）量平价升抄底 164

No.061 量减价升，继续持有................................. 166
【实例分析】贝瑞基因（000710）量减价升买进 167

6.2 成交量的底部信号................................. 168

No.062 低位连续地量................................. 169
【实例分析】华西股份（000936）低位地量抄底 170

No.063 低位逐步放量................................. 171
【实例分析】亚厦股份（002375）低位逐步放量 172

No.064 底部缩量涨停................................. 174
【实例分析】大北农（002385）低位缩量涨停买进 175

No.065 低位放量缩量再放量................................. 176
【实例分析】中信国安（000839）低位放量缩量再放量买入 177

No.066 底部巨量大阴线抄底................................. 179
【实例分析】双象股份（002395）低位巨量大阴线买进 180

No.067 底部巨量大阳线抄底................................. 181
【实例分析】以岭药业（002603）低位巨量大阳线买进 182

第7章 技术抄底入门——
借助常见技术指标分析 185

7.1 MACD指标抄底信号分析 186

No.068 MACD指标的意义 186

No.069 DIF和DEA在0轴上方并向上运行 187

【实例分析】克朋面业（002661）DIF和DEA在0轴上方并向上运行............. 188

No.070 MACD的黄金交叉 189

【实例分析】龙大肉食（002726）低位黄金交叉出现买进.............. 190

No.071 红柱线持续放大 192

【实例分析】天健集团（000090）红柱线持续放大 193

No.072 MACD与股价底背离抄底 194

【实例分析】贝达药业（300558）MACD与股价底背离抄底 195

7.2 KDJ指标捕捉买入信号 197

No.073 认识KDJ随机指标 197

No.074 KDJ超卖区买入 198

【实例分析】中矿资源（002738）KDJ超卖信号出现抄底 199

No.075 KDJ金叉买入信号 201

【实例分析】华东医药（000963）KDJ金叉抄底 202

No.076 KDJ和股价底部背离转势 203

【实例分析】御银股份（002177）KDJ和股价底背离抄底 204

7.3 BOLL线研判股价运行趋势 206

No.077 BOLL指标的基本认识 206

No.078 布林线开口形喇叭抄底..**207**

【实例分析】鄂武商A（000501）布林线开口形喇叭实战..................209

No.079 布林线紧口形喇叭抄底..**210**

【实例分析】大为股份（002213）紧口形喇叭抄底..................211

第8章 技术抄底进阶——读懂筹码分布找买点... 213

8.1 认识筹码分布图形态.................................. 214

No.080 筹码分布图的基本信息掌握.................................**214**

No.081 筹码低位密集...**215**

No.082 筹码高位密集...**216**

No.083 筹码低位锁定...**217**

No.084 双峰形态的筹码分布.......................................**218**

8.2 借助筹码形态抄底............................... 219

No.085 放量突破低位单峰密集....................................**220**

【实例分析】贝瑞基因（000710）筹码低位单峰密集抄底..................221

No.086 上峰消失低位新峰..**223**

【实例分析】美锦能源（000723）上峰消失低位新峰买进..................224

No.087 向上突破高位单峰密集....................................**226**

【实例分析】思源电气（002028）股价向上突破单峰密集买进追涨..................227

No.088 洗盘回归后单峰密集.......................................**228**

【实例分析】ST仁智（002629）洗盘回归后单峰密集抄底..................229

No.089 洗盘后再度密集筹码.......................................**231**

【实例分析】新希望（000876）洗盘后再度密集突破买进..................232

第9章 技术抄底进阶——股价运行趋势研判.... 235

9.1 通过趋势线找准底部................................ 236

No.090 如何画趋势线................................ 236

No.091 股价回落至上升趋势线........................ 237

【实例分析】广联达（002410）回落至上升趋势线上买进................238

No.092 股价向上突破下降趋势线...................... 239

【实例分析】华信新材（300717）股价向上突破下降趋势线抄底分析.........240

9.2 艾略特波浪理论的实战运用.................... 242

No.093 八浪基本形态认识............................ 242

No.094 抓住浪1起涨点.............................. 244

【实例分析】格力电器（000651）找到浪1起涨点买进.................246

No.095 利用浪2调整寻找起涨点...................... 248

【实例分析】东北证券（000686）浪2回调底部买进 249

No.096 借助浪3主升浪买入.......................... 250

【实例分析】国元证券（000728）天眼地量抓住浪3.................252

9.3 不同市场行情下的抄底策略.................... 253

No.097 牛市行情中的抄底.......................... 254

【实例分析】神州数码（000034）牛市行情下抄底操作.................255

No.098 熊市行情中的抄底.......................... 257

【实例分析】创元科技（000551）熊市行情下抢反弹.................259

第10章 技术抄底进阶——跟庄与胜庄策略.... 261

10.1 关于庄家你知道多少 262

　No.099 庄家的概念与类型 262

　No.100 庄家的操盘过程 263

10.2 找准庄家建仓的时机 265

　No.101 庄家横盘式建仓 265

　　【实例分析】美锦能源（000723）识别庄家横盘建仓手法 266

　No.102 庄家箱体式建仓 268

　　【实例分析】国光电器（002045）庄家箱体式建仓抄底 269

　No.103 庄家下跌式建仓 270

　　【实例分析】鼎龙股份（300054）下跌式建仓买进 271

　No.104 庄家拉高式建仓 273

　　【实例分析】达安基因（002030）拉高式建仓买进 275

10.3 了解庄家洗盘的手法 277

　No.105 庄家打压式洗盘 277

　　【实例分析】雅克科技（002409）打压式洗盘买进 278

　No.106 庄家平台式洗盘 279

　　【实例分析】领益智造（002600）平台式洗盘买进 280

　No.107 边拉边洗式洗盘 282

　　【实例分析】开立医疗（300633）边拉边洗式洗盘买进 283

第11章 技术抄底进阶——识别假底陷阱 285

11.1 K线及K线组合常见陷阱 286

　No.108 低位大阳线陷阱，后市被套 286

【实例分析】横河模具（300539）识别低位大阳线陷阱...............................287

No.109 探底针陷阱，抄底后继续下跌................................**288**

【实例分析】博深股份（002282）探底针出现，后市继续下跌....................289

No.110 阳包阴陷阱，后市下跌被套................................**291**

【实例分析】ST尤夫（002427）阳包阴组合，抄底被套.........................292

No.111 阴孕阳陷阱，后市看跌...................................**293**

【实例分析】昂利康（002940）阴孕阳陷阱，抄底被套.........................294

11.2 K线中的一些假底形态....................**296**

No.112 假V形底...**296**

【实例分析】莱茵体育（000558）假V形底分析...............................297

No.113 假双重底..**298**

【实例分析】本钢板材（000761）假双重底底分析............................299

No.114 假头肩底..**301**

【实例分析】钱江摩托（000913）假头肩底底分析............................302

11.3 趋势线中的假信号......................**303**

No.115 向上假突破下降趋势线..............................**304**

【实例分析】中工国际（002051）股价向上假突破分析.........................305

No.116 向下假跌破上升趋势线..............................**306**

【实例分析】双塔食品（002481）股价向下假跌破分析.........................307

第1章
技术抄底准备

认清趋势和底部

趋势是对股价运动基本方向的一个描述，投资者掌握了股价的运行趋势，就能够更简单地理解和掌握股价走势的变化和规律，找到股价运行的底部，从而精准地找到买入点，实现炒股获利的目的。因此，认清股价运行的趋势和股价运行的底部是股价抄底的基础。

No.001 认清股价运行的趋势

No.002 趋势的转折

No.003 反弹底部

No.004 趋势底部

No.005 震荡底部

No.006 回调底部

No.007 左侧交易与右侧交易都可以盈利

No.008 投资过程中的仓位管理

......

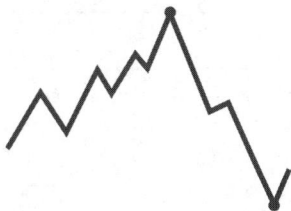

1.1 辨明趋势，才能顺势而为

趋势指事物发展的动向，在股市中趋势是指股价的运行方向。很多人认为股价波动是随机的，实际不是。如果股民细心观察股价走势会发现，股价总是沿着一定的方向波动，这就是趋势。股民只有准确掌握股价的运行趋势，顺应趋势做出投资决策，才能在最大程度上获利。

No.001
认清股价运行的趋势

股价运行的趋势方向有上升、下降和水平 3 种。如果在股价运行过程中后面的波峰和波谷比前面的波峰和波谷要高，也就是一底比一底高，这时的趋势就是上升趋势；如果在股价运行过程中后面的波峰和波谷比前面的波峰和波谷要低，也就是一顶比一顶低，这时的趋势就是下降趋势；如果在股价运行过程中后面的波峰和波谷与前面的波峰和波谷相比没有明显的高低之分，大致上表现为水平延伸，这时的趋势就是水平趋势。

一图展示

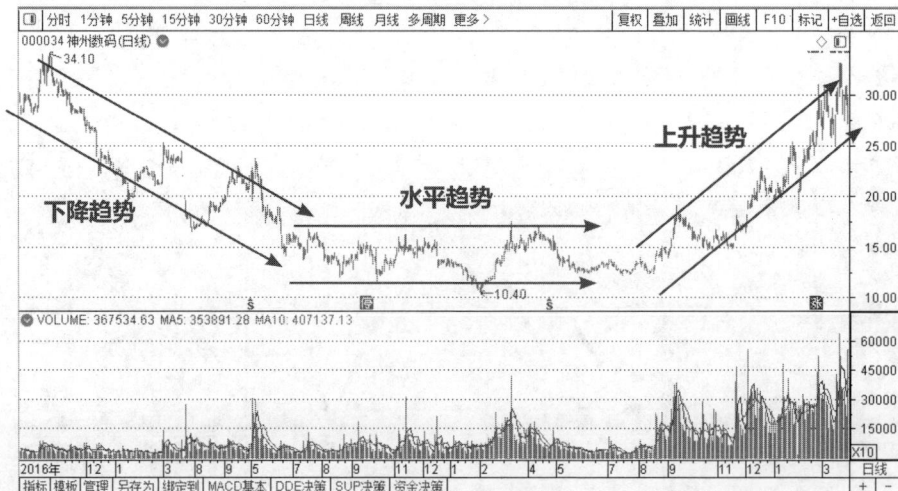

要点剖析

3 种趋势线在股价运行过程中起到不同的作用，具体如下。

◆ 上升趋势线引导股价向上运行，使得股价不断创出新高。

◆ 水平趋势线引导股价展开水平震荡走势，使得股价进行横盘整理。

◆ 下降趋势线引导股价向下运行，使得股价不断创出新低。

股民准确把握上述 3 种不同的趋势线，可以轻松掌握股价的运行方向，然后根据股价的运行轨迹，展开合理、科学的预测和研判。

No.002
趋势的转折

趋势转折是指原本趋势结束，新的趋势产生，所以当股价运行满足这两个条件时即可判断趋势发生转折。

一图展示

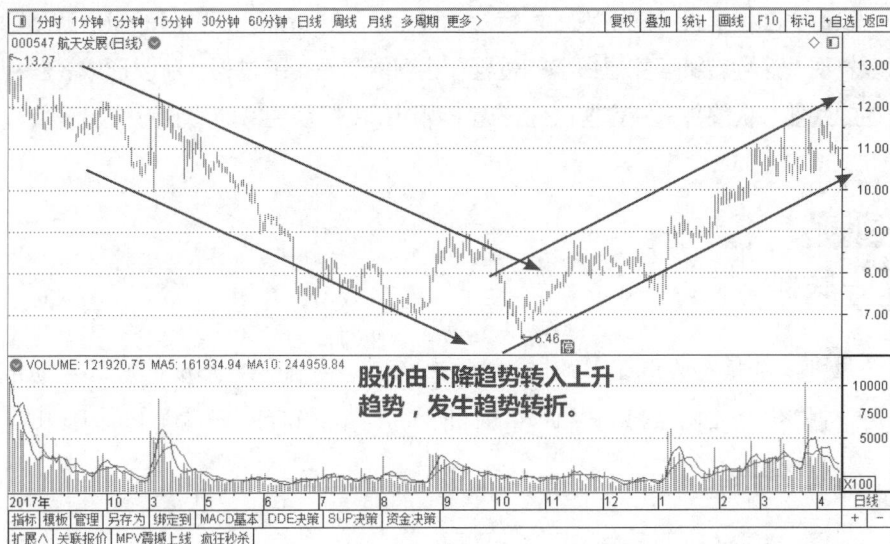

股价由下降趋势转入上升趋势，发生趋势转折。

**要点
剖析**

股价的趋势转折点是炒股的最佳买卖点，是股民关注的重点，但是很多股民对此却不能准确判断，最根本的原因是对转折的确认形成并不理解。想要确认趋势转折，一定是原本趋势已经结束。

如果在上升趋势中，出现一底比一底低，说明趋势发生了转折；如果在下降趋势中，出现一顶比一顶高，说明趋势发生了转折。

另外还需要注意的是，原本趋势的结束并不一定会产生新的趋势。例如，在上涨趋势中，当这个上涨趋势结束后，新生成的趋势方向依然是上涨。此时新趋势中的上涨为趋势重构，或者是上涨趋势的中继形态。趋势转折的关键在于，由一个趋势方向转变为另一个趋势方向，没有发生转变的都不是趋势转折。

1.2 认清底部，才能买在起涨点

股价底部是指股价由下跌运行转为上升运行的转折点，在实际的股价波动中可以发现，这种转折可能是缓慢的过程，也可能是急速的过程，所以形成了多种类型的底部，认清并掌握这些底部形态，可以帮助股民更好地找到股价起涨点。

No.003
反弹底部

反弹底部是指股价在下跌过程中受到支撑，反弹回升形成的底部。通常反弹底部形成的时间较短，出现的时间也不一定，可能在下跌的初期，也可能是中期或者是末期。

一图展示

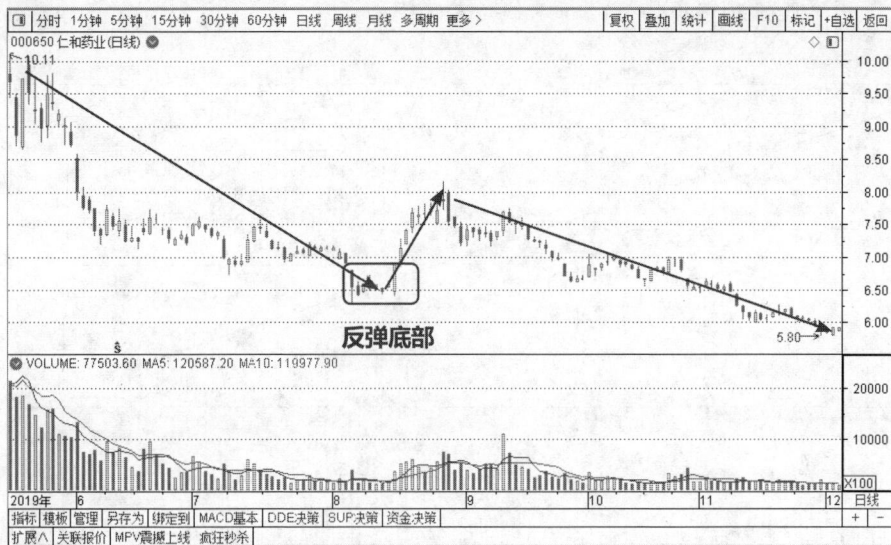

要点剖析

即便市场处于单边下跌行情中，也并不意味着没有操作机会。下跌期间总会有一些反弹出现，找到反弹底部，就能抢到反弹。但是，把握这种反弹机会存在的风险也较大，需要抓住以下几个关键要点。

◆ 首先是对大盘走势的把握，最好是能在大盘股指反弹期间进行操作，这样能够提高抢反弹的成功率。

◆ 判断是否形成反弹底部可以结合多种指示信号来确认，包括股价不再创新低、MACD等指标出现了多头走势、K线出现底部组合形态、成交量放量以及底部出现小平台走势等。

◆ 反弹底部形成，并不意味着股价就一定会出现大幅反弹的走势。需要明确的是反弹只是下跌中继形态，后市还会继续下跌，所以很多个股中的反弹很弱。因此，股民要降低预期盈利点，尤其是在弱市行情中，避免被套。

实例分析 黑猫股份（002068）抢反弹

黑猫股份2019年4～11月的K线走势如下图所示。

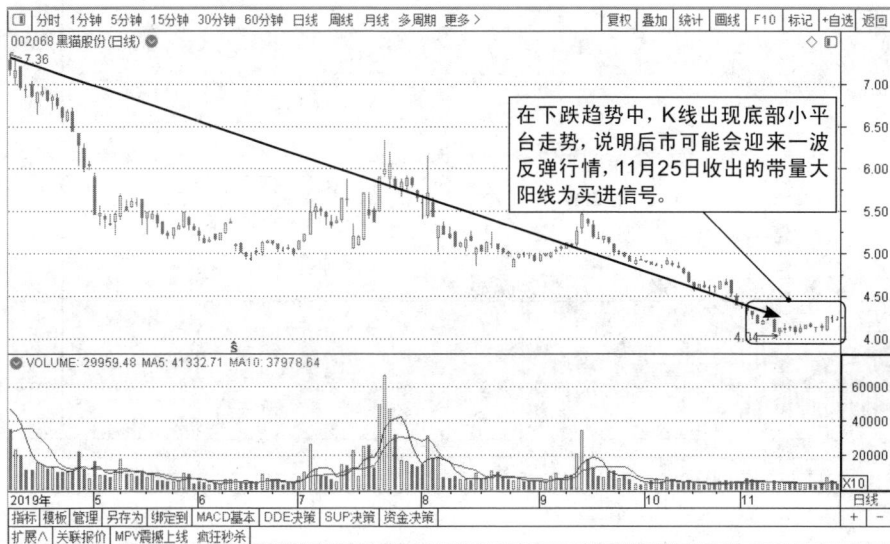

在下跌趋势中，K线出现底部小平台走势，说明后市可能会迎来一波反弹行情，11月25日收出的带量大阳线为买进信号。

图　黑猫股份2019年4～11月的K线走势

从上图可以看到，该股处于下跌行情中，股价从7.36元下跌至5.00元价位线受到支撑止跌，出现两次小幅反弹但都很快继续转入下跌行情中。当股价下跌运行创出4.04元的新低后止跌，股价在4.00～4.20元的窄幅范围内横盘波动，成交量缩量，构筑成典型的底部小平台走势。

11月25日K线收出一根带量大阳线，向上突破小平台上方4.20元的压力位，说明后市可能出现一波反弹上涨行情，前期的小平台走势为反弹底部，股民应该可以在大阳线出现后果断买进，抢反弹。

下图为黑猫股份2019年11月至2020年4月的K线走势。

从下图可以看到，果然放量大阳线出现后，股价开启了一波反弹行情。股价从4.20元上涨至最高4.99元，涨幅达到18.8%。如果股民能够精准地把握这一反弹行情，也可以获得不错的收益。

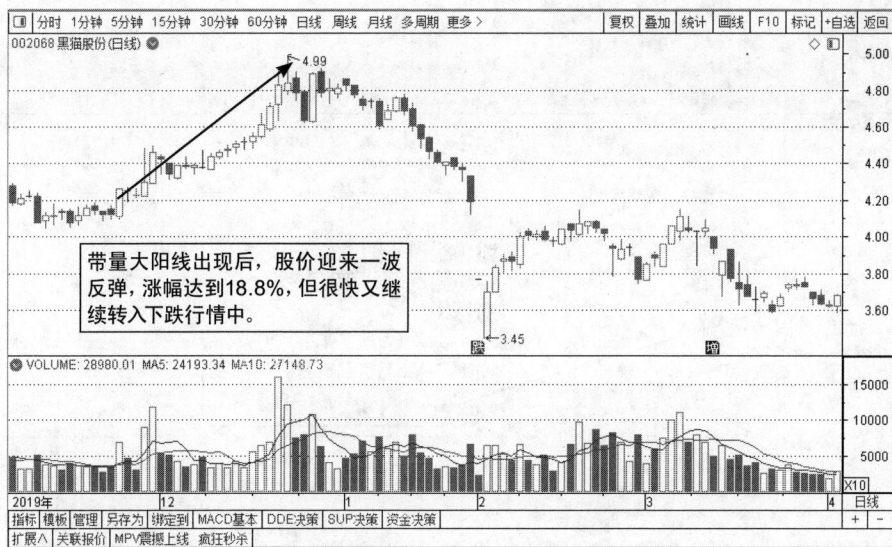

带量大阳线出现后，股价迎来一波反弹，涨幅达到18.8%，但很快又继续转入下跌行情中。

图 黑猫股份2019年11月至2020年4月的K线走势

No.004
趋势底部

　　趋势底部与反弹底部不同，它是指股价一轮下跌趋势结束时形成的底部，所以趋势底部形成的时间更长，且一般出现在股价大幅下跌后的末期。趋势底部形成后，说明后市将迎来一波上涨行情，所以其可操作性更强，也更具有意义。

补充提示 *趋势底部为真正的底部*

　　虽然底部的类型有很多，但是在股民心中只有趋势底部才是真正的底部。因为股价经过了长期的下跌，已经跌无可跌，形成了扎实的底部，行情也真正出现了转机，此时股民可以真正地放心介入，等待后市的上涨行情。

一图展示

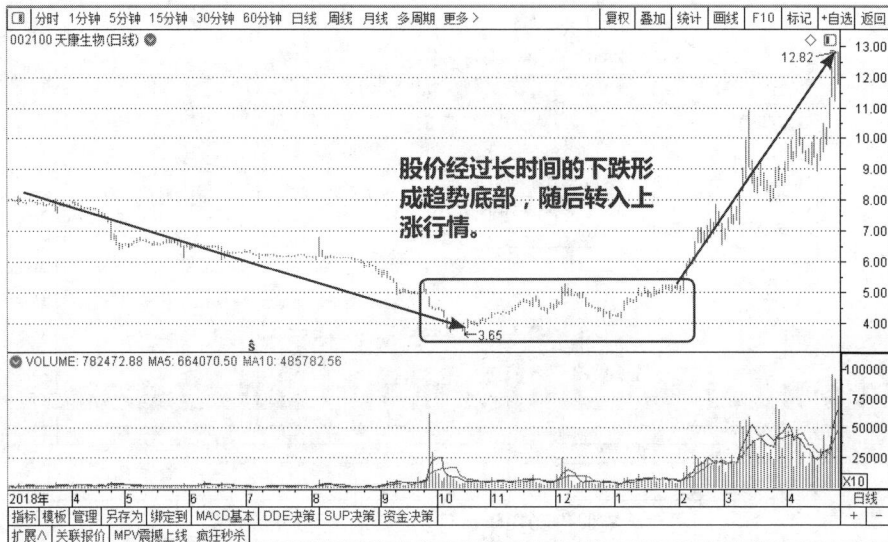

要点剖析

　　趋势底部是难得的操作机会，一旦出现股民要及时把握，趋势底部有以下几个关键点需要股民重点注意。

◆ 趋势底部一定是经过一轮大幅下跌的行情之后形成的。

◆ 趋势底部需要经过大幅度的反复震荡才有可能形成，市场震荡的目的是将市场中不坚定的投资者置换出来，大底才有大机会。

◆ 趋势底部形成之前成交量极度萎缩，表现地量，股价也呈地价。本质上是一轮大幅下跌之后，市场中的投资者没有了信心，市场内交投惨淡。趋势底部形成之后，盘面中的成交量明显放大并且换手率明显增加，市场重新表现出活跃的景象。

◆ 个股在筑底的过程中通常会形成相应的底部形态，因为没有相应底部形态的底部往往是游资的短线行为，并不是真正的趋势底部。常见的趋势底部形态有双重底形态、三重底形态、头肩底形态以及圆弧底形态等。

◆ 在确切的趋势底部形成后，技术指标会出现相应的超卖信号，例如MACD指标、KDJ指标和BOLL指标等，股民可以借助技术指标确定买入机会。

实例分析 中国长城（000066）趋势底部买入

中国长城2015年3月至2019年2月的K线走势如下图所示。

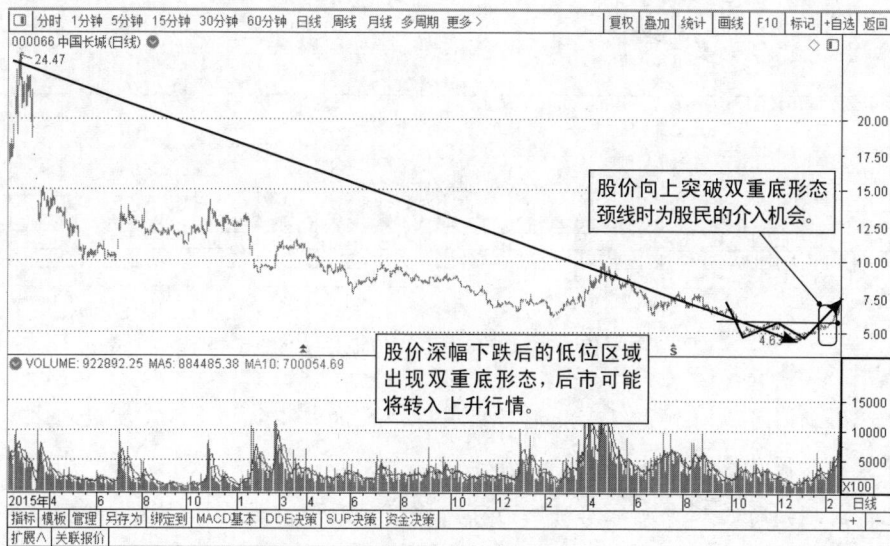

图　中国长城2015年3月至2019年2月的K线走势

从上图可以看到，该股2015年3月起便转入下跌行情中，此番下跌持续了近4年的时间，股价从24.47元跌至最低的4.63元，跌幅达到81%。

2018年10月，股价跌至5.00元价位线后止跌小幅回升，但很快继续转入下跌，股价再次下跌至5.00元价位线附近，获得支撑再次止跌回升。两次下跌的低点大致相同，形成典型的底部双重底形态。

在股价深幅下跌后期出现双重底形态，说明此时的双重底为趋势底部，后市行情必然会反转向上，迎来一波上涨行情。股价向上运行突破双重底形态颈线时，一般为股民最好的介入机会。

下图所示为中国长城2018年10月至2020年8月的K线走势。

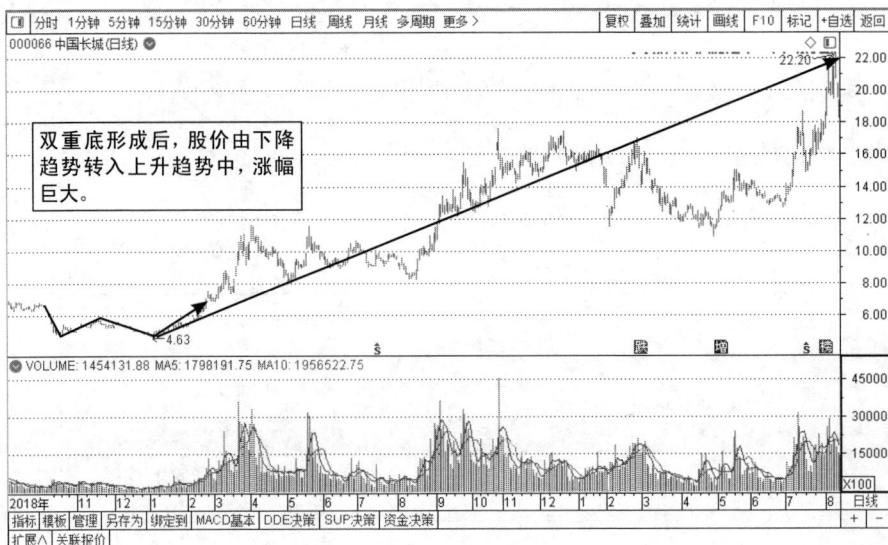

图　中国长城2018年10月至2020年8月的K线走势

　　从上图可以看到，双重底形态出现后，股价由之前的下降趋势转入上升趋势中，股价由最低4.63元，上涨至最高22.20元，涨幅达到379%。由此可见，前期判断的双重底形态确实为可靠的趋势底部，股民抓住这一趋势底部就可以获得丰厚的回报。

No.005

震荡底部

　　股价波动过程中会形成一种震荡走势，行情始终保持在一个区间内上下变化，也就是俗话说的牛皮市。震荡走势可能出现在下跌趋势中，也可能出现在上升趋势中。

　　在下跌趋势中，如果中期出现震荡走势，震荡运行的低点为支撑点，股价向下跌破低点，结束震荡，后市股价继续下跌，此时的震荡底部没有意义。在下跌末期出现震荡走势，走势结束，形成震荡底部，后市上涨。

在上升趋势中，震荡走势出现在初期和中期时具有抄底意义，震荡结束后，形成震荡底部，后市继续看涨。

一图展示

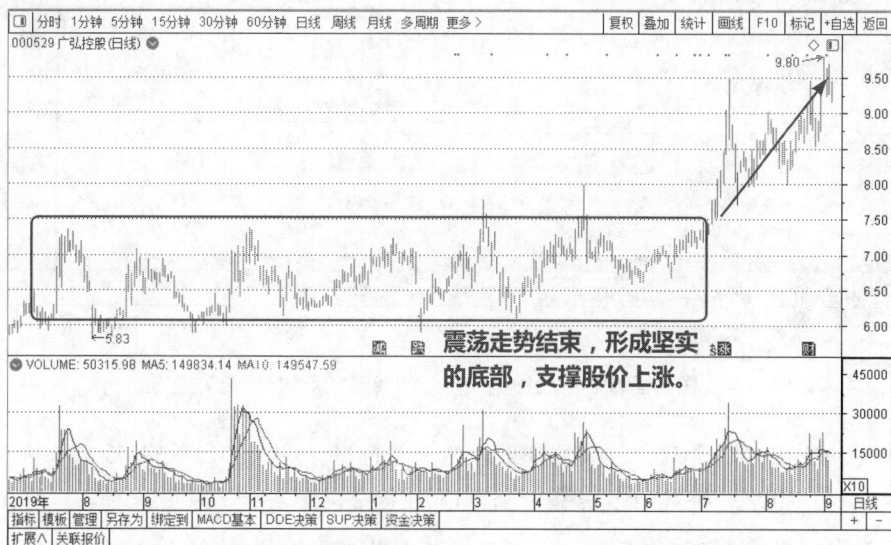

震荡走势结束，形成坚实的底部，支撑股价上涨。

要点剖析

震荡行情实际上是趋势的一个停顿，它与趋势行情相对应，也就是我们常说的盘整行情。准确判断震荡底部，能够帮助股民精准地找到买入机会。震荡底部具有以下两个特点。

◆ 当股价向上运行，有效突破震荡整理区间上边缘时，股民可以积极买入，说明该轮震荡行情结束，震荡底部形成。

◆ 当股价向下运行，有效跌破震荡整理区间下边缘时，趋势变为下降趋势，股民此时要果断出局。

实例分析 国城矿业（000688）震荡底部买入

国城矿业2018年10月至2019年12月的K线走势如下图所示。

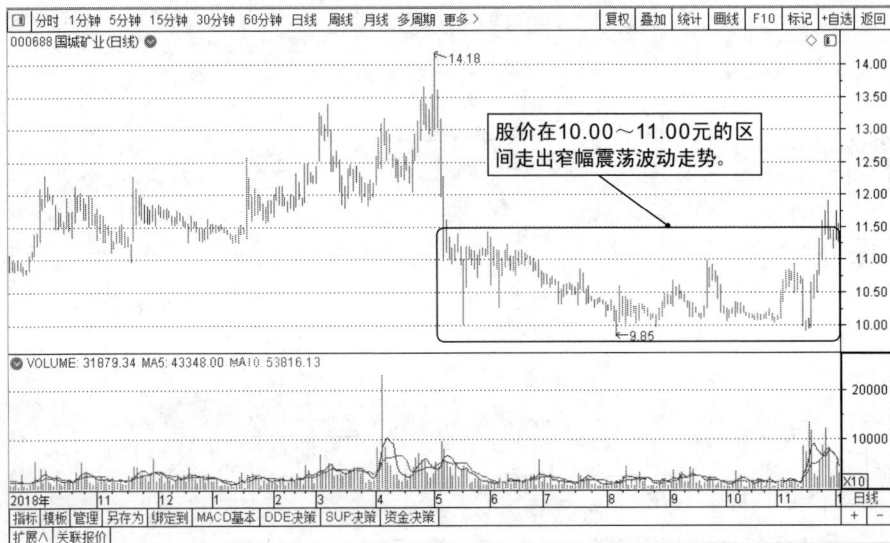

图　国城矿业2018年10月至2019年12月的K线走势

从上图可以看到，该股前期表现为上涨行情，进入2019年5月后止涨转入下跌行情中。股价从14.18元跌至11.00元价位线附近止跌，横盘运行一段时间后继续下跌，创下9.85元的新低后止跌，股价在10.00～11.00元的区间走出窄幅震荡波动走势。

仔细观察可以发现，股价前期处于上升趋势，此番震荡下跌，幅度并不大，并没有发生转折改变股价上升的趋势。所以，此时的下跌应该是股价上涨途中的震荡洗盘，清理场内浮筹，震荡结束股价将继续上涨。

股价在震动过程中，成交量表现出缩量，但进入11月下旬后，K线突然连续收出5根阳线，成交量放出巨量，股价连续上涨靠近并有效突破震荡走势的上边缘线。这说明场内多方聚集能量，震荡走势结束，形成震荡底部，后市的上涨行情即将到来。股价向上突破震荡走势的上边缘线时为股民买入的大好机会。

国城矿业2019年5月至2020年3月的K线走势如下图所示。

从下图可以看到，股价经过近半年的震荡形成坚实的底部，支撑股价向上运行。股价向上突破上边缘线后，转入了稳定攀升的上涨行情中。股价从

12.00元附近，最高涨至19.80元，涨幅达到65%，如果股民在突破上边缘线时买进，此时将获益不菲。

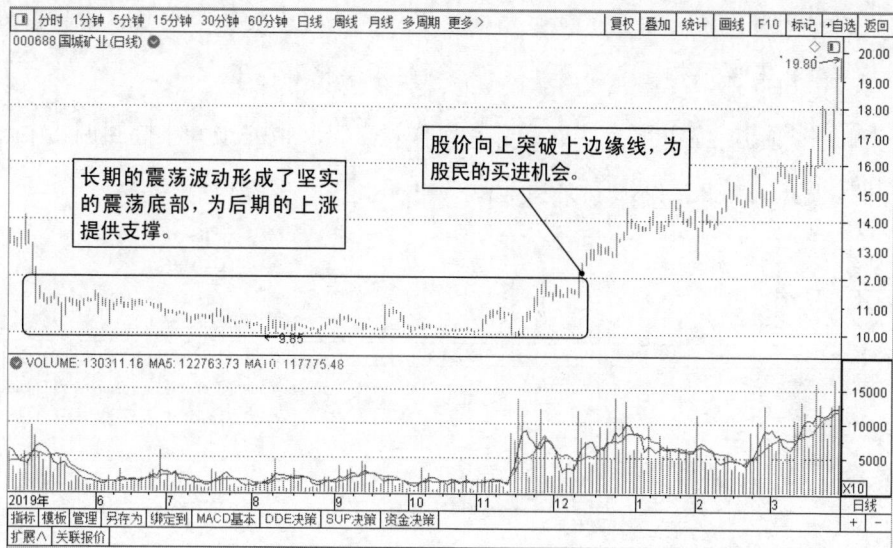

图　国城矿业2019年5月至2020年3月的K线走势

No.006

回调底部

回调指股价在上涨趋势中，由于上涨速度较快，受到空头打压而暂时回落的现象，它可能是上涨趋势的中继，也可能出现上涨头部位置，所以一般在回调后股价会继续上涨。回调结束形成的底部是股民加仓或建仓的机会。

根据回调的幅度可以将回调分为以下 3 类。

◆ 小幅回调指回调的幅度较小，通常不大于上涨波段的1/3，并且回调时间远小于上涨时间，回调时间越短，股价再次上涨的幅度就越大。

◆ 中幅回调指回调的幅度至上涨波段的1/2左右，回调时间接近上涨时间，股价能否再次上涨要看量能是否能再次充分放大。

◆ 大幅回调指回调幅度远超过上涨波段的1/2，回调时间远大于上涨时间，股价再次上涨的可能性较小，庄家可能在顺势出货，或庄家感到抛压沉重，难以继续做高，通过震荡化解抛压。

由此可见，并非所有的回调都有操作意义，回调必须为小幅回调或中幅回调，此时形成的回调底部才具有意义。

一图展示

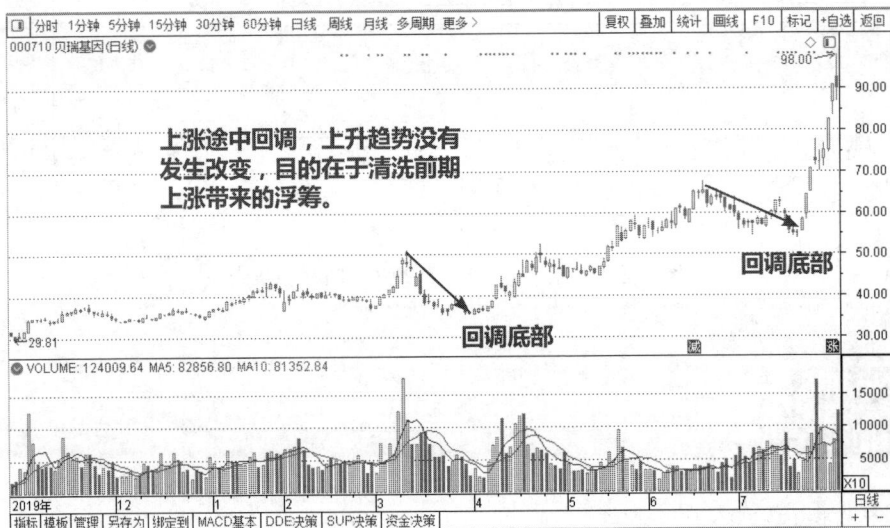

要点剖析

判断回调底部的关键在于对均线系统的利用。均线在股价上涨过程中对股价起到支撑作用，有效的回调通常不会跌破10日均线、20日均线，如果只是短期小幅回调，股价甚至不会跌破5日均线。所以只要股价在回调时触碰到均线系统得到有力支撑后继续上行，此时我们就可以判断行情回调结束，底部形成。

另外，如果股价跌破均线但很快又回到均线之上，也代表回调结束，底部形成，股民买入机会出现。

实例分析 万年青（000789）回调底部买进

万年青2020年2～7月的K线走势如下图所示。

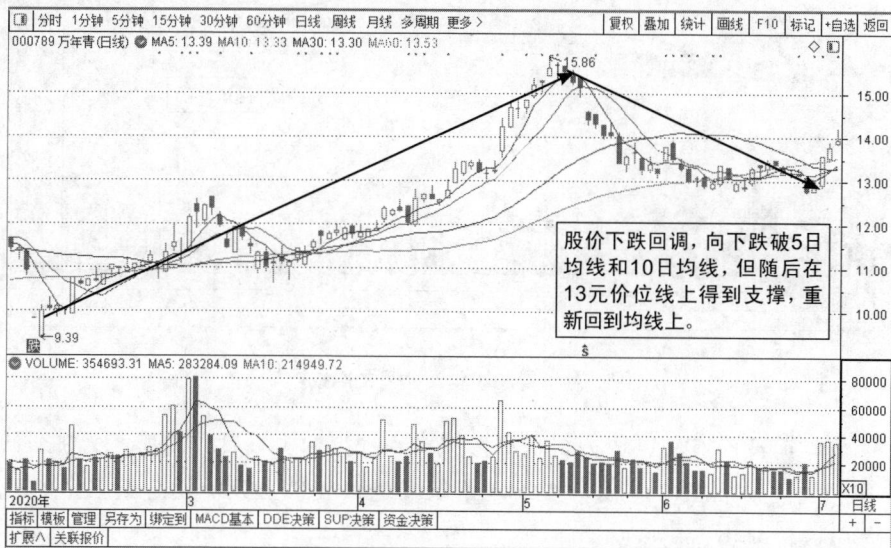

图　万年青2020年2～7月的K线走势

从上图可以看到，该股前期表现上涨行情，股价经过3个多月的上涨，从最低的9.39元上涨至最高的15.86元，随后止涨回调，跌至13.00元价位线时止跌横盘，此时是否为回调底部呢？

我们进一步查看均线可以看到，股价前期上涨时均线呈多头排列，当股价下跌回调时，向下跌破5日均线和10日均线，但随后在13.00元价位线上得到支撑，重新回到均线上。

7月初，K线连续收出带量阳线，拉升股价，使其向上突破均线，位于均线上方，说明股价回调结束，底部形成，此番回调并未改变股价上涨的趋势，后市股价将继续上涨。带量阳线向上突破均线为股民加仓、建仓的大好机会。

万年青2020年2～8月的K线走势如下图所示。

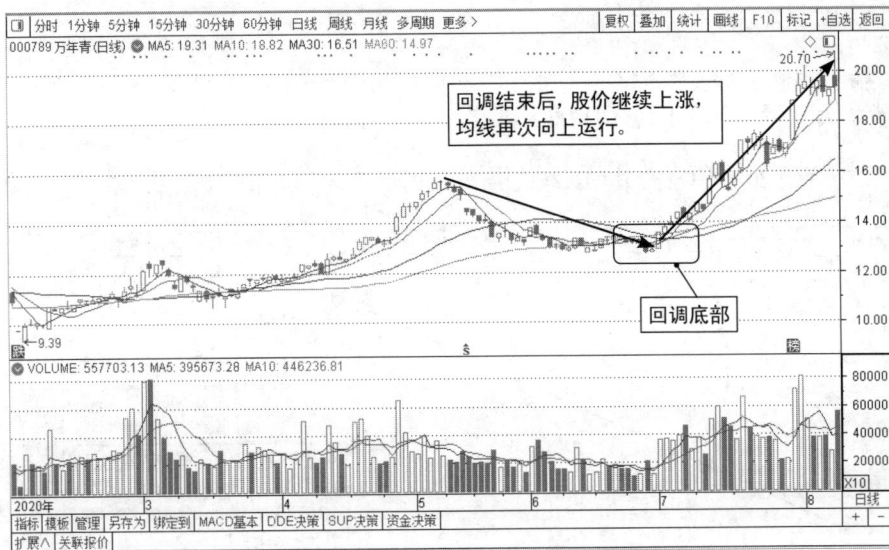

图　万年青2020年2～8月的K线走势

从上图可以看到，回调结束后，均线又再次向上运行，呈现多头排列的
迹象。股民如果在回调底部13.00元附近买进该股，当股价最高涨至20.70元
时，可以得到59%的涨幅收益。

1.3 制定策略，才能精准抄底

古语云"谋定而后动"，意思是制定好策略后再付诸实际行动，更容易取得
成功。炒股也是如此，股民首先需要制定相关的炒股策略，才能使自己在股市中
更加游刃有余。

No.007
左侧交易与右侧交易都可以盈利

左侧交易与右侧交易是股市中最常见的两种投资方式，有的股民倾向于
左侧交易逆势建仓，有的投资者青睐右侧交易顺势而为。实际上，不管是左
侧交易还是右侧交易，只要操作得当都能给股民带来收益。

一图
展示

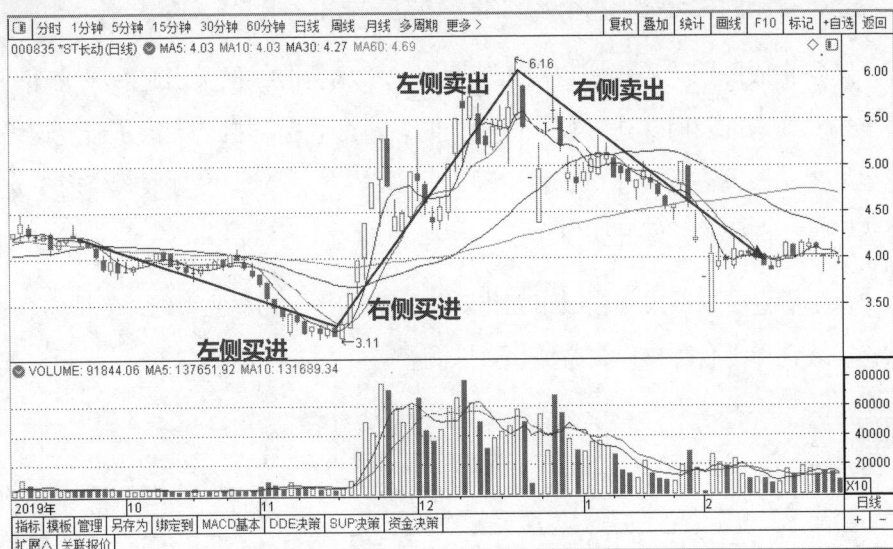

要点
剖析

左侧交易指股价在下跌过程中，在还没有形成明确的底部信号之前做出买进操作，在股价上涨到一定程度还没有出现明确的见顶信号就开始卖出。这样的买卖操作策略属于逆势操作，更加受到基本面分析和价值投资者的青睐。

右侧交易指股价形成明确的底部形态，出现明显的上升趋势时买进，在股价明显见顶出现下跌迹象时卖出。这样的买卖操作策略属于技术分析，要求投资者掌握一定的技术分析能力。

No.008

投资过程中的仓位管理

炒股投资最重要的一环就是仓位管理，简单来说，就是如何根据市场变化来控制自己的仓位，决定如何分批入场、分批离场，以便能够让自己的损失最小化，收益最大化。

仓位控制的关键在于八个字"永不踏空，永不满仓"。

踏空指股民因为看淡股价后市，而全部卖出持股，但卖出之后股价却一路上扬，或未能及时买进，使股民痛失赚取高额收益的机会。为了避免这一情况发生，股民需要对仓位进行管理，即不踏空，要求股民炒股投资时一定要选好时、选好股并好好握住它。

永不满仓要求股民根据股市变化对仓位进行严格的仓位管理，包括建仓、加仓、减仓和平仓等操作，避免一次性满仓。

一图展示

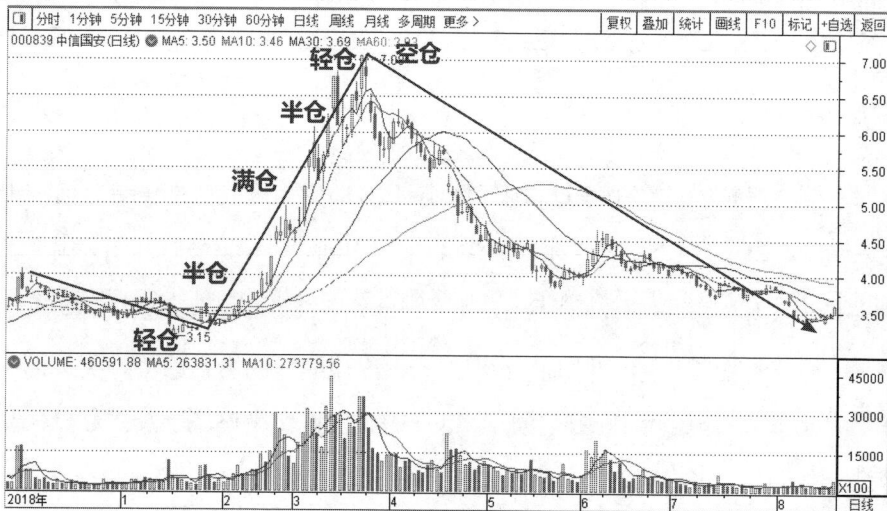

要点剖析

仓位管理的方法有很多，比较常见的有 3 种管理方法，即金字塔形仓位管理法、漏斗形仓位管理法和矩形仓位管理法。

◆ 金字塔形仓位管理法

金字塔形仓位管理法是一种长期投资的方法，指分批次建仓，持仓的增加应该依次递减，形成稳定的金字塔模式。

如果个股长期趋势向好，当股价下跌时，股民以金字塔的方式依次建仓，此时价位越低建仓的数量就越大，当股价上涨时，股民就能获得不错的收益。

金字塔形仓位管理法如下图所示。

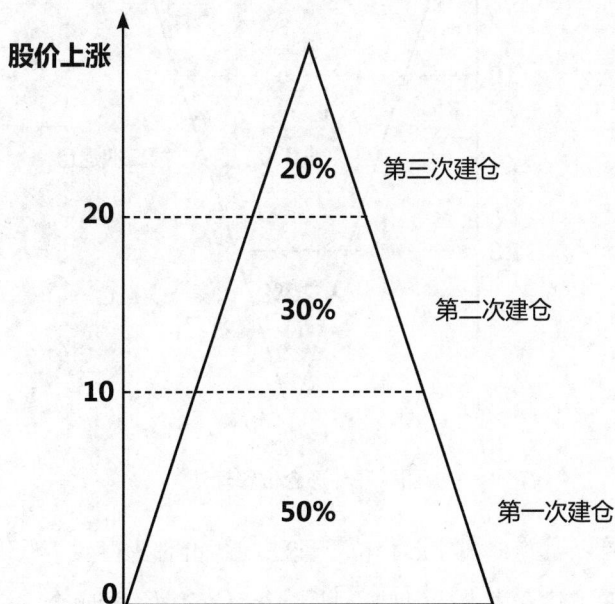

图　金字塔形仓位管理法

从上图可以看到，金字塔建仓的优势在于，股价低位时买得多，股价高位时买得少，虽然相比低位时一次性全仓获得收益更低，但能降低股价下跌带来的风险。

◆ 漏斗形仓位管理法

漏斗形仓位管理法与金字塔形仓位管理法相反，前期进场时投入的资金量小，仓位较轻，买入股价不涨继续跌，后市逐渐加仓，并且加仓的比例越来越大，从而达到摊薄成本的目的。

漏斗形仓位管理法如下图所示。

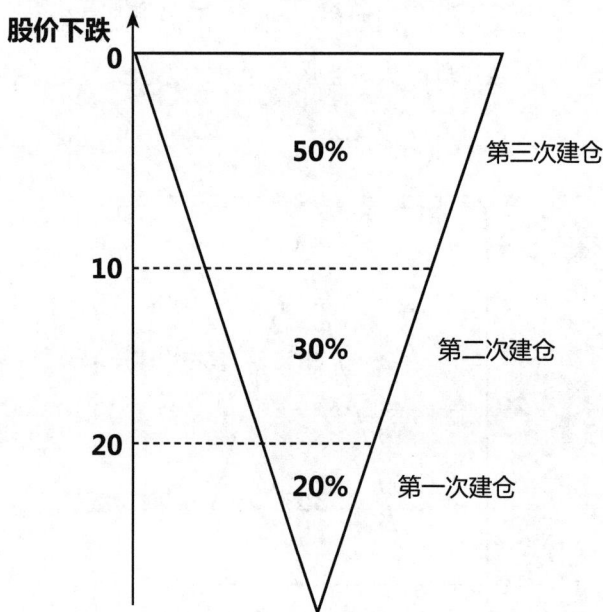

图　漏斗形仓位管理法

从上图可以看到，漏斗形仓位管理法中高价时买得少，低价时买得多，分批建仓降低了建仓成本。但是，漏斗形仓位管理法相比金字塔形仓位管理法风险更大，更适合激进型的股民。

◆　矩形仓位管理法

矩形仓位管理法相比前面两种方法更简单，它将准备入场的资金进行等量分配，然后按批次依次投入。

初始进场的资金量，占总资金的固定比例，如果行情按相反反向发展，以后逐步加仓，降低成本，加仓都遵循这个固定比例，形态像一个矩形，可以称为矩形仓位管理方法。

矩形仓位管理法如下图所示。

股价运行方向

1/3	第三次建仓
1/3	第二次建仓
1/3	第一次建仓

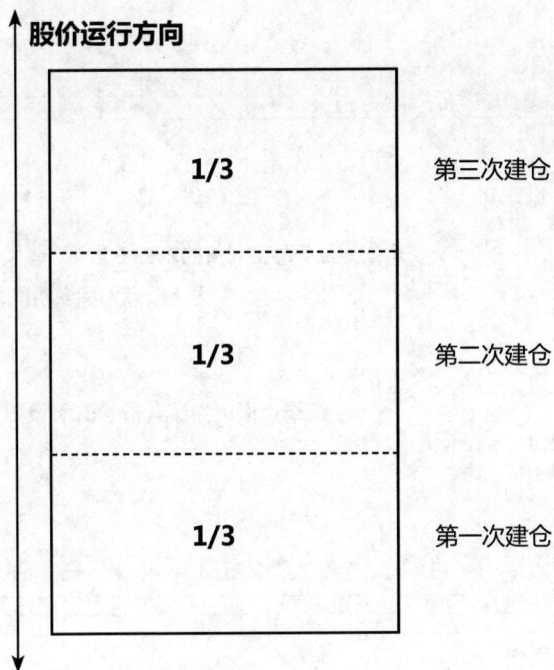

图 矩形仓位管理法

在矩形仓位管理法中，每次只增加一定比例的仓位，使得成本逐步抬高，对风险进行平均分摊，降低了仓位管理难度和投资风险。

No.009
提前设置止损点

在炒股过程中可能会出现底部预测失败，即出现假底，后市继续下跌的情况，为了避免股民遭受更大的经济损失，股民应该提前设置止损点。

止损点是指股民在股市中表现亏损，为了防止亏损继续扩大应该预定能够接受的损失点，一旦到达该点就应及时卖出，避免进一步下跌，给股民造成更大的经济损失。

一图展示

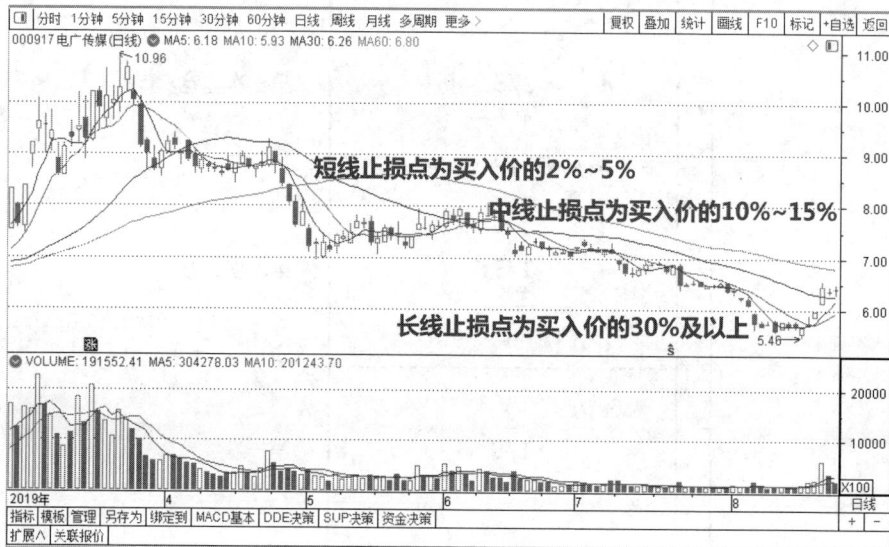

要点剖析

　　止损点实际上就是股民心理能够承受的最大亏损值，因为不同的投资者资金实力以及心理承受能力不同，所以设置的亏损点也不尽相同。但是可以根据股民的投资策略来设置止损点。

◆　如果股民是做短线或超短线投资，买进卖出的时间短，那么设置的止损点应该在2%~5%。

◆　如果股民是做中线投资，买进卖出的时间相对较长，可能达到几个月甚至1年以上，那么此时设置的止损点应该在10%~15%。

◆　如果股民是做长线投资，买进卖出的间隔时间较长，一般在1年以上，甚至几年，此时股民的承受力更强，止损点应该在30%及以上。

第2章

技术抄底入门

揭秘K线及K线组合

K线图具有直观、立体感强、携带信息量大的特点，能充分显示股价趋势的强弱和买卖双方力量的变化，绝大部分股价技术分析指标都是根据股价的K线图而来的，K线图可以说是十分通用的技术分析工具。投资者从K线图上可以分析并预测股价未来的短期走势，从而把握买进的最佳时机，尽可能地实现利润最大化。

No.010 底部大阳线

No.011 底部T字线

No.012 底部螺旋桨

No.013 底部锤头线

No.014 底部十字线

No.015 好友反攻

No.016 曙光初现

No.017 旭日东升

······

2.1 单根K线发出的抄底信号

一些特殊的K线，具有极强的短期见底信号，掌握这些重要K线的意义，对于及时抄底，获取更大利润极具指导价值。

No.010
底部大阳线

在大幅下跌后，某天股价低开高走收出涨幅5%以上的大阳线，同时量能比近期有所放大，这种大阳线往往预示着短期底部的来临。

一图展示

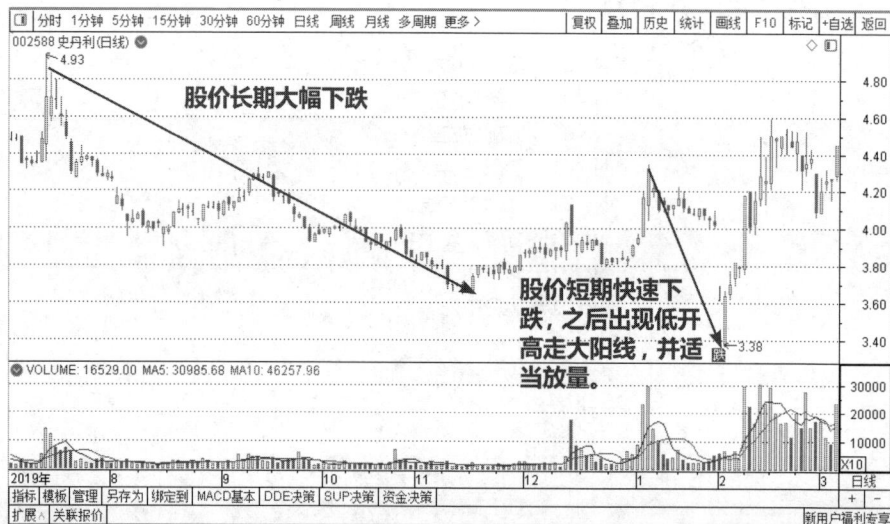

要点剖析

出现大阳线说明市场波动较大，多空双方争夺短期有了结果，长长的阳线表明多方发挥了巨大的力量，已经取得了决定性的胜利，今后一段时间内多方将掌握主动权。但需注意以下几点情况。

◆ 必须是出现在长期大幅下跌或短期快速下跌之后的低开高走大阳线，才能视为转势信号。

◆ 股价大幅下跌后出现大阳线，如果对应的成交量较前期有所放大，说明主力有吸筹的可能。但是需要注意的是，如果放量巨大，是近期量能的好几倍，也需谨慎对待，出现这种情况一种是有大利好即将出现，机构主力抢筹码；还有可能是机构借机继续出货。为了保险起见，宜先观望，待信号确定后再介入。

◆ 大阳线可以有少量上下影线，但实体部分从开盘价到收盘价，涨幅至少在5%以上，实体越长越好。

实例分析 神州泰岳（300002）底部大阳线抄底

神州泰岳2019年10月至2020年5月的K线走势如下图所示。

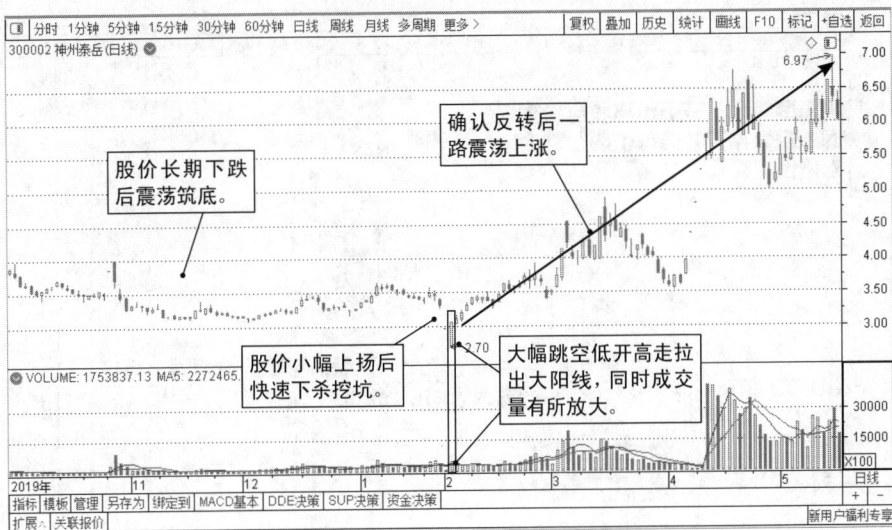

图 神州泰岳2019年10月至2020年5月的K线走势

该股从2019年3月开始下跌，到12月震荡筑底，出现小幅震荡上扬，但在2020年1月下旬忽然快速下跌创出新低，但在2月4日跳空低开后一路震荡上涨，收盘反而上涨3.38%，从低开位置到收盘价涨幅近13%，拉出一根超级大阳线，同时当天成交量也比前两个交易日有所放大。

次日股价在大阳线顶部稳住并收出小阳线，更加说明了前面两根快速下跌阴线是主力的"挖坑"行为，可以在此买入部分仓位。随后股价继续小幅震荡上扬一段时间后，涨幅越来越大，至2020年3月中旬开始有一波稍大的回落，回调至60日均线附近企稳后，开始了一波猛烈上涨。

No.011
底部T字线

在大幅下跌后，有着长下影线的 T 字线也有重要的见底信号；与方向相反的还有一种倒 T 字线，两者虽然形态不同，但都有波段见底信号。

一图展示

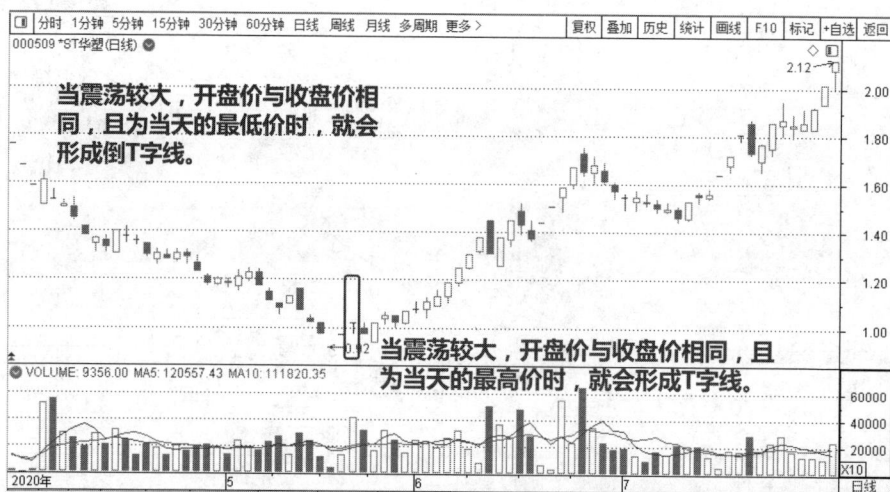

要点剖析

如果在连续下跌一段时间或者短期内快速下跌后，某天出现 T 字线，预示着下档承接力增强，多方当然收回失地，通常至少会有一波不错的反弹行情出现。T 字线的震幅越大（下影线越长，有效性越大）。

出现 T 字线后通常第二天会继续上涨，也有震荡或下跌的情况出现，但下跌幅度不能超过 T 字线振幅的 2/3，否则需要谨慎观望。

倒 T 字线通常出现在一波上涨行情的顶部，但也有少数的时候会在一波下跌行情的底部出现。出现在底部时，虽然仅从当天的表现来看，多方发起一波强劲反攻但最后还是被空方打回原形，貌似空方仍占据优势，但这往往是主力的一种掩饰行为，上长影线是主力试盘的意图，如果试盘过程中抛压较轻，次日主力极有可能选择上攻，如果次日股价高开高走，可以及时介入。

补充提示 *T 字线的开盘价与收盘价不是必须相等*

实际情况中，极其标准的 T 字线或倒 T 字线较少，开盘价与收盘价除了在涨停或跌停位之外，很难完全相等。对于开盘价与收盘价有细小的差别，但相差不超过 0.5% 情况下的长下影或长上影 K 线，仍可视为 T 字线或倒 T 字线。

实例分析 宝通科技（300031）底部T字线买入

宝通科技2018年7月至2019年3月的K线走势如下图所示。

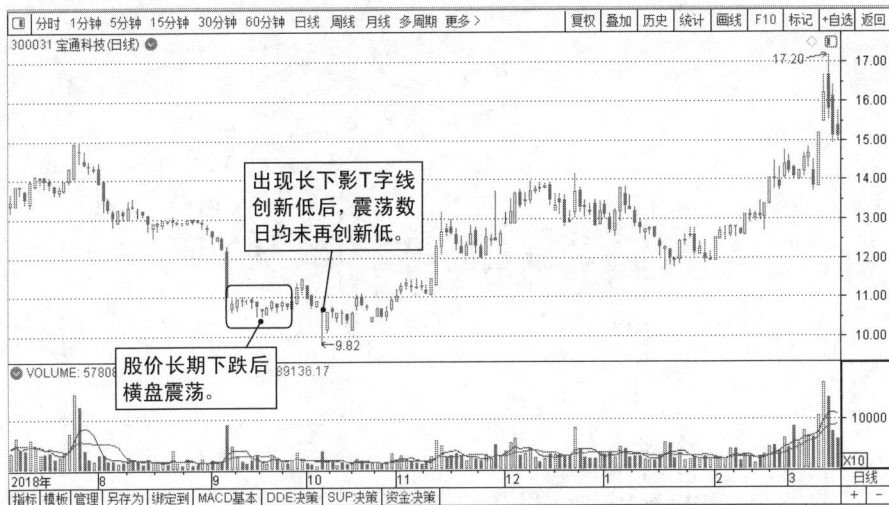

图　宝通科技2018年7月至2019年3月的K线走势

宝通科技2015年底从高位开始经历多波下跌，到2018年7月底又开始新一波下跌，跌至9月初开始横盘震荡，并有小幅反弹，但随后回落至震荡区下沿，并在10月11日跳空低开后逐波震荡走低，盘中一度杀至跌停价附近，创出新低，但尾盘突然大单放量快速拉升，收盘价只比开盘价低0.02元，收出一根有着长下影线的T字线，止跌企稳的迹象十分明显。

次日该股低开后震荡走高，收出假阳线，但收盘价维持在T字线顶部。随后几个交易日继续小幅震荡，收盘价均保持在T字线顶部区域，底部迹象更加明显，此时可以轻仓介入。之后从11月1日起，该股突破该区域震荡上扬，底部得到确认，投资者可适当加仓，持股待涨。可以看到这根T字线成为该股的长期大底，之后涨幅也相当不错。

No.012
底部螺旋桨

大幅下跌后，出现螺旋桨K线形态，也是见底信号之一。螺旋桨形态也可以看作是T字线的一个变形。当T字线有少许上影线时，就形成了螺旋桨K线；当倒T字线有少许下影线时，就形成了倒螺旋桨K线。

一图展示

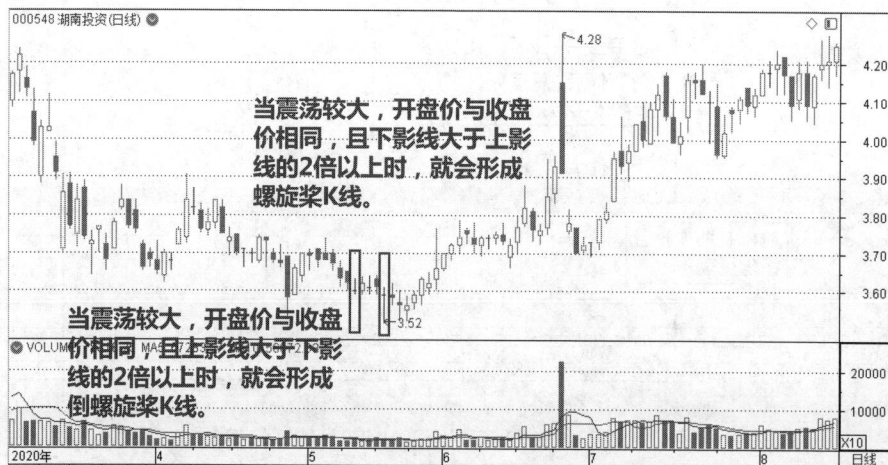

000548 湖南投资(日线)

当震荡较大，开盘价与收盘价相同，且下影线大于上影线的2倍以上时，就会形成螺旋桨K线。

当震荡较大，开盘价与收盘价相同，且上影线大于下影线的2倍以上时，就会形成倒螺旋桨K线。

要点剖析

由于螺旋桨K线是T字线的变化形态，因此它与T字线的作用与意义相似，也表示波段可能见底，只不过收盘没收在当天的最高价（或最低价）。

同样，螺旋桨K线也需要振幅越大越有效，同时要注意密切观察出现该K线后面紧邻的几个交易日的走势，不能有继续创新低的情况出现，否则视为无效。

螺旋桨K线的收盘价与开盘价也允许有少许差别，但是上影线必须明显短于下影线的一半以上；倒螺旋桨K线则需要下影线必须明显短于上影线的一半以上。

实例分析 华鑫股份（600621）底部螺旋桨买入

华鑫股份2018年7～11月的K线走势如下图所示。

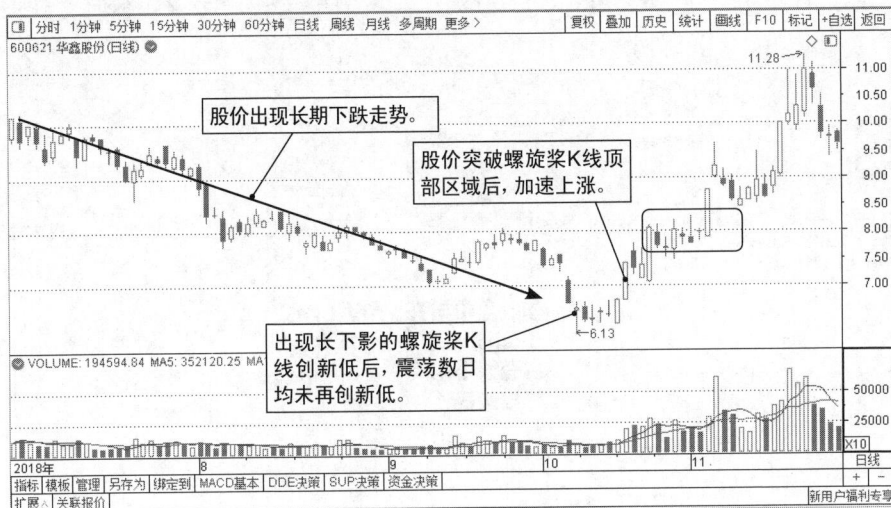

图 华鑫股份2018年7～11月的K线走势

华鑫股份从2018年4月开始逐波下跌，到2018年9月中旬出现一小波反弹后又开始下跌，并在10月11日跳空跌停大阴线创出新低，12日继续跳空下杀，早盘跌幅一度超过7%，创出新低，但随后股价开始强势反弹，收出一根有着长下影线的螺旋桨K线，有企稳的迹象。

随后的几个交易日，股价一直在螺旋桨K线的上部区域来回震荡，横盘的迹象比较明显，10月19日出现一根中阳线，收盘价高于螺旋桨K线的最高价，此时就可以轻仓介入。次日股价开盘后快速拉升，收出涨停板大阳线，底部得到确认，投资者可在后面的交易日中股价回落时加仓。可以看到该股之后一路上涨，涨幅超过80%。之后进行了长时间的整理，2019年2月更是开启了翻倍的上涨行情。

No.013
底部锤头线

股价大幅下跌后，出现锤头线，也是重要的见底信号。锤头线也可以看作是 T 字线的一个变形。当 T 字线的开盘价与收盘价相差略大，实体部分大于 0.5% 且小于 1.5% 时，就形成了锤头线；当倒 T 字线有少许实体时，就形成了倒锤头线。

一图展示

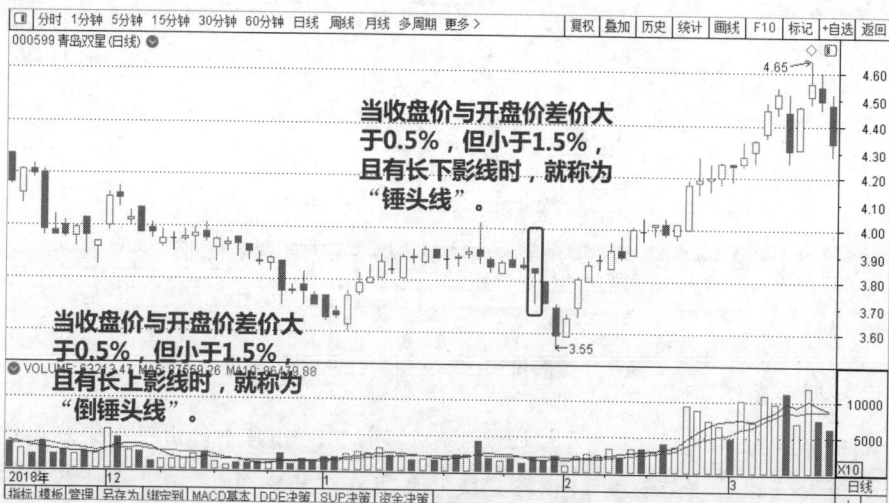

当收盘价与开盘价差价大于0.5%，但小于1.5%，且有长下影线时，就称为"锤头线"。

当收盘价与开盘价差价大于0.5%，但小于1.5%，且有长上影线时，就称为"倒锤头线"。

要点剖析

由于锤头线是 T 字线的一种变化，因此它与 T 字线的作用与意义相似，也表示波段可能见底，只不过开盘价与收盘价的差距要略微大一些，但都必须要求影线越长越好（当天振幅越大越好），并且锤头线的实体部分最好不要大于影线的1/3。

由于锤头线有一定的实体部分，因此存在阴线和阳线两种情况，但并无明显差别，其意义相似，阳线略好于阴线。

出现锤头线后也需要密切观察后面相邻几个交易日的走势，不能有继续创新低的情况出现，否则视为无效。

倒锤头线通常出现在一波上涨行情的顶部，但也有少数的时候会在一波下跌行情的底部出现。出现在底部时，虽然看似空方仍占据优势，然而很多时候是主力故意制造的一种假象，需要观察其后续表现。

实例分析 开元股份（300338）底部锤头线抄大底

开元股份2018年9月至2019年3月的K线走势如下图所示。

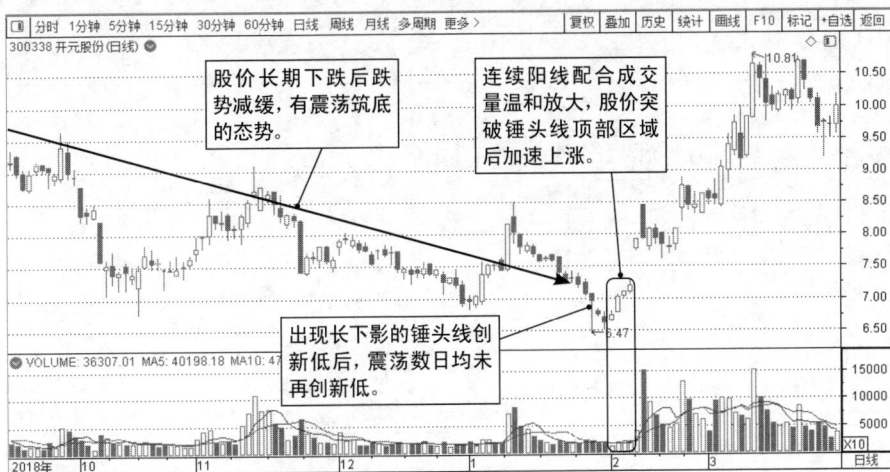

图 开元股份2018年9月至2019年3月的K线走势

开元股份在2017年底从高位开始逐波下跌，2018年6月初更是开始了一波加速下跌，至2018年10月，股价经过大幅下跌后出现小幅反弹，之后来回震荡，表现出一定的筑底迹象。

2019年1月29日在震荡区域底部，该股开盘后不久忽然快速杀跌，盘中一度杀跌8%左右，股价创出新低，但随后开始反弹震荡，跌幅收窄，特别是收盘竞价时该股还小拉了一下，收出一根锤头线至前面震荡区域内。

此时尚不能判断股价已经到底，继续观察。随后两个交易日股价虽然继续下跌但幅度较小，且均未跌破1月29日的新低。当2月11日股价收出中阳线回升至锤头线顶部区域时，就需要密切关注，激进的投资者可以轻仓介入。

之后两个交易日继续小阳线攀升，突破锤头线顶部区域，同时成交量温和放大，底部得到确认，可以适当加仓。之后股价跳空涨停，两个多月股价翻倍，这根锤头线也成为该股的大底。

补充提示 *略有上影线的锤头线也具有底部信号意义*

同样，有时候也会遇到不那么标准的锤头线，比如锤头线略带一点上影线，或倒锤头线略带一点下影线，只要出现在长期下跌或快速下跌之后，并且当天振幅巨大，同样具有类似锤头线的意义与作用。例如，浦东金桥（600639）2018年10月19日出现略带上影线的类似锤头线形态，但当天振幅超过10%，这根K线就成为该股近两年来的大底，如下图所示。

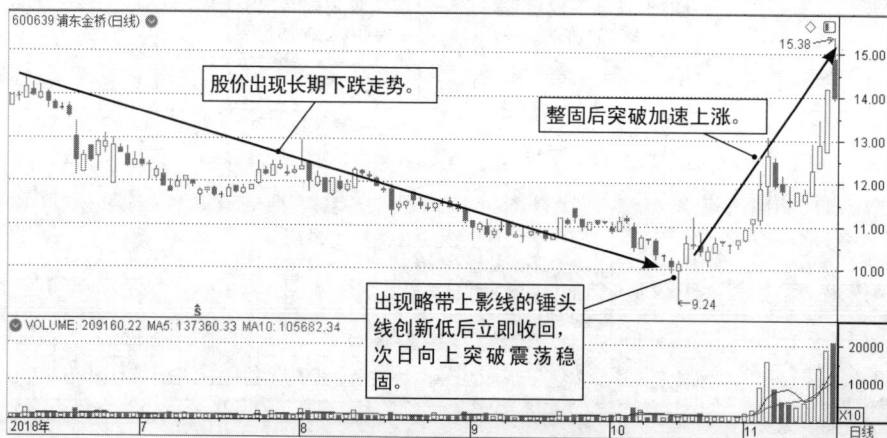

图　浦东金桥2018年6～11月的K线走势

No.014
底部十字线

当开盘价等于收盘价，且上、下影线长度相等时，就会形成十字线。在大幅下跌后，十字线是非常重要的变盘信号。如果上下影线较短，则称为十字星。

一图展示

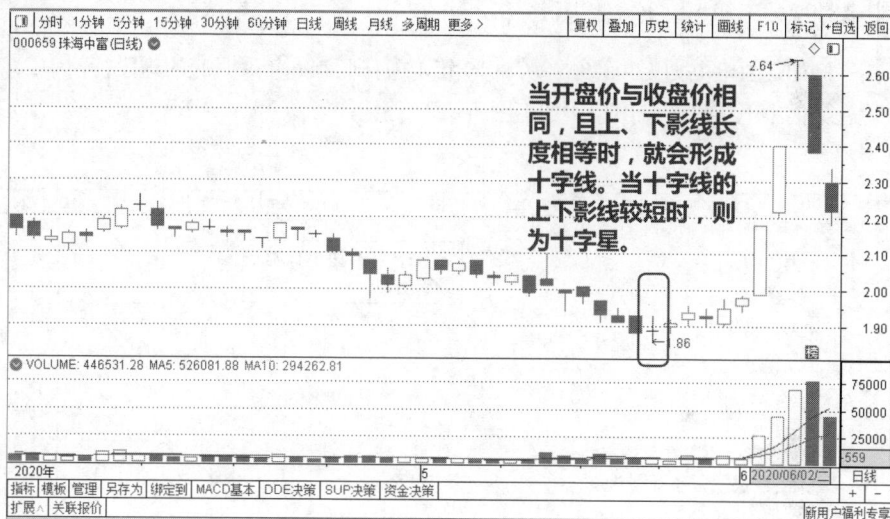

当开盘价与收盘价相同，且上、下影线长度相等时，就会形成十字线。当十字线的上下影线较短时，则为十字星。

要点剖析

十字线通常是变盘信号，预示大势即将改变原来的走向，但如果是上下影线较短的十字星，则变盘信号较弱，通常是暂缓跌势后延续原来的走势。

十字线本来是多空双方势均力敌的表现，但出现在长期或大幅下跌之后，说明空方势头减弱，多方力量开始显现，极有可能引发变盘，但其反转作用一般不如前面几种K线的力量大，还需要观察出现该K线形态后的股价走势才能进行确定。

在实际中，开盘价与收盘价完全相等、上下影线完全相等的十字线很少见，对于开盘价与收盘差有细小的差别，但实体幅度不超过 0.5% 的情况，且上下影线近似相等的情况，都可看作是十字线或十字星。

补充提示 *极不活跃股或主力高控盘股的十字星无参考意义*

市场中会有一些个别股极不活跃，每天换手率极低，有一些可能是没多少人参与买卖的股票，还有一些是主力高度控盘的股，这类股中极容易出现十字星、十字线和 T 字线这类 K 线，这种股票频繁出现的这类 K 线没有参考意义，属于特殊情况，不能用以上方法进行分析。

例如，国电电力（600795）从 2019 年 12 月到 2020 年 5 月底的这段行情中，就有数根小十字星频繁出现，如下图所示。

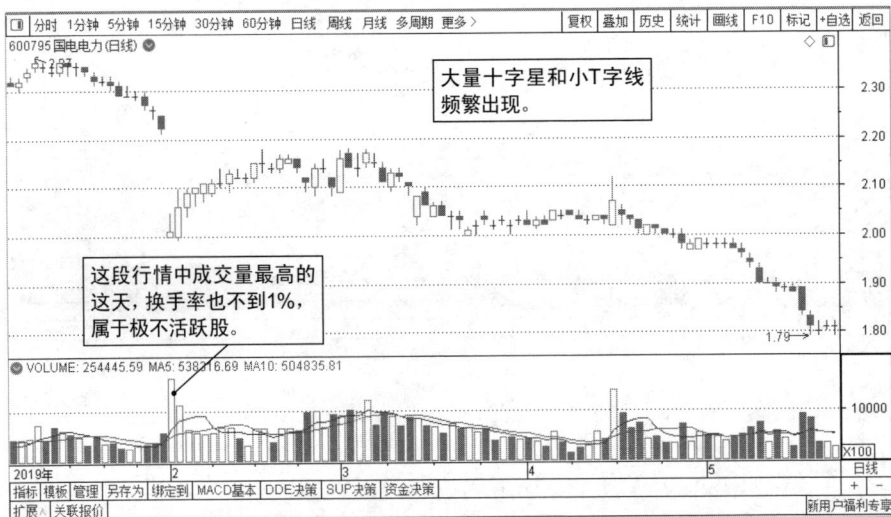

图 国电电力2019年12月至2020年5月的K线走势

实例分析 中国汽研（601965）低位十字星抄底

中国汽研2018年8月至2019年1月的K线走势如下图所示。

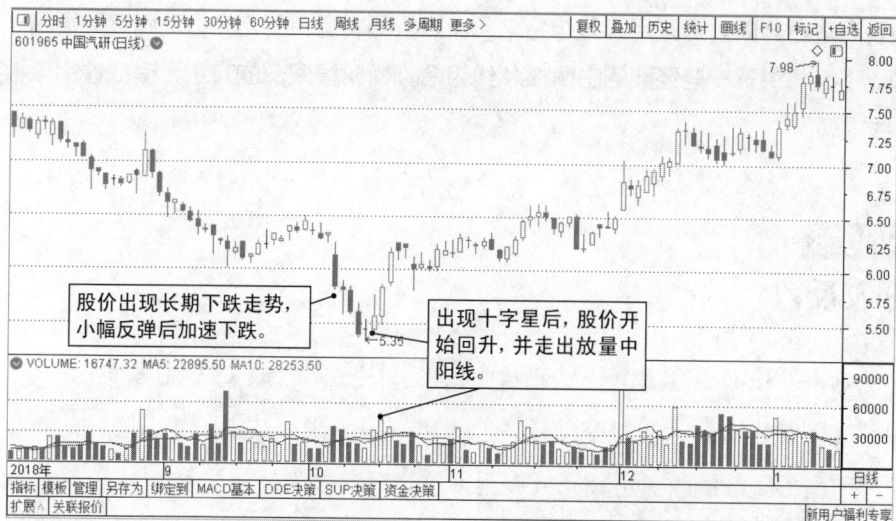

图 中国汽研2018年8月至2019年1月的K线走势

　　该股从2018年5月开始新一轮下跌趋势，跌至9月中旬时出现较长下影线的K线引发一周多的小幅反弹，之后继续加速下跌，虽然在10月12日出现了螺旋桨K线，但下影线仍不长，且第二个交易日股价很快创新低，第三个交易日再创新低（这也是前面强调这几类K线必须有长下影线的原因之一），到10月17日收出一根十字星，虽然这根十字星的上下影线仍然较短，但考虑到前面不久已经出现过较长下影线，并且总体上是长期大幅下跌之后的一小波快速下跌行情，所以出现十字星也需要引起特别注意。

　　次日收出一根带上影线的阳线，虽然涨幅不大，但说明这根十字星有可能是变盘十字星，不过抛压仍然比较大。当10月19日继续收出一根5%多的放量中阳线时，表明这个变盘有效，可以适当介入，持股待涨。之后股价震荡上涨，走出一波接近翻倍的行情。

2.2 两根K线组合发出的见底信号

　　通过单根K线很难对股价运行做出准确判断，往往需要根据其前后K线的形态来综合研判。所以前面讲述几种特殊单根K线出现后，还需要密切观察之后的表现再进行判断。而采用 K 线组合来判断股价即将运行的方向，准确度则更高一些。下面将讲解一些经典的由两根 K 线组合判断阶段底部的方法，有效性比单根 K 线更高。

No.015
好友反攻

好友反攻 K 线组合在下跌趋势中，由一阴一阳两根 K 线组成，先是一根中到大阴线，次日大幅跳空低开，但收出一根中阳线或大阳线，阳线的收盘价与前一根阴线的收盘价相同或接近，这个组合称为好友反攻。

一图展示

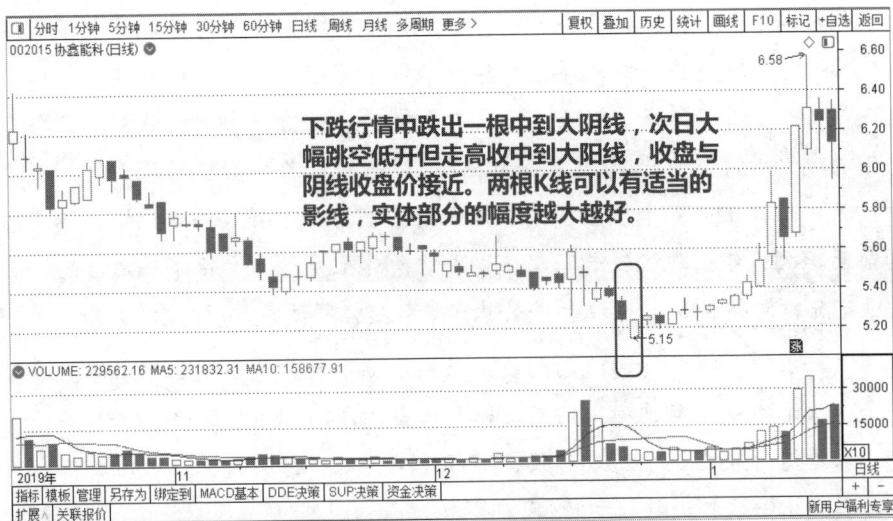

要点剖析

股价经过长期连续下挫后出现好友反攻 K 线组合，是一个较为明显的见底信号，说明空方能量已释放殆尽，无力继续打压，此时多方的力量逐渐转强，收复部分失地，有转势向好的可能性，后市看涨。

该组合至少具有短期指导意义，表示股价至少出现短期的反弹。但也不排除会出现见底回升、股价持续上涨的可能性。

好友反攻组合如果出现在长期大幅下跌之后，或是短期快速下跌末端时，可以在第二天尾盘确认组合形成时轻仓介入，谨慎的投资者可以再观察几个交易日，等阶段底都得到确认后再入场。

实例分析 新华锦（600735）好友反攻抄底

新华锦2018年8~12月的K线走势如下图所示。

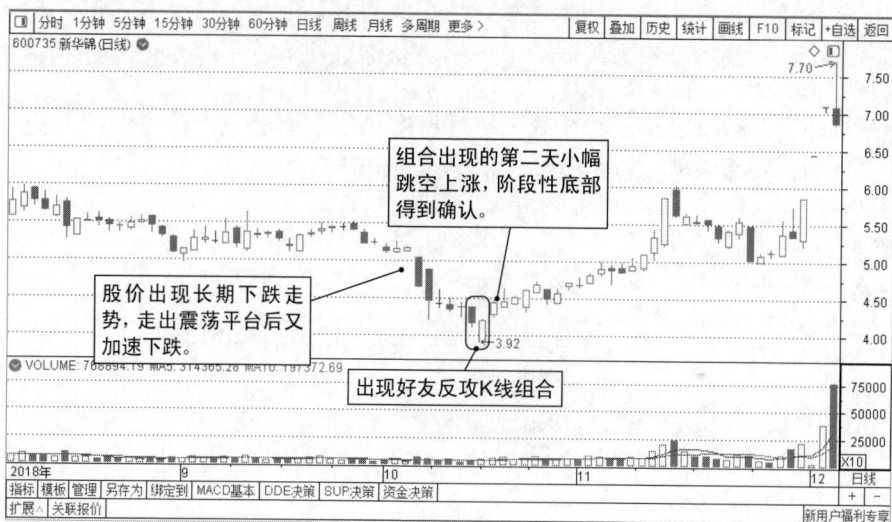

图　新华锦2018年8～12月的K线走势

新华锦经历了长期的下跌趋势，从2018年6月中旬起更是出现一波快速杀跌行情，跌至该月底后股价开始一波又一波的震荡下跌，9月走出震荡平台，成交量萎靡不振，看似有筑底迹象，然而10月11日股价突然又以跌停的方式跌破平台，有加速下跌的迹象。10月18日，跌出一根近5%的中阴线，次日小幅跳空低开，但股价并没有继续下跌，而是震荡上行，不但收复当天所有跌幅，到收盘时还涨了0.99%，收出一根大阳线，收盘价与前一根中阴线收盘价接近，形成好友反攻K线组合，加上该股跌幅巨大，仅6月初开始的一这波跌幅已经超过60%，说明该股极有可能出现一波反弹行情，因此可以在该日临近收盘时轻仓介入。

谨慎的投资者可以继续观察，出现该组合后的第二个交易日股价继续跳空上涨，确认该底部反转形态有效，可以大胆加仓。之后股价持续上涨，走出一波不错的行情。

No.016
曙光初现

曙光初现K线组合由两根走势完全相反的K线构成，前一天为中到大阴线，后一天为中到大阳线，第二天的阳线必须是向下跳空低开的，但收盘价却明显高于阴线的收盘价，阳线的实体深入第一根阴线的实体内，几乎达到前一天阴线实体一半左右的位置，才能称为曙光初现。

一图展示

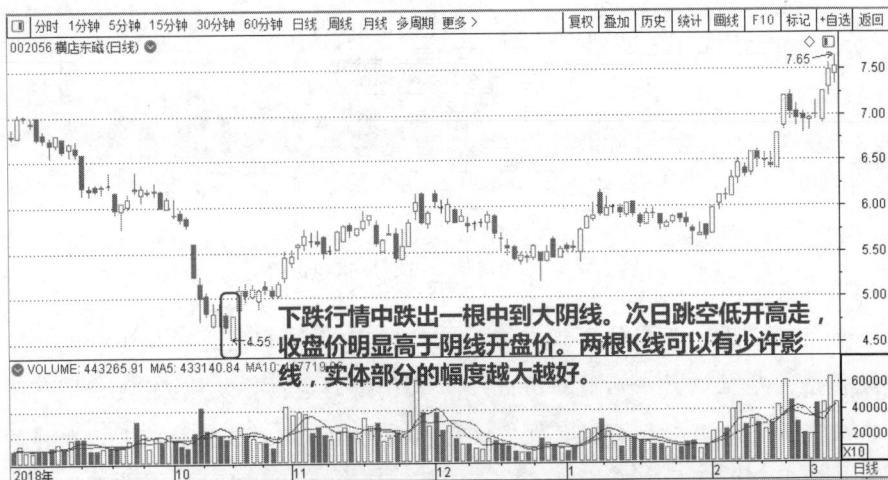

下跌行情中跌出一根中到大阴线。次日跳空低开高走，收盘价明显高于阴线开盘价。两根K线可以有少许影线，实体部分的幅度越大越好。

要点剖析

曙光初现与好友反攻K线组合相似，只是要求第二天的阳线收盘价必须要明显高于阴线的收盘价，能达到前一天阴线实体的一半更好。实际上它是好友反攻形态的增强版，这种 K 线组合表明经过大幅下跌后，多方积蓄的力量已经比较强大，至少短线会继续上涨。

曙光初现 K 线组合的第二根阳线的实体部分越长，则后期的上涨力度越大。可以在第二天阳线临近收盘时介入待涨。

实例分析 扬杰科技（300373）曙光初现抄底

扬杰科技2018年9月至2019年3月的K线走势如下图所示。

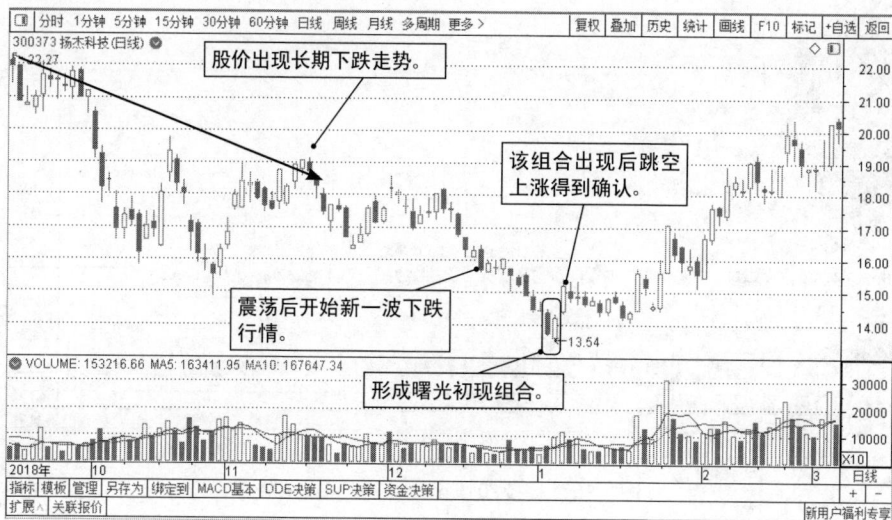

图　扬杰科技2018年9月至2019年3月的K线走势

扬杰科技从2018年7月下旬开始进入下跌趋势，跌至10月底出现一小波反弹走势，之后震荡到12月中旬继续下跌走势，2019年1月3日走出一根超过5%的中阴线，跌势完全没有减缓的迹象。然而在1月4日，股价跳空低开后却逐渐震荡上涨，到收盘时上涨3.82%，低开的中阳线超过前一天中阴线实体一半以上的位置，形成曙光初现K线组合。

投资者可以在1月4日当天股价接近前一天阴线一半的位置时就轻仓介入。当1月7日股价向上跳空时，该组合形成的阶段底部更是得到了确认，可以追加仓位，或者待之后的回调时逢低加仓。

该股之后小幅回落后开始一波上涨行情，最高价达到22.00元，涨幅达到40%左右。

这波行情上涨至2019年3月中旬结束，开始新一波下跌行情，跌至7月中旬，跌幅达40%，在7月12日和7月15日两个交易日再次形成曙光初现K线组合，这次组合中阳线达到大阴线实体的一半位置处，之后也进行了震荡回调，然后才开始上涨，该位置成为该股的长期大底，如下图所示。

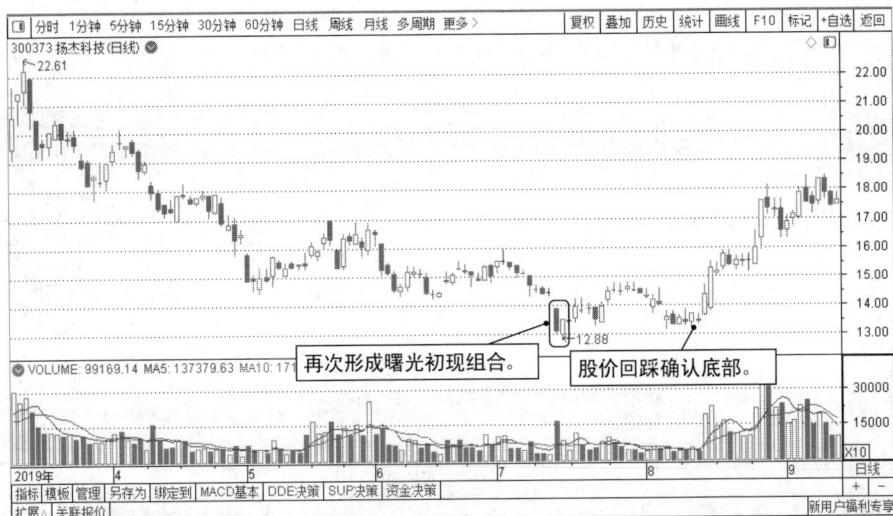

图　扬杰科技2019年3～9月的K线走势

No.017
旭日东升

在一段连续下跌行情中，某天出现一根大阴线或中阴线，次日股价非但没有惯性低开下跌，反而开出一根高开高走的大阳线或中阳线，阳线的收盘价明显高于前一根阴线的开盘价，这个组合就称为旭日东升。

一图展示

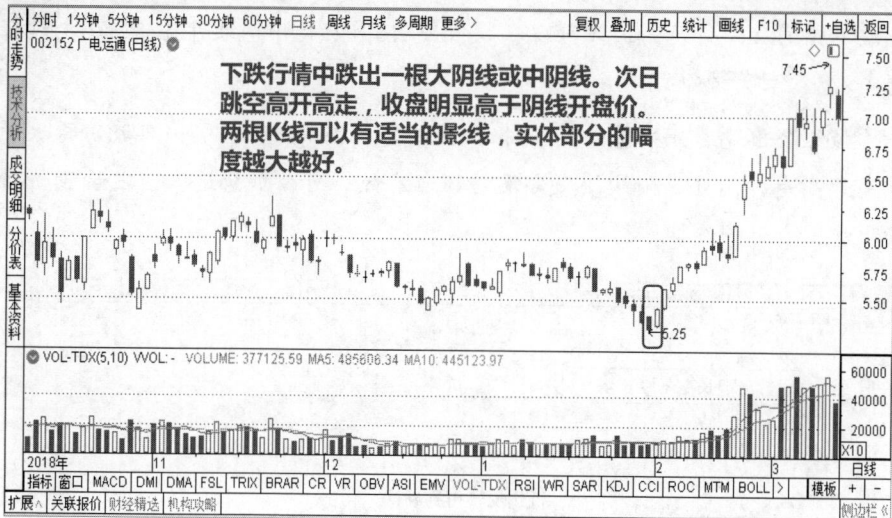

下跌行情中跌出一根大阴线或中阴线。次日
跳空高开高走，收盘明显高于阴线开盘价。
两根K线可以有适当的影线，实体部分的幅
度越大越好。

要点剖析

　　股价经过连续下挫后出现旭日东升 K 线组合，说明空方能量已经释放殆
尽，无力继续打压，此时积蓄力量多时的多方奋起反抗，并占尽优势，股价
高开高走，前景一片光明。

　　旭日东升实际上是曙光初现组合的增强版，这种 K 线组合表明多方的攻
势突然变得非常强劲，短线会继续上涨。第二根阳线的实体部分超出前一根
阴线实体的开盘价越多，阳线实体越长，后期上涨势头越强劲。

实例分析 三聚环保（300072）旭日东升抄底

　　三聚环保2020年2～9月的K线走势如下图所示。

　　该股从2019年4月开始走出长期下跌趋势，从2020年3月初开始新一波下
跌，跌至4月底后跌速放缓，走出一段小幅震荡行情。

　　但从5月22日开始又加速向下杀出两根跌幅5%左右的中阴线，像是又要
加速下跌，但5月25日的中阴线出现后，26日并未继续下跌，反而跳空高开高

走，拉出一根涨幅近8%的大阳线，形成旭日东升K线组合，加上该股跌幅巨大，从3月初开始的一这波跌幅已经接近50%，此时可以确定该股至少会出现一波不错的反弹行情，因此可以在股价突破5月25日中阴线开盘价3.76元时轻仓介入。

该组合出现后，接着出现了3根小幅回落的小阴线，当6月1日股价再次跳空高开高走时，可以确认该底部反转组合有效，可以加仓追入，之后股价持续上涨，走出一波翻倍行情。

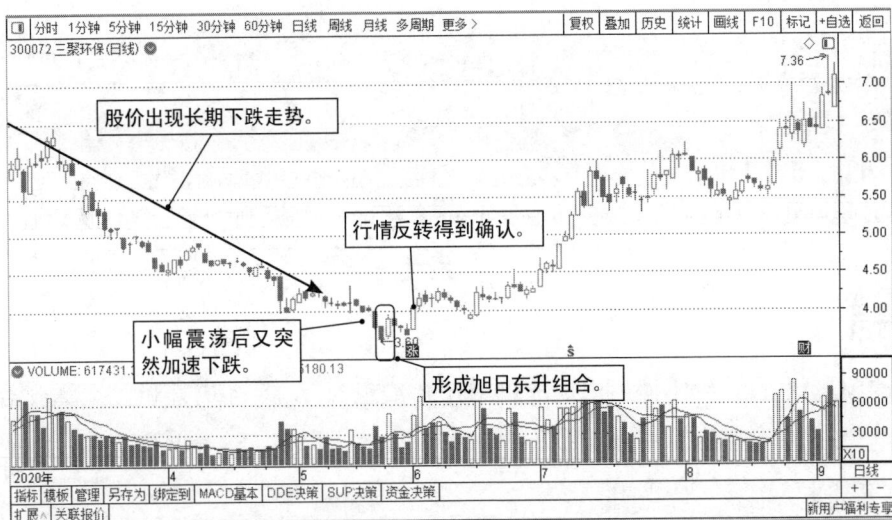

图　三聚环保2020年2～9月的K线走势

No.018

看涨吞没

看涨吞没也称阳包阴，该组合的第一根为阴线，第二天的阳线开盘价低于第一根阴线的收盘价，但阳线的收盘价却高于阴线的开盘价，即低开高走的大阳线完全吞噬前一日的阴线。

一图展示

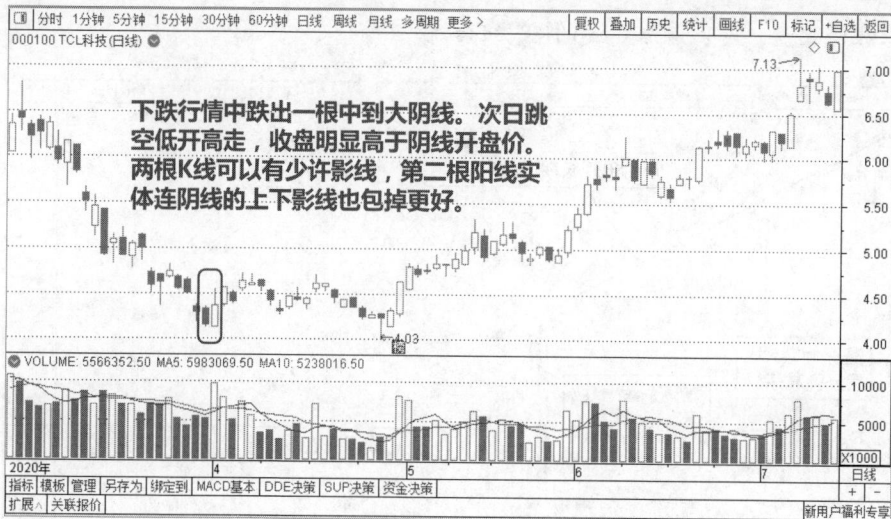

下跌行情中跌出一根中到大阴线。次日跳空低开高走，收盘明显高于阴线开盘价。两根K线可以有少许影线，第二根阳线实体连阴线的上下影线也包掉更好。

要点剖析

看涨吞没组合相当于曙光初现的演变，当曙光初现的第二根阳线低开幅度不大，但实体长于前一天的阴线，就形成了阳包阴。它比曙光初现的力度更强，但比旭日东升的力度弱，因为旭日东升是跳空高开高走，而阳包阴是低开高走，从低开到吞掉前一天的阴线会消耗更多的做多动能。

看涨吞没组合出现在一波大幅下跌或快速下跌之后，意味着行情短期将被扭转，市场诞生出上涨动能。投资者可以在出现该组合时就轻仓介入，或者等之后确认行情反转时再入场。

实例分析 金通灵（300091）看涨吞没抄底

金通灵2018年6月至2019年3月的K线走势如下图所示。

金通灵股价从2018年6月初见顶后开始走出下跌行情，跌至8月初出现螺旋桨K线后，出现一小波反弹，之后继续震荡下跌，但跌速明显放缓。不过从10月8日开始，该股忽然以跌停的方式创出新低并加速下跌，从10月10日起连续出现3个跌停，之后股价跌势稍缓，在10月18日又杀出一根跌幅超过8%的大阴线，短期内跌幅巨大。然而10月19日该股略微低开后又快速拉高，并以涨停收盘，走出看涨吞没的K线组合。

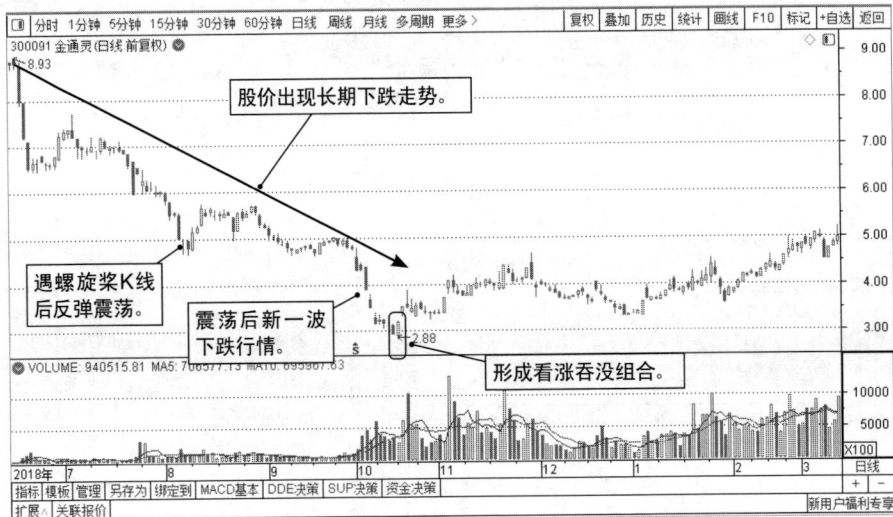

图　金通灵2018年6月至2019年3月的K线走势

投资者在19日股价突破前一天大阴线的开盘价时可以轻仓介入，如果当天没有及时介入便已涨停，可在次日股价跳空高开时立即介入，或者待之后的回调阶段再行介入。之后该股走出一波翻倍行情。

No.019
身怀六甲

身怀六甲组合由两根大小不等的K线组成。先走出一根中阴线或大阴线，接着走出一根小阴线或小阳线完全包含在前一根K线的实体内，因此被称为"身怀六甲"，也称孕线。如果第二根短K线为十字星，则称为"十字胎"。

一图展示

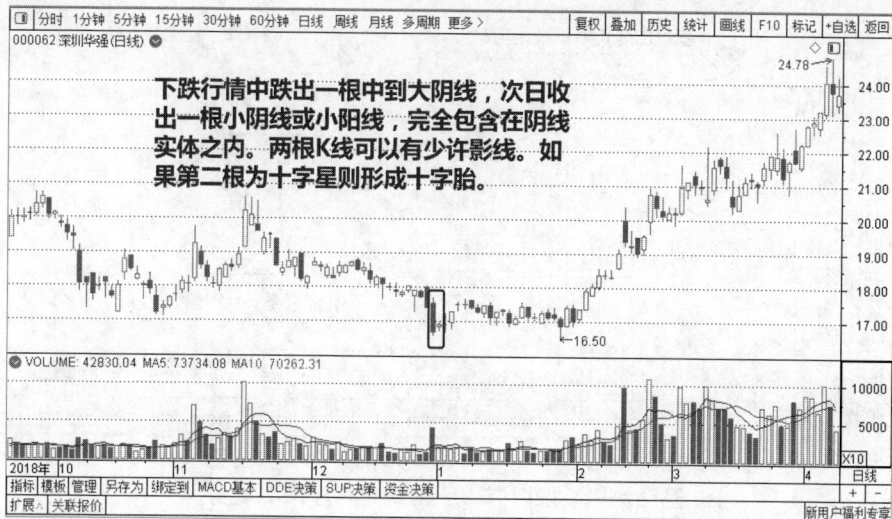

下跌行情中跌出一根中到大阴线，次日收出一根小阴线或小阳线，完全包含在阴线实体之内。两根K线可以有少许影线。如果第二根为十字星则形成十字胎。

要点剖析

身怀六甲K线组合可以是一阴一阳，两阳或两阴，通常在下跌行情中出现的组合是一阴一阳或者两阴。必须注意的是，后一根短K线必须被前一根K线的实体完全包容。

身怀六甲K线形态经常在任意行情中出现，但只有在大幅上涨或大幅下跌后出现才有意义。

在大幅下跌行情中，出现身怀六甲组合通常预示着下跌的力量已趋于衰竭，随之而来的很可能就是股价的转势。投资者可以适当介入。如果同时成交量变化也很大，则后市的反弹力量也越大。

实例分析 大理药业（603963）身怀六甲抄底

大理药业2018年8月至2019年4月的K线走势如下图所示。

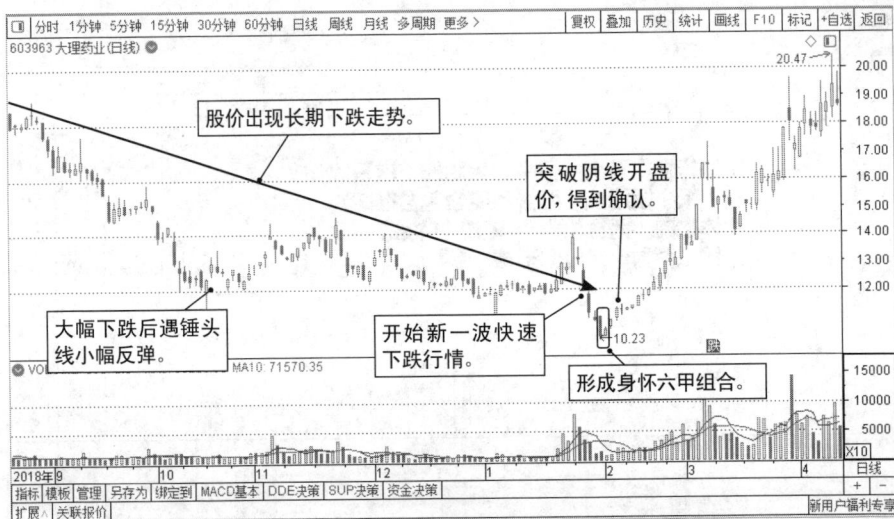

图　大理药业2018年8月至2019年4月的K线走势

　　大理药业从2018年4月开始走出长期下跌行情，跌至10月19日出现一根锤头线，走出一小波反弹，之后继续震荡下跌，跌速放缓。但在2019年1月下旬，该股忽然又出现加速下跌态势，在1月31日和2月1日走出身怀六甲的K线组合。

　　由于该股跌幅已达到60%，跌幅巨大，在较长的盘整期后突然加速下跌形成这种组合，极有可能是主力故意吓人的"挖坑"行为，可以密切关注或轻仓介入。

　　果然之后连续几个交易日股价均收出阳线，同时成交量温和放大。在2月12日股价突破组合的中阴线开盘价时，反转得到确认，可以进行加仓，之后走出一波接近翻倍的涨势。

2.3　通过多根K线组合研判底部

　　除了两根K线组合外，还有许多两根以上的K线组合也具有明显的底部信号，下面介绍几种常见的多根K组合。

No.020

早晨之星

　　早晨之星也称为希望之星，它是由 3 根 K 线组成的。在股价下跌的过程中先出现一根中阴线或大阴线，次日股价跳空低开以十字线或十字星报收，第三日以中阳线或大阳线报收，即十字线或十字星左右两侧分别为实体较长的阴线与阳线。

一图展示

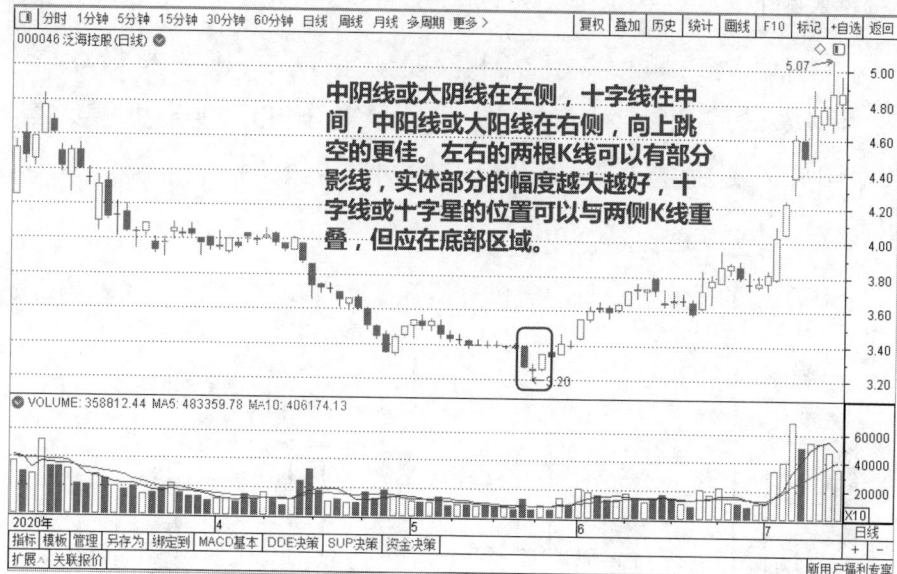

图中文字：中阴线或大阴线在左侧，十字线在中间，中阳线或大阳线在右侧，向上跳空的更佳。左右的两根K线可以有部分影线，实体部分的幅度越大越好，十字线或十字星的位置可以与两侧K线重叠，但应在底部区域。

要点剖析

　　早晨之星是一种变盘信号较强的 K 线组合，是将十字线或十字星与其他 K 线组合起来进行行情研判的一种方法。

　　在长期下跌行情中出现该组合形态预示着跌势将尽，行情即将摆脱下跌的阴影，此时犹如处于黎明前的黑夜，即将迎来光明。

标准的早晨之星由 3 根 K 线构成。

◆ 第一根K线，股价延续之前的走势继续下跌，并且由于恐慌性的抛盘而出现一根中到大阴线，展现出还将继续大跌的态势。

◆ 第二根K线，股价跳空低开，但跌幅不大，形成一根带着长上下影线的十字线，如果是影线较短的十字星也可，但力度稍弱。

◆ 第三根K线，一根中阳线或大阳线拔地而起，价格收复第一根下跌K线的大部分失地甚至全部，发出明显的转势信号。

当下跌行情中出现这种组合形态为买入的最佳时机，且第三日的大阳线涨幅越大越好，如果收出阳线当天的成交量也适当放大更佳。

在实际中，第二根 K 线为标准十字线的概率很小，只要是带着较长上、下影线，实体较短的 K 线，都有早晨之星的意义与作用，甚至有时候第二根 K 线是小阳星或小阴星也同样能引起变盘。不过有较长上、下影线的 K 线有效性更大。

下图所示的是几种常见的类似于早晨之星的形态，都有着类似的市场意义。

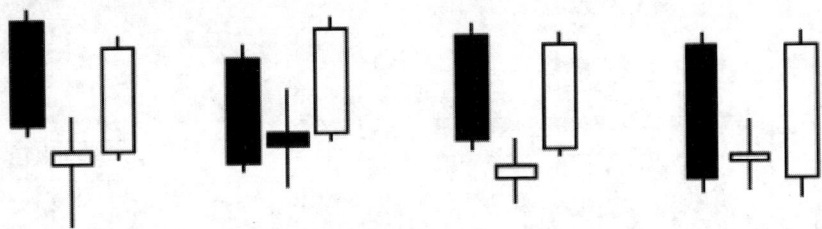

图　类似于早晨之星的形态

实例分析　安控科技（300370）早晨之星抄底

安控科技2020年3～9月的K线走势如下图所示。

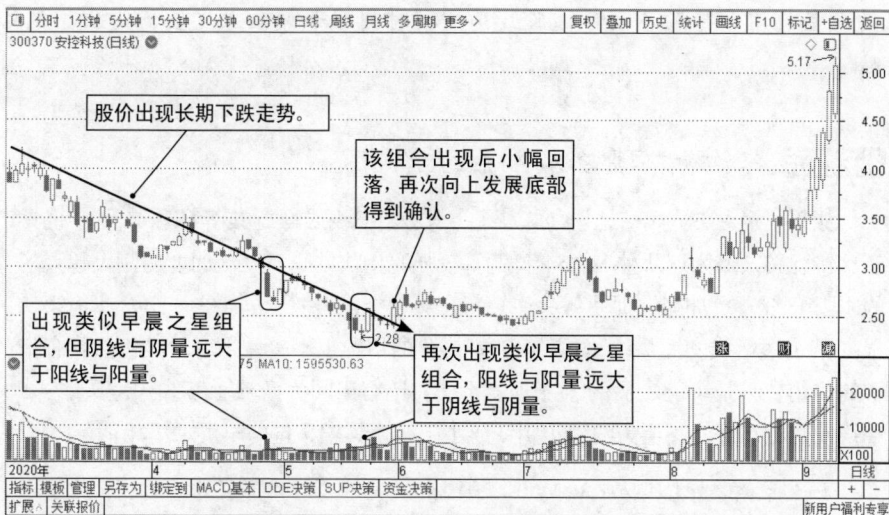

图 安控科技2020年3月至9月的K线走势

安控科技从2020年2月下旬开始走出下跌行情，到4月28日、29日、30日这3个交易日形成了类似早晨之星的K线组合，但4月29日的K线影线较短，实体较多，而且第三根阳线的实体远小于第一根阴线的实体，同时阳线的成交量也远小于阴线的成交量。

所以这里虽然出现形似早晨之星组合，还需要谨慎观察，之后股价小幅反弹，但连第一根大阴线的开盘价都没有突破，不算形成有效底部。

果然，小幅反弹两天后股价继续下跌，到5月21日、22日、25日这三个交易日再次形成类似早晨之星的形态。

我们通过观察发现，这次组合的第二根K线虽然影线也不长，但实体部分也极小，并且第三根为涨停大阳线，远大于第一根中阴线，同时阳线的成交量也出现放量，远大于中阴线的成交量。加上该股这轮的总体跌幅达到50%，因此这里成为底部的可能性极大。

由于第三天的大阳线直接就突破了第一根阴线的开盘价，激进的投资者可以在当天突破时就介入，稳健的投资者可以继续观察该股接下来的走势。

之后股价回落3个交易日，但都是小阴星，当5月29日股价再次向上发展时，底部得到进一步确认，可以追加仓位，之后只要回调不跌破5月22日十字星的开盘价均可持股不动。该股震荡一段时间后开始向上发展，走出了翻倍行情。

补充提示 *其他类似早晨之星的K线组合*

如果早晨之星的第二根K线为锤头线、T字线或螺旋桨等特殊K线，也具有反转意义，因为这几种K线本身就有较强的止跌见底意义，加上两侧大起大落的阴阳K线，更加能够促使势头逆转。在实际中，类似于早晨之星组合，但第二根K线为短影线的锤头线、T字线或螺旋桨的情况也不少，很多时候仍然具有相似的作用，只是可能之后的上涨程度不同。还有中间为两根十字线、锤头线、T字线或螺旋桨等，甚至为两根小阴线或小阳线，其意义也与早晨之星相似。

下图所示的光力科技（300480）2019年5月6～9日形成的波段底，就是形似早晨之星形态，但中间由两根影线很短的类似十字星的小阳线组成。

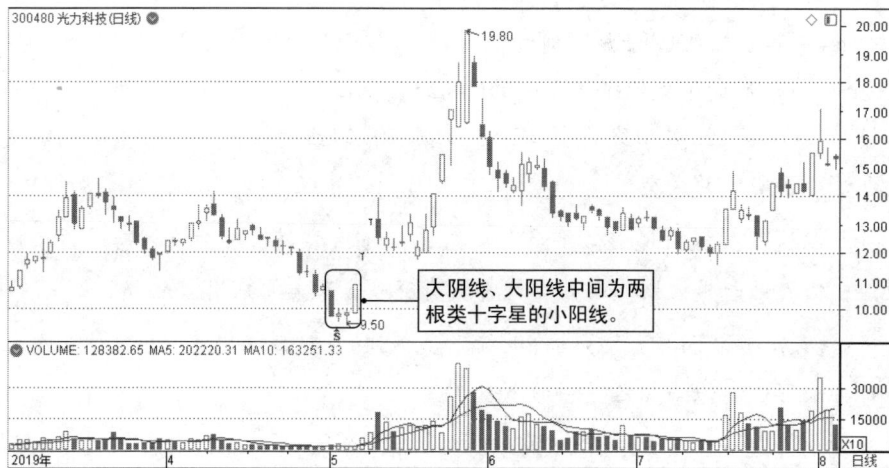

图　光力科技2019年3～8月的K线走势

No.021

底部三颗星

底部三颗星是指深跌行情后，在低位连续出现3根十字星或类似十字星的 K 线组合，3 根十字星呈大致横向排列或逐渐上移的排列。

底部三颗星的第一根十字星前面通常是一根跌幅略大的阴线，3 根十字星不分阴线还是阳线，但最好全是阳线。

一图展示

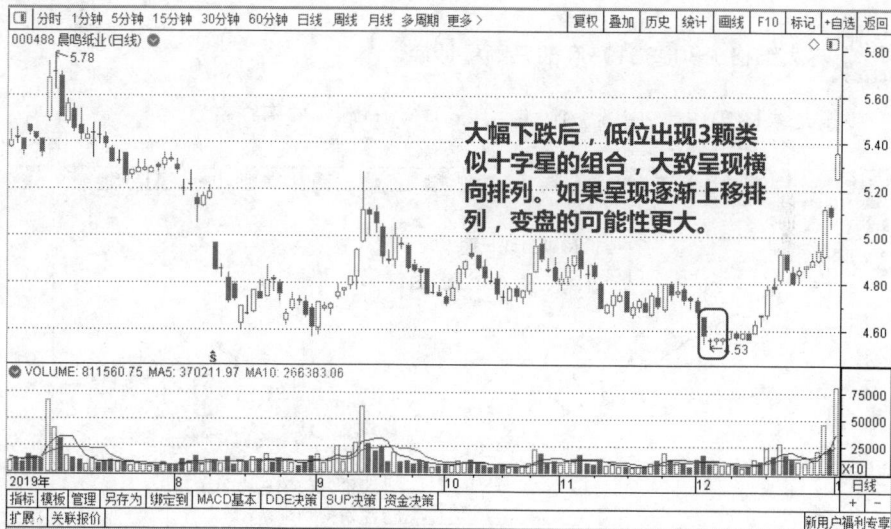

大幅下跌后，低位出现3颗类似十字星的组合，大致呈现横向排列。如果呈现逐渐上移排列，变盘的可能性更大。

要点剖析

前面已经知道，影线较短的十字星的变盘信号较弱，但如果是在连续长期下跌后，接连出现 3 根十字星一类的 K 线，其变盘的可能性则大增。该 K 线组合出现后，股价容易止跌企稳，继而出现一波反弹或上涨行情。

在一波大幅度的下跌行情之后，第一根十字星表示空头抛压开始减弱，多头试探性入场；第二根十字星意味着多头继续入场，空头也仍然顽强抵抗；第三根十字星通常由空头开始转入防守，多方开始组织进攻。如果这 3 根十字星是逐渐升高的，则后市反转的可能性会更大。

遇到该 K 线组合，在操作时应根据第三根十字星的变化决定进场时间：

第三根十字星为阳线时，可在当天谨慎做多，否则需要等到之后价格向上突破第三根十字星的开盘价后才可以进场。

在实际中，三颗星不一定必须是十字星，类似于十字星、短影 T 字线和锤头线等也具有相同的意义。另外，三颗星组合也不是必须只能是 3 根十字星，也有多于 3 根的，仍可以按该组合的规则进行研判。

实例分析 苏大维格（300331）底部三颗星抄底

苏大维格2018年7月至2019年1月的K线走势如下图所示。

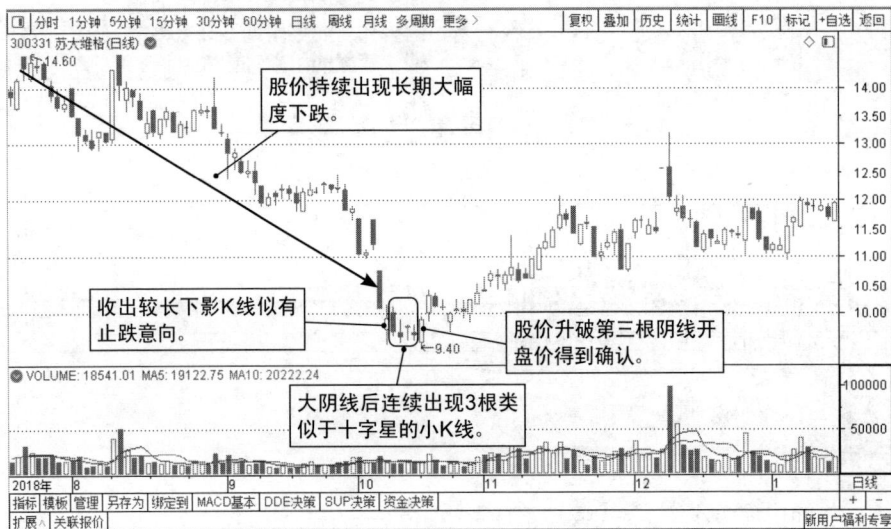

图　苏大维格2018年7月至2019年1月的K线走势

苏大维格近几年一直处于长期下跌趋势之中，从2018年5月中旬又开始出现新一波长期下跌行情，至6月下旬进行了一段时间的横盘震荡后继续下跌，但在9月底忽然跌速加快，至10月中旬时，这一波的跌幅已经达到50%。

在10月12日走出一根有较长上下影线的阳线后，次日高开低走出现一根中阴线，跌势似乎还将延续。然而10月16日之后走出3根类似于十字星和螺旋桨的小K线，股价并没继续下杀，有止跌回升的可能性。由于这个组合的第三根十字星是阴线，因此还不能介入，10月19日股价小幅低开后向上发展，突破第三根十字星的开盘价，此时可以轻仓介入。次日股价继续上涨，说明该底部得到了确认。接下来该股碎步上涨和横向整理后，开始了加速上涨的翻倍行情。

No.022
低档五阳线

低档五阳线组合是指在下跌行情持续一段时期后，在低位连续出现5根小阳线。低档五阳线不一定必须刚好5根阳线，可以是5~8根小阴小阳线，但必须是阳线居多，横向排列或向上倾斜排列。

一图展示

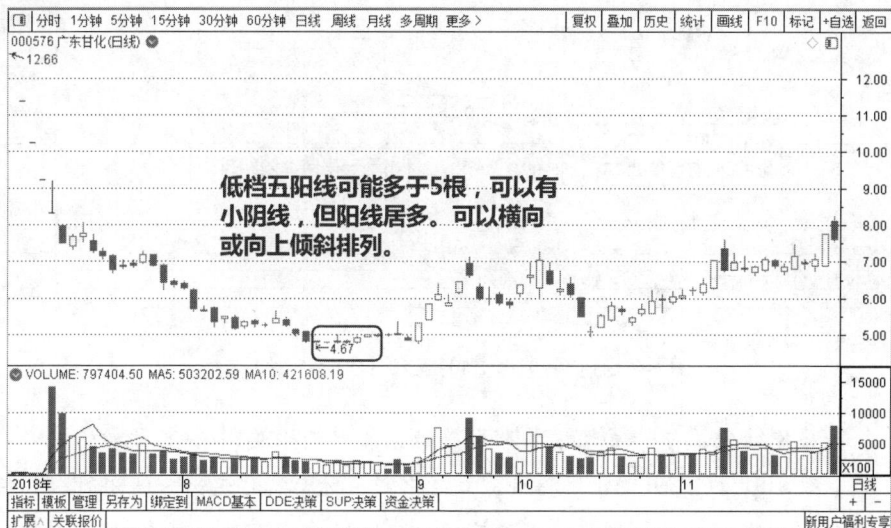

要点剖析

在行情连续大幅下跌后，在低位出现低档五阳线K线组合，此时表明下跌的动力不足，很可能是主力在低位慢慢吸货造成的，股价随时有向上发展的可能。

投资者在看到该K线组合后可以轻仓介入跟随，但必须密切注意之后行情突破的方向，如果向上突破，可以顺势加仓；如果向下跌破平台，则说明只是下跌中的整理行情，应及时止损出局。所以遇到该组合必须是在连续大幅下跌之后再考虑进行操作。

实例分析 **尔康制药（300267）低档五阳线抄底**

尔康制药2018年11月至2019年4月的K线走势如下图所示。

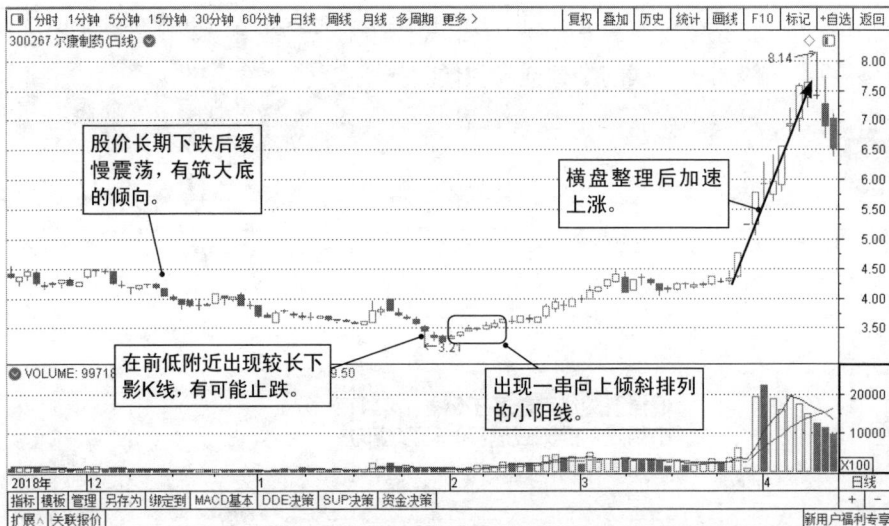

图　尔康制药2018年11月至2019年4月的K线走势

尔康制药近几年一直处于长期下跌趋势之中，从2018年4月开始的这一波下跌，跌到8月下旬出现止跌信号，跌幅超过50%。之后走出一波用时极长但幅度不大的反弹行情，到11月下旬反弹结束继续震荡下跌，并在2019年1月29日创出新低，但也收出一根较长下影线的K线，之后两个交易日股价虽然继续下跌，但均未创出新低，这个位置也与2018年11月下旬反弹的位置非常接近，有可能再次筑底。

从2月1日起，该股开始走出一连串多达7根的小阳线，并且整体上缓慢上移，形成低档五阳线组合。结合前面的因素，判断行情极有可能发生反转，投资者可以适当介入部分仓位，只要之后的回调不跌破第一根阳线的底就可以继续持有。之后该股碎步上涨并稍做整理后，开始了加速上涨行情，股价实现翻倍。

No.023
低位大阳线上档盘整

股价长期下跌后出现震荡筑底迹象，某天忽然拉出一根强有力的大阳线之后股价在大盘线的顶部区域横盘整理，即使有回调也不会超过大阳线的2/3高位，这是一种强势整理形态。

一图展示

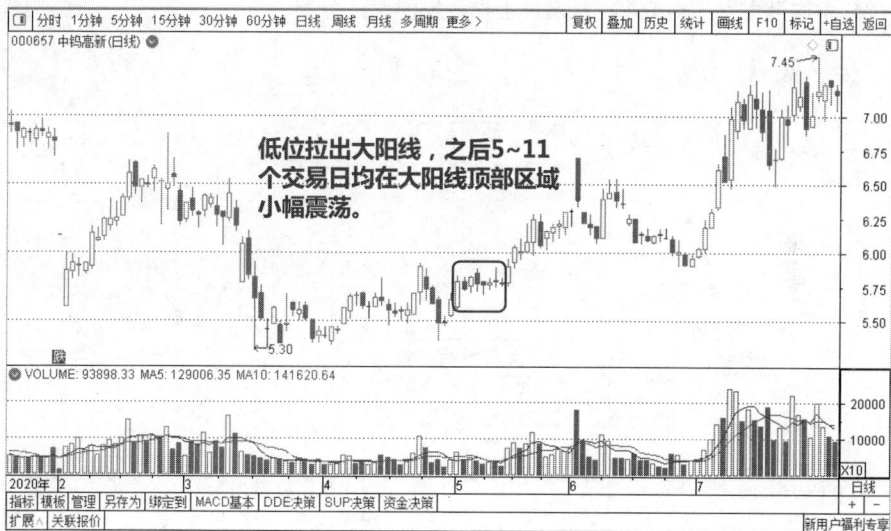

低位拉出大阳线，之后5~11个交易日均在大阳线顶部区域小幅震荡。

要点剖析

有很多股票筑底是漫长而持久的，并没有明显的反转K线组合，对于这类股票，就需要判断它们什么时候开始走出底部转入上涨。大阳线上档盘整为投资者提供了一个好的参考方法。

通常缓慢筑底的股票成交量都变得非常小，即使某天拉出一根稍微放量的大阳线也不会引起市场的关注。通常主力在拉升前要进行试盘，如果拉升时发现上档抛压重，会跌回来继续震荡。所以，如果震荡筑底的股票某天拉出大阳线后不但没有回落，之后的多个交易日股价还能维持在大阳线顶部区域，就说明该股的抛压非常轻，主力很容易就能将股价控制在该区域，那么接下来再进行拉升的概率就非常大了。

出现该组合后，如果随着成交量再次开始放大，可以判断一波涨势即将出现。但是需要注意的是，上档盘整的时间为 5 ~ 11 日，如果盘整时间过长，则可能上涨无力，或者受大盘或板块指数等因素的影响，主力认为拉升时机尚不成熟，有可能再打回来继续震荡。

实例分析　中铁装配（300374）大阳线上档盘整抄底

中铁装配2020年2～7月的K线走势如下图所示。

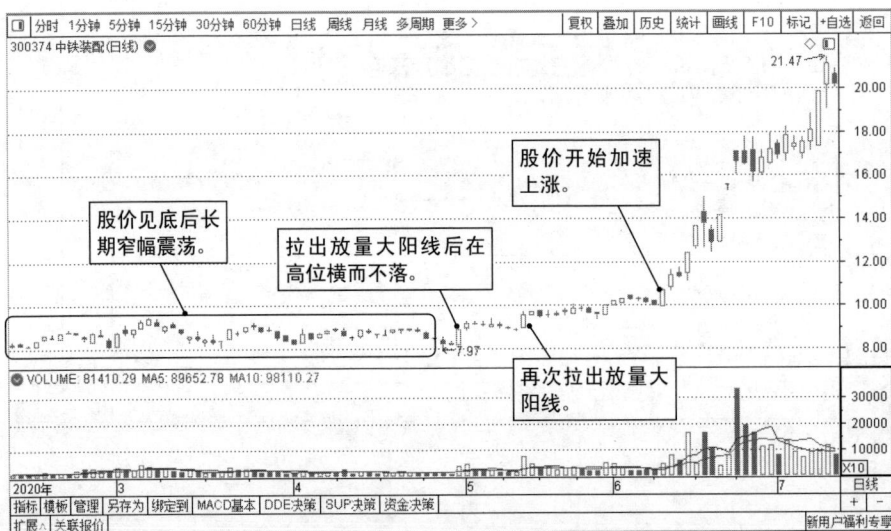

图　中铁装配2020年2～7月的K线走势

中铁装配在2020年2月初见底后，进行了长达两个多月的窄幅震荡筑底行情，直到4月30日，忽然拉出一根涨幅近8%的大阳线，同时成交量倍增。

之后该股在这根大阳线顶部横盘窄幅震荡了7个交易日，成交量也再次萎缩至之前的水平，让人以为该股还会继续沉闷的震荡行情。

此时其实已经形成大阳线上档盘整组合，投资者可以在这几天逢回落轻仓介入。5月15日，该股忽然跳空高开高走，同时成交量大增，更加确认了之前的判断，投资者可以加仓追入，当日再度拉出一根涨幅7%以上的大阳线。

这根大阳线出现后主力又用了同样的手法上档盘整了9个交易日才再次拉升，到6月9日该股开始加速大涨。

No.024
低位红三兵

股价持续阴跌后或者在底部区域长时间盘整后，连续拉出3根依次上升的中小阳线的K线组合叫作红三兵。

一图展示

长期下跌或盘整后，连续拉出3根依次上升排列的中阳或小阳线。组成红三兵的阳线可以有少许上下影线，但影线长度不能超过实体长度。

要点剖析

　　红三兵的出现表明多方力量正在积蓄，准备发力上攻，当出现红三兵时，后势看涨的情况居多，股价至少短期有上扬空间。如果出现红三兵时成交量也温和放大，那么后市更容易反转。如果股价在较长时间的盘整后出现红三兵的走势形态，并伴随着成交量的逐渐放大，则可能是上涨行情启动的前奏。

　　但连续收 3 根中小阳线的情况在股市中非常多见，所以红三兵具有以下一些特征要求。

- ◆ 连续出现3根阳线，每天的开盘价在前一天阳线的实体之内，每天的收盘价均高于前一天的收盘价，即3根阳线呈现次递上升状态并且相邻的两根阳线实体有重叠部分。

- ◆ 每天的收盘价在当天的最高点或接近最高点，即可以有一些上下影线，但影线的长度不能超过K线的实体长度。

- ◆ 组成红三兵的3根阳线可以是中小阳线，但必须有明显的实体，不能是近似于十字星的阳线，并且3根K线的实体长度相差不能过大。

　　红三兵组合的 3 根 K 线的实体相差不能过大。根据其实体情况的不同，红三兵又包含三个白武士、升势受阻和升势停顿 3 种组合情况。

- ◆ **三个白武士**：当组成红三兵的3根小阳线均收于最高或接近最高点时，称为三武士，其拉升信号要强于普通的红三兵，如果最后一根阳线的上升力度比前面两根阳线力度稍大，后面的上涨将更加强劲。

- ◆ **升势受阻**：如果组成红三兵的3根阳线实体逐渐缩小，并且最后一根阳线的上影线比较长，则称为升势受阻。出现这种情况时可能股价会在红三兵之后小幅调整，后市的高度预期也要大幅降低，甚至可能延续之前的下跌走势。

- ◆ **升势停顿**：如果组成红三兵的3根阳线实体逐渐缩小，特别是第三根阳线的实体比前两根要小得多，则称为升势停顿，后市可能会继续下跌。

红三兵的组合形式如下图所示。

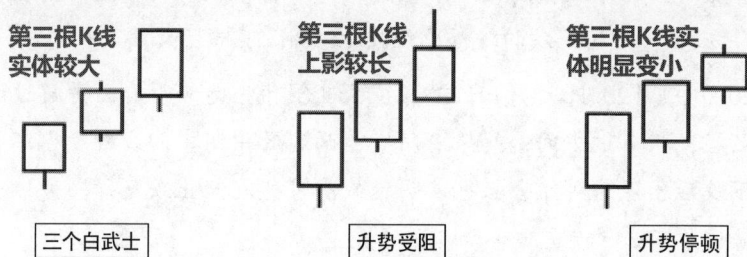

图　红三兵的组合形式

所以要抄底必须严格参照三个白武士的 K 线组合进行筛选。在满足上述条件的情况下，当出现第二根阳线时，激进的投资者可以轻仓介入，如果后面第三根 K 线符合标准走势，可以适当加仓，持股待涨，但也需要设置止损位，如果之后不久股价跌破第二根阳线的开盘价，也需止损出局。

实例分析 迪安诊断（300244）低位红三兵抄底

迪安诊断2018年11月至2019年3月的K线走势如下图所示。

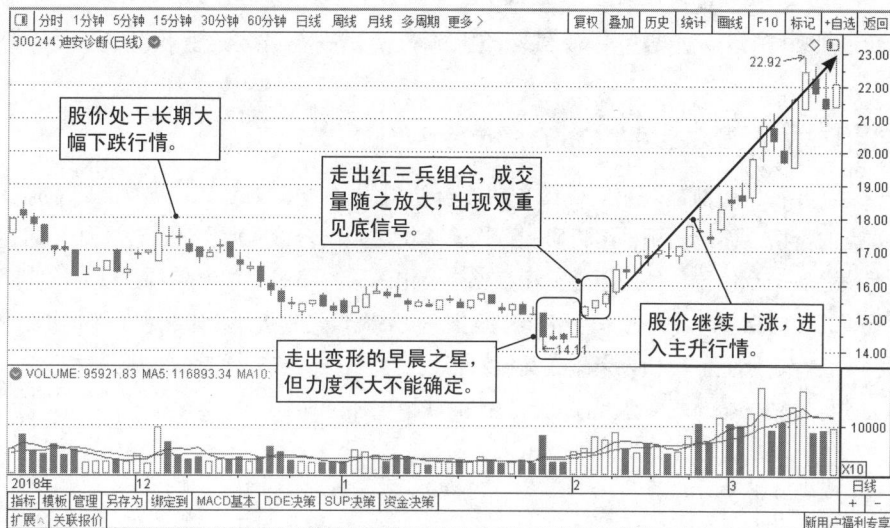

图　迪安诊断2018年11月至2019年3月的K线走势

迪安诊断处于长期下跌趋势中，在一波强劲反弹后，于2018年4月初从26元多又开始新一轮下跌，经过"下跌—反弹—再下跌"的几波行情后，跌至2019年1月底时，这轮下跌的跌幅已经接近50%，跌幅巨大。

从2019年1月29日到2月1日这4根K线组合有些类似于前面讲解过的变形的早晨之星，只不过中间是两根小阴线，两边的中阴中阳线幅度也不够大，但大幅下跌后出现这种组合，也表明股价有可能在此止跌反弹一波。由于该组合反转信号不强，尚需观察。

紧接着，该股连续走出3根依次上升的小阳线，并且这3根小阳线满足红三兵的K线组合，虽然离三个白武士的要求略差一些，但3根小阳线的实体相差不大，也不属于升势受阻和升势停顿的情况，再加上前面还有一个变形的早晨之星组合，同时红三兵第一根阳线出现时，已经突破了变形早晨之星左侧的中阴线顶部，具有双重反转的信号。

再看成交量，出现红三兵K线组合时，成交量也随之温和放大，因此可以确认该股将出现一波上升行情。激进的投资者在2月11日出现红三兵的第一根阳线突破左侧中阴线顶部时可以轻仓介入，当走出标准的红三兵形态时更加得到确认，加仓待涨。

在红三兵组合出现之后，该股并没有回调整理，而是继续小幅跳空高开拉出一根中阳线，开启了一波强劲的上涨行情，一个月左右涨幅接近50%。

补充提示 *抄底时必须密切关注股市大环境*

需要特别提醒的是，K线及K线组合使用的K线数量偏少，只能在某个时间点的行情，无论用哪种组合研判行情，除了必须结合该股所在的阶段（如长期大跌之后）及位置之外，还必须注意整个股市的大环境，比如大盘指数以及该股所属的板块指数等，因为不管组合再标准，如果大盘及其板块指数均在大跌时期，也不会有较大上涨。如果大盘或其板块指数也处于转势或反弹时期，则用这些方法进行抄底成功的概率会大很多，后市的涨幅更加可期。

掌握股票底部形态

在第 2 章中介绍的 K 线及 K 线组合的组成数量较少，无法研判股价的中长期走势，只能用于指导短线买卖，而且在实际应用中仍存在一定的不确定性。此外，除了那些有效性较高的组合之外，还有很多股票在底部不会出现那些组合，因此还需要学习股票形态学，掌握更多的股市研判方法，才能看懂大多数股票的走势，从而在起起伏伏、虚虚实实的市场中分得一杯羹。

No.025 认识股票形态学

No.026 双重底

No.027 头肩底

No.028 圆弧底

No.029 塔形底

No.030 V形底

No.031 岛形底

No.032 三角形整理

......

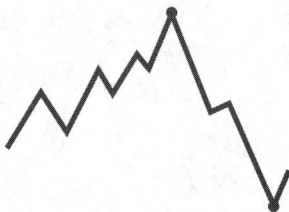

3.1 认清底部反转形态

通过一根或几根 K 线去研判行情，只能判断短期内的股价变化，所以第 2 章讲解常出现在底部的 K 线及组合，都会强调必须是在长期大幅下跌或短期内快速大幅下跌的环境下。而股票形态学是从更多的历史 K 线所构成的形态去分析判断股价今后的走向趋势，从更大的局面进行研判，从而更加可靠。特别是经过诸多投资者长期总结出来的一些经典底部形态，对于在股市中抄底有着重要的意义。

No.025
认识股票形态学

一次完整的股票市场循环运动必然包含筑底、上涨、盘头和下跌 4 个阶段，所有股票都不例外。在每个不同的阶段，市场中的主力为了达到自己的目的，都会结合当前市场的整体环境、个股的具体情况等多方面的因素进行一系列操作。总之，不管有多少因素在影响股价，最终都必然会将综合影响的结果反映在 K 线上，而一系列的 K 线又构成了不同的形态，形态更能反映不同时期、不同阶段下股价被各种因素影响后的变化情况。

一图展示

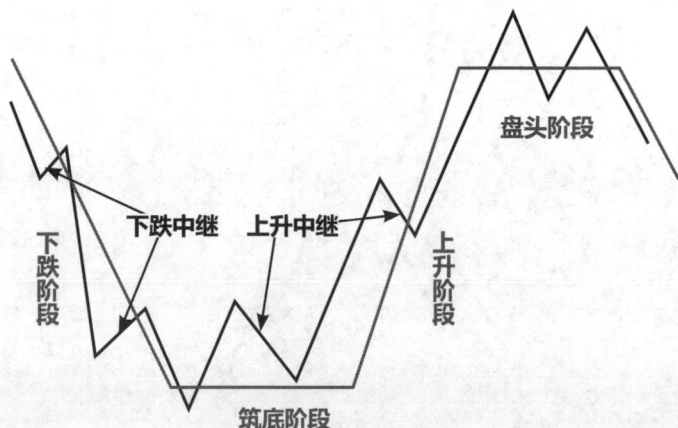

盘头阶段

下跌中继　上升中继

下跌阶段

上升阶段

筑底阶段

要点剖析

在一切股票信息中，形态的形成是成本最高的一种，因为股票的 K 线一般都是用钱"堆"出来的，不论是正常的走势还是主力进行"骗线"，都是实实在在用金钱买卖出来的，这远比上市公司编制一份财务报表、发布一个利好或利空公告的成本要高得多。

虽然有不少主力在一些重要位置会故意做一些 K 线形态来欺骗散户，但要想长期都做出欺骗性 K 线，成本太高，得不偿失。正因为如此，股票形态也是最值得散户依赖的分析方法之一。

同时，也可以说股票形态有其必然性，一只股票形态的形成，绝大多数情况下是按其特定的规律向前运行的。其原因主要源于以下几个方面。

（1）股价由主力掌握

具有一定规模的上涨一定是主力促成的，散户不可能快速拉起一只股票的股价。绝大部分股票中都有主力存在，只是它们的性质不同，强弱不同，善恶程度不同，表现方式不同，而主力所有性质和意图最后都表现在 K 线图上。

虽然主力的操作方法多种多样，区别在于时间的长短，拉升的幅度和出货的方式，但它们都有一个永恒不变的目的——赚钱。

因此，无论如何操作，主力都必遵循"进货→拉升→出货"的铁律，少了任何一个环节，这个操作就没有完成。进货有进货的形态，拉升有拉升的形态，出货有出货的形态，这 3 个环节最终会清楚地反映在 K 线形态上。

（2）因果关系

万事万物都有因果关系，这是一个哲学定理，具有统计特性的股票在这一点上当然也不会例外，没有前面筑底期的积累，就没有后面的拉升；反之，没有前面盘头期的抛售，就没有后期的急跌。因此，股票后期会出现的形态必然是前期形态的结果。

（3）股价有底和顶

股价的底和顶有大底大顶和小底小顶之分，股价总是一波一波地运行，大底套着小底向前运行，不论你能否把握它，它都是那样不以人的意志为转移地运行着。

波浪理论所描述的数浪方法其实就是顶和底的分析，但该方法有一个弱点，就是在形态没有走出来之前，你不知道该从哪里开始数浪，更不知道会在哪里结束，也就是不知道哪个是第一浪，哪个又是最后一浪。

股票形态分析法则成功地解决了这一问题，它不仅可以用定性的方法指出股票的底或顶，而且建立了简便易行的数学模型，可以快捷、高效地计算股票的中短期底与顶的价格，虽然其精确度还有待检验，但在当前的理论和技术手段中，股票形态分析法实用度较高。

从本质上讲，股价的变化是由多空双方力量的大小决定的，它遵循"保持平衡→打破平衡→新的平衡→再打破平衡→再寻找新的平衡……"这样的规律，因此在变化过程中就会形成不同的形态。

根据股票形态出现的位置以及形态出现后的后继走势，可以将股票形态分为反转形态和中继整理形态两大类。

◆ 反转形态

市场经过了一轮大幅度的上涨或下跌之后，由于动能消耗殆尽进入整理阶段，经过盘整之后市场无力再保持原来的平衡，但出现了与原趋势相反的走势，这就是反转。

反转形态是指价格发生趋势逆转过程所形成的图形，即由涨势转为跌势，或由跌势转为涨势的特征。

◆ 中继整理形态

市场经过一段上升行情后，积累了大量的获利盘，随着获利盘纷纷卖出股票，价格出现回落，但同时对后市继续看好的交易者大量入场，对市场价格构成支撑，因而价格在较高的价区震荡，市场采用偏横向的运动方式消化获利，重新积聚起能量，然后又恢复原来的上涨趋势。下跌过程与之相反。

这种偏横向运动的整理即称为中继整理，这个整理的过程所形成的图形，称为持续形态，也称中继整理形态。

简单来说，反转形态就是市场原有运行趋势的改变，而中继整理形态只是市场原来运行趋势的暂时休止，由于本书讲解如何抄底，所以本章后面主要讲解底部常见的经典反转形态，以及上涨行情中的中继整理形态。

分析研究股票形态的最终目的就是利用它来盈利。股票形态分析法的实质就是找出股票形态运行规律并加以利用，从而尽量避免投资风险并获得最终收益。

补充提示 *中继整理形态也可看作是阶段底部盘整*

大多数中继整理形态出现时股价的运行方向会与原来的整体趋势运行方向相反，只是非常缓慢而且相对原来的运行阶段幅度较小，从整体上来看，只是上涨途中横向或小幅回落了一小段。

但如果将时间区间缩小，单看这一段中继行情，也可以看作是原来方向的反向运行，分析它的目的就是找出整理完毕后重返原趋势时的那个入场点，所以从某种意义上来说，仍然可以称为抄底。

No.026
双重底

双重底也称W底，一般出现在股价下跌的过程中或底部，是股价连续两次下跌的低点大致在同一水平位置时形成的"W"形状的底部形态。

一图展示

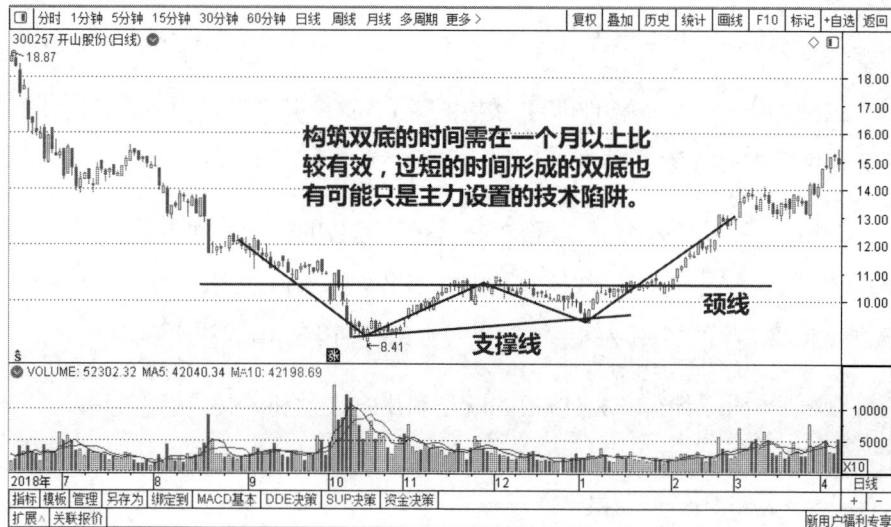

构筑双底的时间需在一个月以上比较有效,过短的时间形成的双底也有可能只是主力设置的技术陷阱。

颈线

支撑线

←8.41

要点剖析

　　双重底是股市中一种常见而且很容易辨认的底部反转形态,在大幅下跌后出现该形态,预示着股价可能将由跌势转为升势,理论上会走出一波上升行情。

　　双重底形态的特征及操作要点主要有以下几个方面。

◆ 双底形态的第二个底通常比第一个底的水平位置稍高,但也有少数双底形态的第二个底比第一个底略低。当第二低点略高于第一低点时,后市更加看好。

◆ 形成双底的两个低点的水平位置相差不能太远,否则不能称为双底。通过两个底的低点绘制的直线可作为中短期走势的支撑线。

◆ 双底第二次的下跌通常是缩量的,如果放量大于第一个低点的量,则股价可能还会下跌创出新低。

◆ 出现双底形态后,过两底中间的高点绘制的水平线称为双底的颈线，如果颈线被向上突破后回踩到颈线附近止跌并反转向上，就可以确认双底成立，股价将继续向上发展。

双底通常是主力在低位震荡建仓后先进行的一次试盘动作，小幅拉升遇阻后再向下打压，引诱前期套牢盘及短线获利盘抛售，由于此时主力有心向上做一波行情，因此这个回落应该是缩量的，如果是放量的，则有可能是股价尚未见底，只是下跌途中主力做形态诱多陷阱。

实例分析 **士兰微（600460）双重底突破抄底**

士兰微2018年6月至2019年3月的K线走势如下图所示。

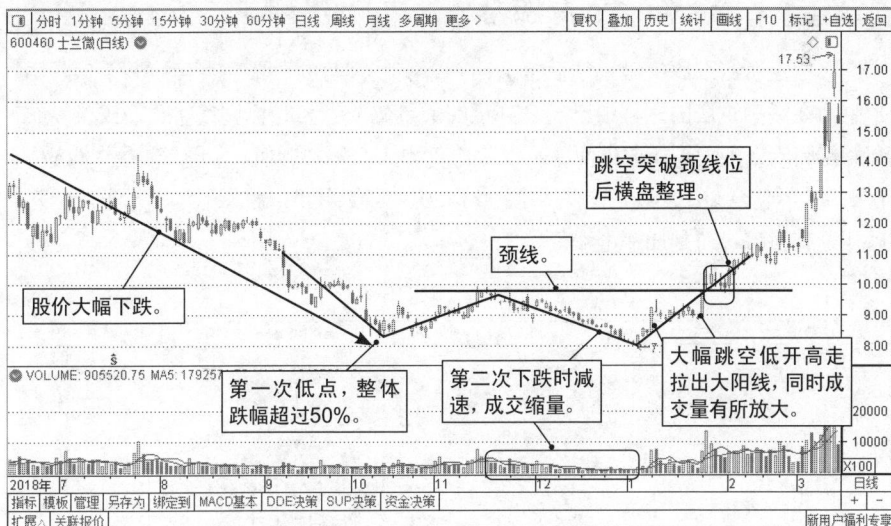

图　士兰微2018年6月至2019年3月的K线走势

士兰微从2018年4月见顶后开始走出下跌行情，跌至10月中旬时股价斩半，出现一小波反弹至11月下旬，股价反弹完毕继续下行，但这次下行的速度明显减缓，震荡下行，同时成交量比反弹之前的下跌阶段明显减少。

这次下跌创出了新低，但只比10月中旬的低点略低，股价便又开始折返，在2019年1月9日拉出一根涨停板后，看起来可能会形成双底。继续观察。

涨停大阳线之后，股价横向震荡10个交易日，再次拉出一根涨停大阳线，双重底形成。次日股价跳空站上双重底颈线上方，之后横向震荡四个交易日，股价开始连续上涨行情。

这个双重底，虽然右底比左底略低，但形成右底时的下跌阶段速度明显放缓，成交量明显萎缩，同时1月9日和24日的这两根涨停大阳线后都是横盘震荡，符合第2章讲的大阳线上档盘整K线组合，因此是一个符合底部特征的、可靠的双重底形态，因此可以在突破颈线横盘震理期间逢低介入，激进的短线投资者其实在第一个大阳线后的高档盘整之时就可以轻仓介入，当突破双重底颈线时再行加仓。之后该股走出一波翻倍行情。

补充提示 *双重底并非突破颈线后都会回踩*

不一定所有双底突破颈线后都会回踩，有些强势的股票会直接拉升。这是由于主力在震荡筑底的过程中已经拿到足够的筹码或者当时板块整体联动或者发布利好等因素，主力不需要再回踩，以免让更多人介入。例如，中国长城（000066）在2018年底至2019年初形成W底，于2019年2月15日放量突破颈线位，之后并没有回踩，而是加速上涨。

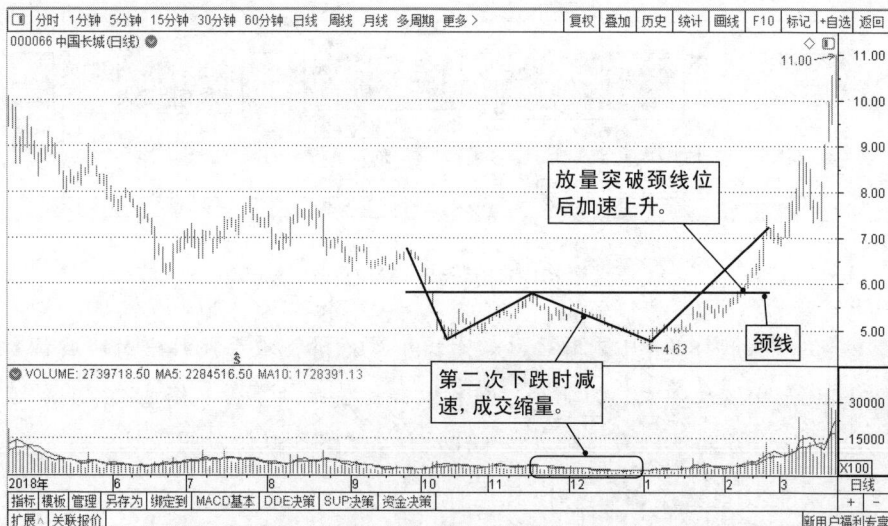

图　中国长城2018年5月至2019年3月的K线走势

No.027

头肩底

头肩底也称三重底，可以说它是 W 底的复合形态。这种形态的第二底位置比其他两底更低，就像倒转的人的头部和两肩，因此称为头肩底形态。

一图展示

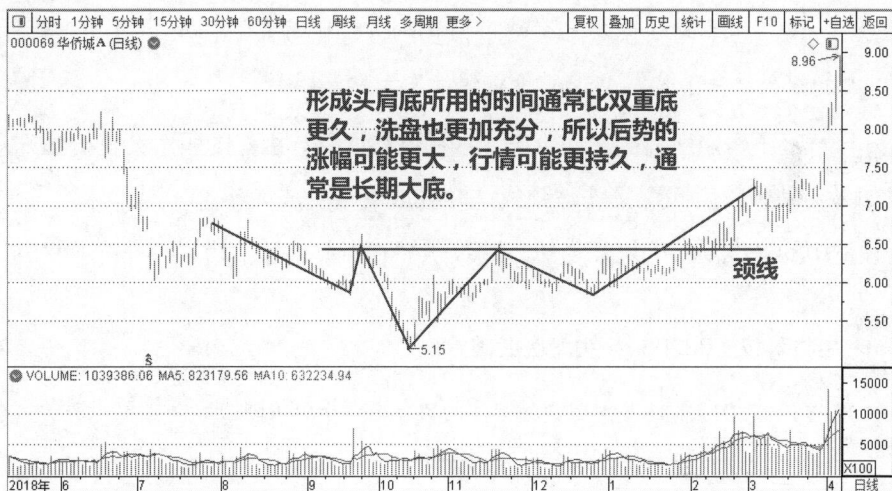

形成头肩底所用的时间通常比双重底更久，洗盘也更加充分，所以后势的涨幅可能更大，行情可能更持久，通常是长期大底。

颈线

要点剖析

双底的第二底低于第一个底时，上涨后回调的幅度较大时，就会演变成头肩底形态，这是由于主力筹码收集得不够，或者受大环境等影响，拉升时机尚不成熟，主力借机再打压一波洗出更多散户，以利于后市的拉升。头肩底形态在向上突破后，反转概率比双底更高，但该形态的形成时间较长，需要突破颈线才能进行确定。

头肩底形态的特征及其要点主要有以下几方面。

◆ 股价长时间较大幅度下跌后，出现止跌反弹，形成第一个波谷，这是将来的头肩底形态的"左肩"。通常在形成左肩部分时，成交量在下跌过程中有放大的迹象。

◆ 头肩底形态的头部（也就是第二个底）通常比左肩和右肩的低点位置低，左右肩无论谁高谁低均可，但右肩略高于左肩的情况更好，说明第二次回调时承接力度更强，后市更加可期。

◆ 形成右肩时的回调过程通常是缩量的，如果放量大于左肩下跌时的量，则需谨慎，股价可能还会继续下跌。

◆ 出现头肩底形态后，经过两波反弹高点做出的直线称为头肩底的颈线。如果颈线被向上突破后回踩到颈线附近止跌并反转向上，就可以确认头肩底成立，股价将继续向上发展。

同样，不一定所有头肩底突破颈线后都会回踩，强势的股票会直接拉升。但如果突破颈线后回踩又跌破颈线，并且成交量呈放大状态，则有可能只是下跌途中的一次复杂的反弹走势，跌破颈线时需要止损出局。

实例分析 中材科技（002080）头肩底突破抄底

中材科技2017年12月至2020年8月的K线走势如下图所示。

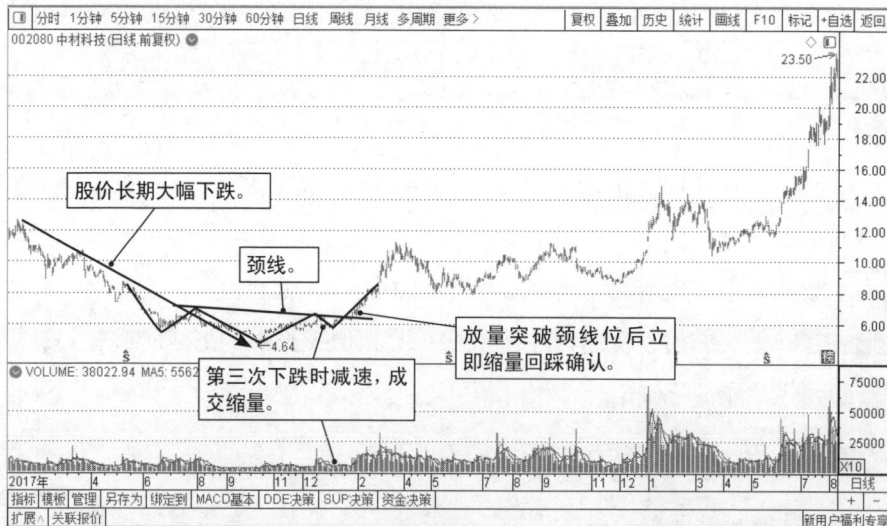

图　中材科技2017年12月至2020年8月的K线走势

中材科技从2017年10月见顶后开始了下跌的漫漫长途,跌至2018年10月时下跌幅度超过60%,在2018年6月反弹后再下跌形成后来的头部时,跌速已经有所放缓,成交量也出现萎缩。

之后股价反转上涨至2018年12月中旬开始回调,只用了十几个交易日就完成了右肩的低点,下跌时的成交量也明显小于左肩下跌时的成交量,同时远小于之前上升时的成交量。

2019年1月28日,股价盘中突破头肩底形态的颈线位,但当天就进行了回落,收长上影线,第二天股价继续回落回踩颈线,但只收了一根带下影线的小阴线,说明下档承接力较小,同时阴线成交量不小于前面的阳量。

第三天股价略微低开后放量拉出中阳线,回踩确认完毕,之前尚未入场的投资者可以大胆进场。

随后股价进行了一波翻倍的行情。这个头肩底也成为该股近几年来的大底,股价至今已上涨5倍。

补充提示 *头肩底是三重底的特殊形式*

有时候也会遇到3个底的低点几乎相同的三重底,还会遇到3个低点逐渐上升或逐渐下降的三重底,所以可以说头肩底是三重底中的一种特殊形式。

不过这种形式却是三重底中比较多的形态,因为会反转成功的股票,主力在底部吸筹充分,所以第三个底一般不会低于前两底。

3个底逐渐上升的三重底变形形态的有效性比较高,如果是3个底逐渐下降,投资者则需谨慎参与。

No.028
圆弧底

圆弧底是股价在长期下跌后出现的一种比较平滑的止跌并回升的方式,整个形态就像一个圆弧,所以被称为圆弧底或圆底。

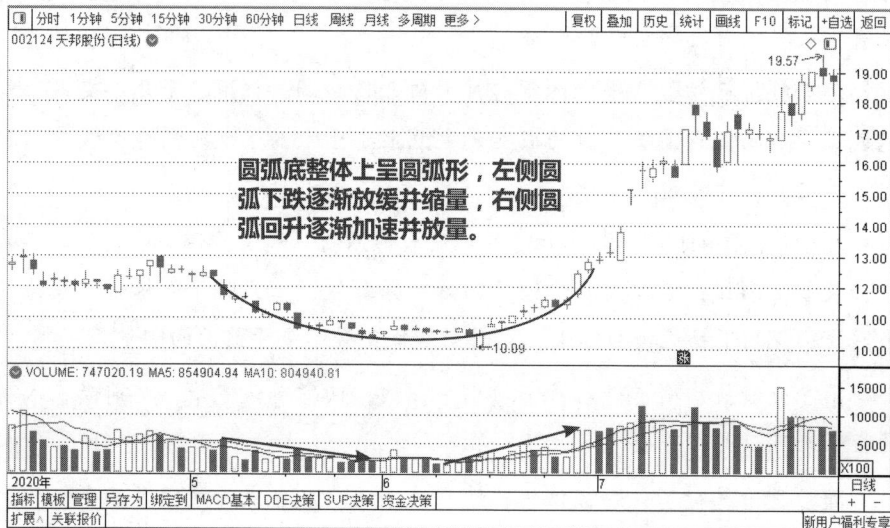

圆弧底整体上呈圆弧形，左侧圆弧下跌逐渐放缓并缩量，右侧圆弧回升逐渐加速并放量。

**要点
剖析**

　　圆弧底的形成过程是股价从快速下跌逐渐转变为缓慢下滑，在跌势趋缓并止跌之后，多空达到平衡，在底部横盘少许时日，股价又缓慢回升，该形态预示着多空方力量已经明朗，后市有望加速上升。

　　在圆弧底的形成过程中，成交量通常在下跌趋缓过程中逐渐缩量，到达最低点成交量开始逐渐放量，因此成交量通常也会大致形成圆弧形。

　　不过标准的圆弧底很少见，大多数都不太标准，比如在形成圆弧的过程中也会有几根 K 线较大幅度的回调或上冲等，令圆弧看起来不那么平滑，但整体上大致仍呈圆弧形态。

**实例
分析** **腾邦国际（300178）圆弧底抄底**

　　腾邦国际2020年1~9月的K线走势如下图所示。

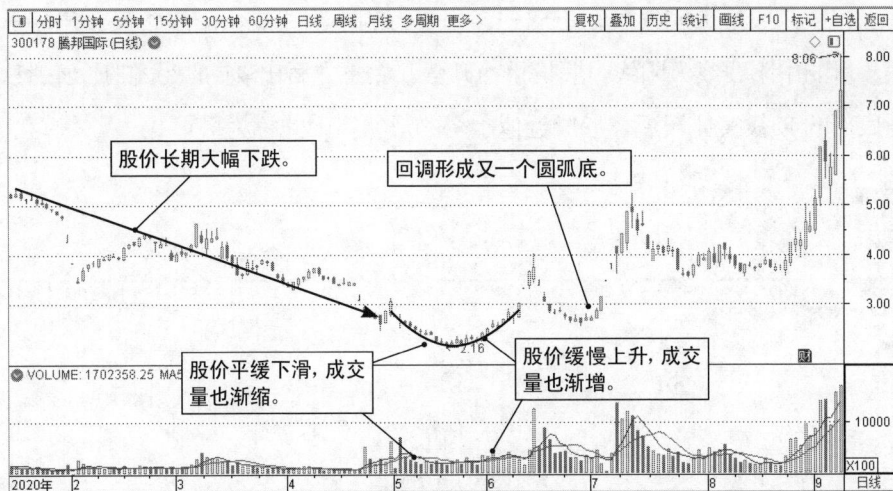

图　腾邦国际2020年1～9月的K线走势

腾邦国际长期处于下跌趋势，跌幅超过90%。即使从最近一次大幅度反弹见顶后开始下跌的2019年8月计算，跌幅也超过60%。

该股在下行的过程中也有一些小幅反弹，但该股与众不同的是，从2020年5月初反弹后的下跌，与前期的成交量相比是放大的，但仅就这段下跌来说，越跌越缩量，跌速与前期相比也有所放缓。

在5月20日达到最低价后，横盘3个交易日，股价开始慢慢回升，同时成交量也有所放大，到6月5日时，走出一个明显的圆弧底形态。由于圆弧底没有特别的支撑或压力位，所以可以在圆弧底比较明显时轻仓介入，成形后再加仓。

有意思的是，该股圆弧底成形拉出一波超过50%的涨幅后，从6月12日开始一波回调浪，再次走出一个圆弧底形态，6月29日见回调的波段底之后，转入又一波大涨走势。

No.029
塔形底

塔形底是指股价经过较长一段时间的下跌之后，在股价下跌的末期出现，在一根中阴线或大阴线后，走出一连串平行的小阴线或小阳线，最后出现一根放量的中阳线或大阳线，股价重拾升势。由于先后出现的阴线和阳线较长，而底部的 K 线实体较短，形成近似于塔的形状，因此称为塔形底。

一图展示

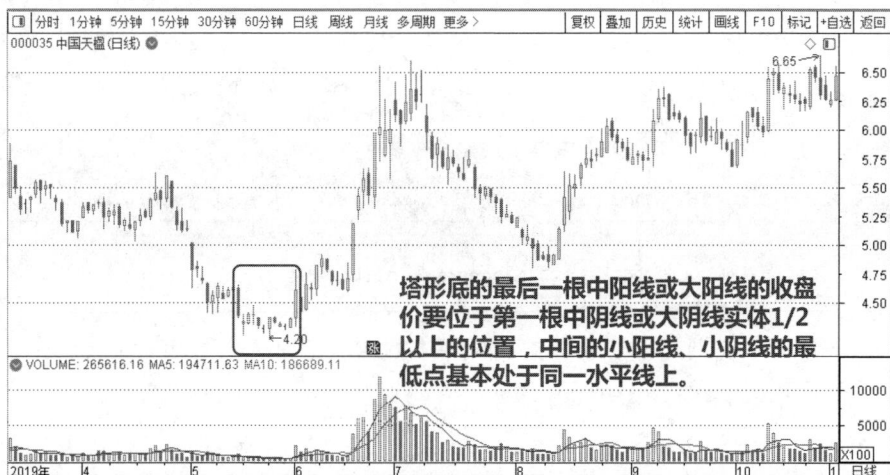

塔形底的最后一根中阳线或大阳线的收盘价要位于第一根中阴线或大阴线实体1/2以上的位置，中间的小阳线、小阴线的最低点基本处于同一水平线上。

要点剖析

塔形底出现在长期大幅下跌之后，其形成过程通常非常枯燥，股价波动范围较小，成交清淡，需要经过较长时间的横盘，筹码才能充分换手，但当以后成交量开始逐渐放大，股价突破箱体上边线时，后市大幅度上涨的概率极高。

塔形底形态的特征及操作要点主要有以下几个方面。

◆ 形成塔形底左侧的大阴线和右侧的大阳线的实体越长，横盘时的小阴线和小阳线的实体振幅越小，见底信号越强烈。

◆ 塔形底之前的跌幅越大，下跌时间越长，见底信号越强烈。

◆ 股价突破一连串小阴线、小阳线的上边线后如果出现回踩（也有可能不回踩），不能跌破上边线太多，否则塔形底可能还没形成，而只是主力的一次试盘动作，主力还需要继续震荡吸筹。

◆ 塔形底除了发出见底信号之外，其最低点会成为后期走势的支撑
线，如果股价向下跌破支撑线，则后市看跌。

塔形底的形成时间长短不一，本来需要较长时间才能实现换手，但有的
主力会在前期先进行吸筹，然后再根据市场情况向下打出一个塔形底，这种
情况主力就不需要过长的时间来吸筹。

实例分析 华西股份（000936）塔形底抄底

华西股份2019年7月至2020年2月的K线走势如下图所示。

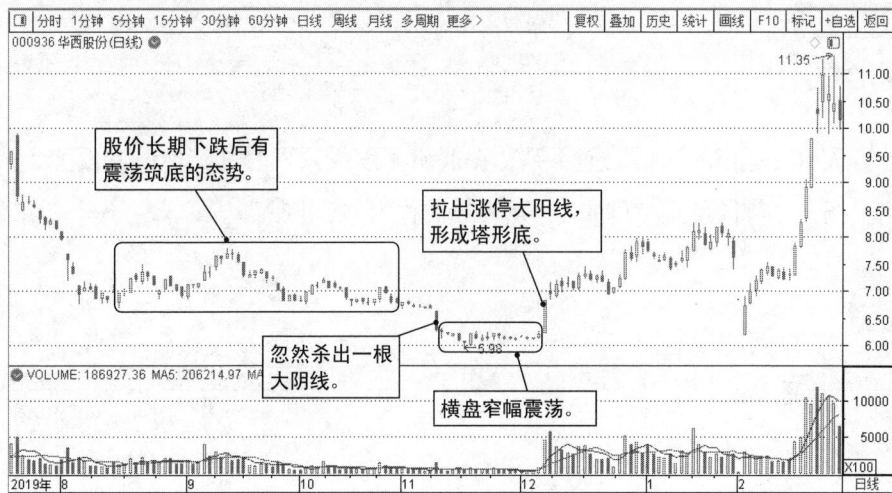

图 华西股份2019年7月至2020年2月的K线走势

华西股份从2019年4月初见顶后开始走出一波下跌行情，跌至11月中旬时
股价整体跌幅接近50%。在跌到8月时，股价出现过一波小反弹，但之后继续
震荡走低，跌幅极缓，有盘整筑底的可能。

在2019年11月1日股价跌破前面低点后，并没有立即开始新一波下跌，而
是收出几根极小的阴线和阳线，看似不会开启新一波下跌。

然而11月11日这天，该股忽然跳空低开，杀出一根跌幅达6%的大阴线，

之后股价并没有继续大跌，而是以震荡的方式连续走出18根小阴线和小阳线，同时成交量萎缩。到12月6日这天，该股又以一根涨停大阳线拔地而起，形成一个塔形底，在这根大阳线当天超过5%的涨幅时，投资者就可以追入。如果当时没有及时入场者，可在之后股价回落时介入。

这个塔形底所用的时间不长，是因为在8月中旬到11月中旬的这段行情里，主力已经充分吸筹，只是大势还比较差，所以借机再向下打压，吓走一些投机者，所以后面的塔形底形成的时间比较短。

在2020年2月4日，该股受大盘影响虽然大幅低开，但没跌破前面塔形底，并且快速拉起，收出大阳线，之后继续一波凌厉的升势。

No.030
V形底

V形底是指先大幅快速下跌，在股价下跌最猛烈时却突然触底反弹，一路上扬，走势像英文字母的"V"，故被称为"V形底"。

一图展示

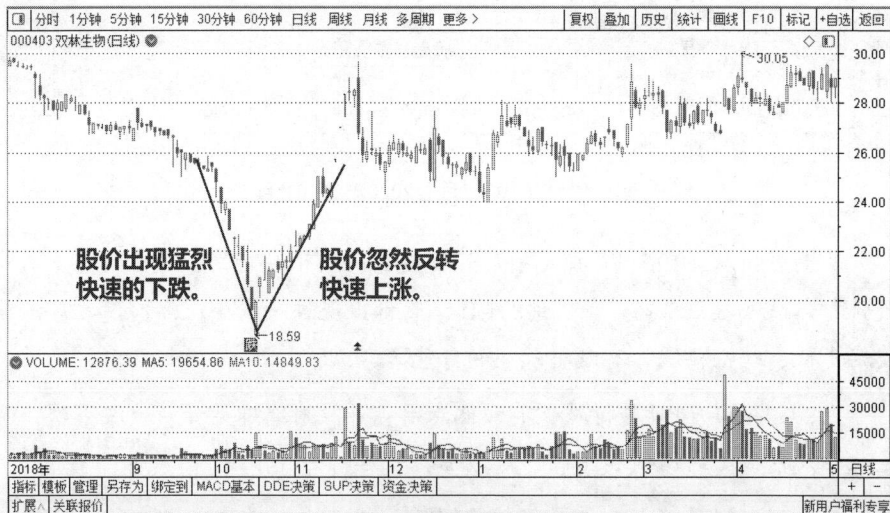

要点剖析

V 形反转通常发生在非常活跃的中小盘股票身上。V 形底在转势时通常成交量会比较大，且反转势力强劲。

V 形底的形成主要有以下两种原因。

◆ 突发性重大利好

股票突然出现重大利好，一部分资金阔绰的机构先于散户获知利好消息，抢先买进。由于利好重大且时间仓促，机构来不及用缓慢吸筹的方式，而是采用大手笔抢购的方式买进，因此 V 形底多数出现在中小盘股上，其流通盘小，主力抢筹就会引发快速上涨。

◆ 被套主力自救

由于突发利空或者整体市场大幅下跌，一些主力在前期持有的筹码来不及抛售，股价便随利空或大势快速下跌，主力也无力护盘。当达到一定跌幅后，大市暂时企稳或者利空因素消除，成本远在当前股价之上的主力趁机发动反攻，拉升股价吸引短线投机者，快速将股价拉升至持仓成本区之上，完成自救。

兼于这两种原因，V 形底通常只是深幅下跌后的一波猛烈上涨，不太容易成为趋势逆转的大底，除非在长期大幅下跌的末期，主力已经吸足筹码准备拉升，却忽然遇到重大利空不得已而为之。这种情况的 V 形底才有可能成为长期趋势的逆转形成长期底部，并且主力快速拉回成本区后通常还会横向震荡一段时间清洗短线获利盘之后才会继续上升。

由于 V 形底具有突然性，因此很不容易把握，如果等 V 形走势形成后再追进，股价已经上涨了不少。不过 V 形反转时容易出现 T 字线、锤头线、曙光初现和旭日东升等具有强烈反转意义的 K 线及组合，如果大幅而快速的下跌后有这些见底组合出现时，投资者可以快速跟进，实现快速获利。

在出现 V 形反转形态后，还要注意整体市场是否配合，如果整个市场疲软或继续下跌，某只个股即使形成 V 形反转，也容易夭折，如果大盘也同时由弱转强，则可靠性较高。

实例分析 露笑科技（002617）V形底抄底

露笑科技2018年4月至2019年5月的K线走势如下图所示。

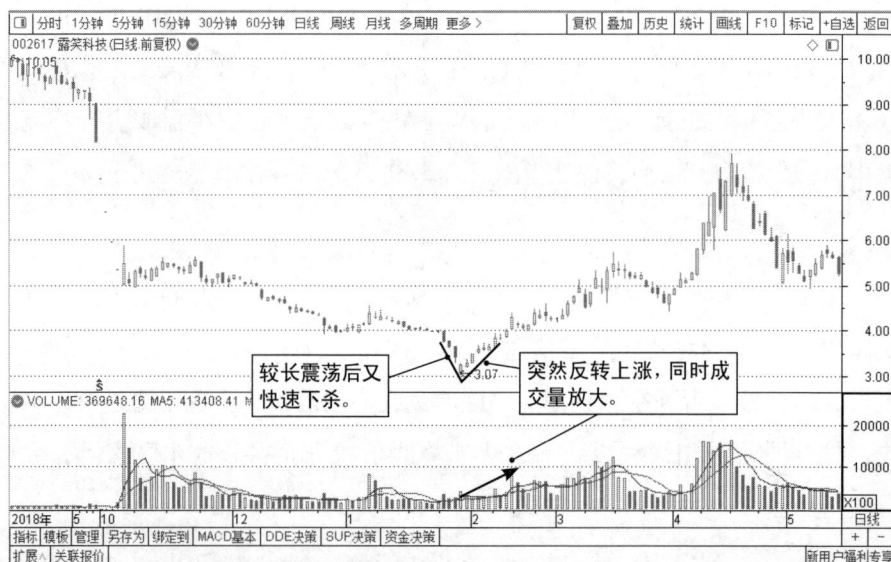

图　露笑科技2018年4月至2019年5月的K线走势

露笑科技从2017年11月见顶后开始走出长期下跌行情，途中有过缓跌、急跌和连续跌停等情况，2018年11月大幅下跌止住后，开始缓跌和横盘震荡行情。

但从2019年1月25日起，股价又突然出现加速下跌倾向，连续拉出3根中到大阴线，1月30日更是大幅跳空低开9%以上，跌势汹汹。

然而，当天股价却低开高走收出一根中阳线，也就是从这一天开始，股价开始走出一波连续上升行情，同时成交量放大，走出一个V形底形态。

由于该股反转时没有明显的见底K线，所以投资者可以在2月1日拉出大阳线后出现3根横盘小阳线时逢低介入，因为这样符合大阳线上档盘整K线组合，之后股价出现一波翻倍行情。

No.031
岛形底

股价在运行过程中经常会有跳空缺口出现，如果股价经过长时间大幅度下跌后，在底部区域某天突然跳空加速下跌，然后股价横向整理，之后突然某天又跳空加速上升，形成两个缺口，从而使底部看起来像一座离岸的孤岛形状，这就是岛形底，也称为孤岛反转。

一图展示

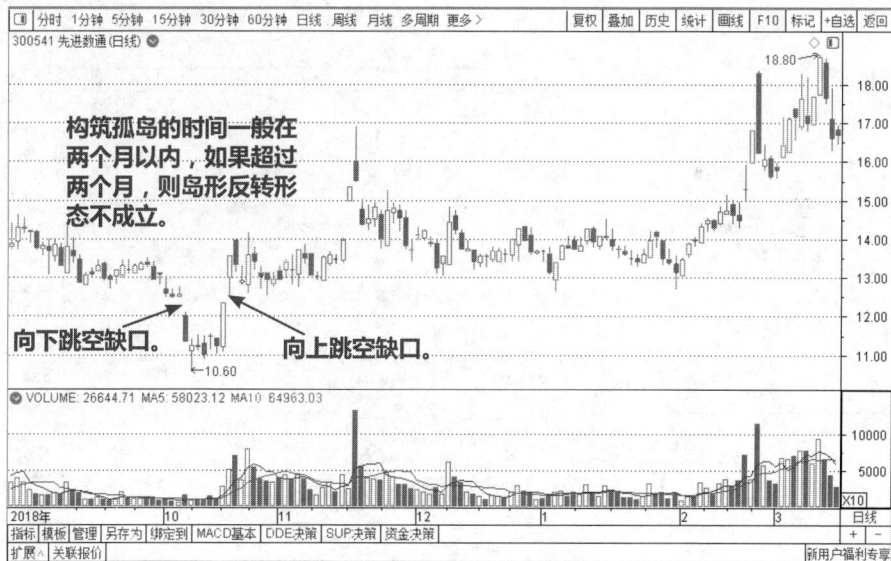

要点剖析

底部岛形反转一旦形成，股价在短时期内将向上发展，底部岛形反转常常伴随着成交量的放大，股价的波动也比较激烈。如果成交量依然小，则底部岛形反转很可能不成立，股价可能再次转向下跌。

岛形底形态的特征及操作要点主要有以下几个方面。

◆ 跳空的缺口越大越好，但向下和向上跳空的两个缺口的位置应该大致处于同一区域，才能成为岛形，如果相差太远，两个缺口没有重叠部分，则不能称为岛形。

◆ 岛形底的孤岛部分，一般K线数量不会太多，太多则说明向上动能乏力，最少可能只有一根K线。

◆ 走出岛形底后，右侧缺口位置成为后期走势的支撑线，如果股价很快就向下跌破支撑线，则后市看跌。

实例分析 海顺新材（300501）岛形底抄底

海顺新材2019年11月至2020年7月的K线走势如下图所示。

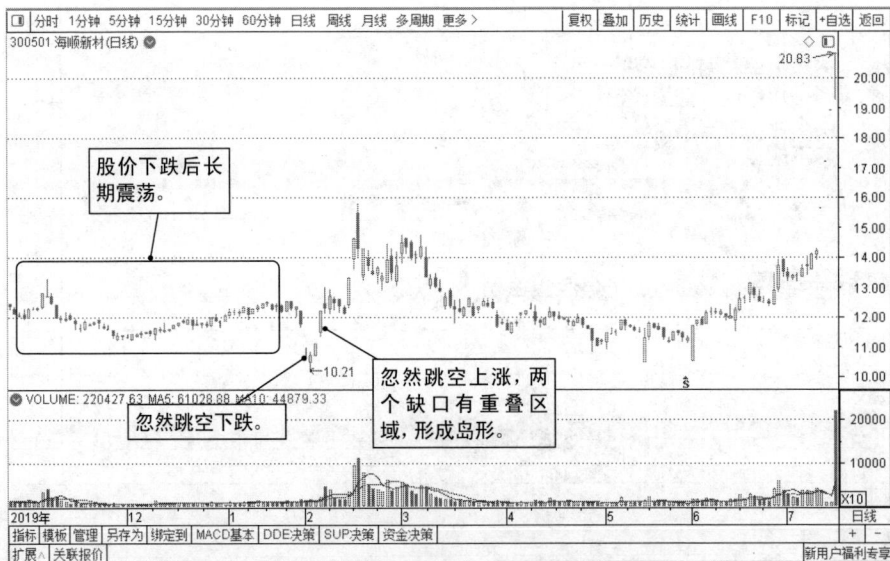

图　海顺新材2019年11月至2020年7月的K线走势

海顺新材从2019年8月以来，一直处于一波下跌后的横盘震荡阶段。如果将时间放得更长远，近两年该股一直处于长期下跌后的盘整阶段。

震荡至2020年1月底，在2月3日该股忽然大幅跳空下跌收倒T字跌停K线，接着收出两根小阳线，由跌转升，同时成交量放大。但这时尚无法判断股价方向，股价有可能继续下跌。

2月6日该股又大幅高开高走，拉出一根涨停大阳线，股价回到之前的盘整区，同时在下方形成3根K线组成的孤岛，岛形底成立。在大幅跳空高开这天，激进的投资者就可以轻仓抄底。

之后在大阳线顶部震荡几个交易日后，股价继续拉出两根涨停板，短期收益相当不错。

3.2 找准上升趋势中回调波段的整理形态

股价的移动是由多空双方力量大小决定的，遵循"保持平衡→打破平衡→新的平衡→再打破平衡→再寻找新的平衡……"这样的规律。

而整理行情就是其中保持相对平衡的那段走势，股价在上升趋势中的回调通常是以整理形式进行的，通常有三角形、楔形和旗形几种整理形态。

分析整理形态有助于投资者在股价打破平衡时及时把握住之后上涨那段走势的起点，以获取更大的收益。

No.032
三角形整理

三角形整理是整理形态中较为常见的一种走势形态。根据形成整理形态的三角形形状，又可分为上升三角形整理、下降三角形整理和对称三角形整理3种。

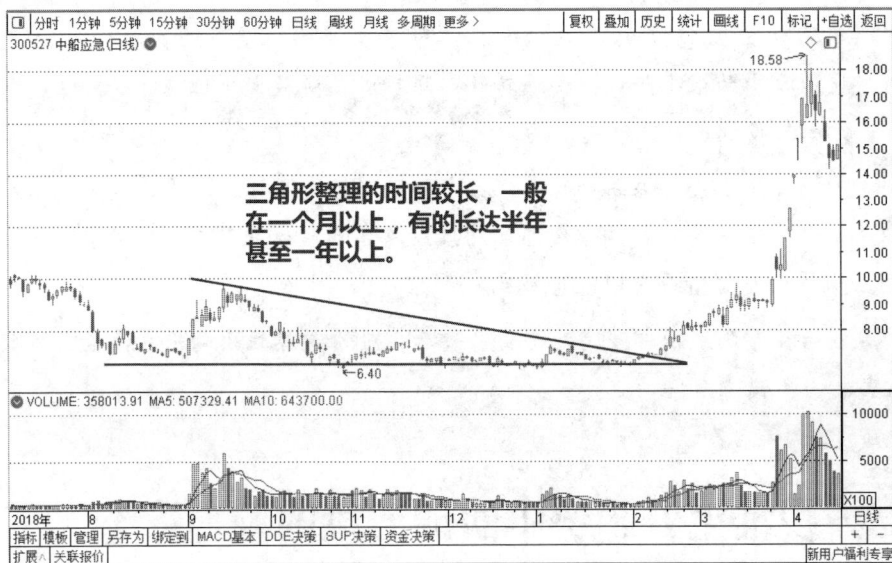

三角形整理的时间较长，一般在一个月以上，有的长达半年甚至一年以上。

要点剖析

三角形整理开始时价格波动较大，随着时间的延续，价格波动逐渐缩小，呈现出一种逐步压缩的收敛状。

三角形整理的共同特征及主要观察点如下。

◆ 三角形的形成必须具备两个或两个以上明显的波段高点和低点。

◆ 在形成三角形整理的过程中，成交量应该逐步减少。

◆ 三角形整理并非一定要整理到三角形末端才突破，有时离末端还较远便开始突破，突破时离末端越远，突破后的力度越大。

◆ 在整理末期，股价向上突破需要有大的成交量相配合。除了成交量的配合外，突破幅度应大于2%，且回踩突破上边缘后不重新回到三角整理区内，才算有效突破。

3种三角形整理的特征区别如下。

◆ 上升三角形整理

股价每次上涨的高点大致处于同一水平位置，回落的低点却不断上移，将每次上涨的高点和回落低点分别用直线连接起来，会构成一个向上倾斜的三角形，如下图（左）所示。

◆ 下降三角形整理

每次股价反弹的高点不断下移，但回落的低点大致处于同一水平位置，将每次的上涨高点和回落低点分别用直线连接起来，会构成一个向下倾斜的三角形，如下图（中）所示。

◆ 对称三角形整理

每次变动的最高价都低于前次的最高价，同时每次变动的最低价都高于前次的最低价，呈现出高低点都逐步压缩的收敛状，最后多空双方争夺的焦点集中在一个很小的价格区域内，一旦某方获得胜利，价格就将持续向胜利的一方运行，如下图（右）所示。

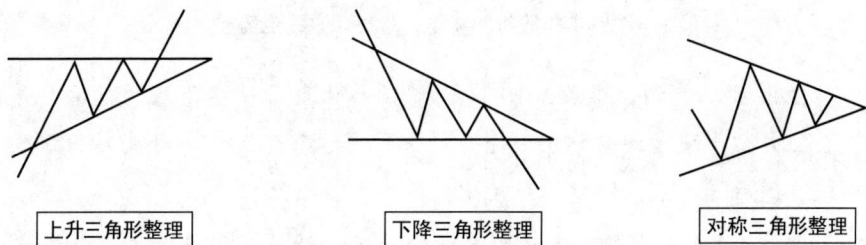

上升三角形整理　　　　下降三角形整理　　　　对称三角形整理

图　3种三角形整理形态示意

在上升趋势中形成三角形整理时，作为中长线投资者可以持股不动，短线投资者可以根据对称三角形的上、下边来对该股进行高抛低吸。波段投资可以在股价向上突破三角形整理区域时介入。

向上突破时需要放大量，突破后通常会回踩上边线，然后在原来的上边线处止跌回升，以确认突破的有效性。也有些强势股突破上边线后不回抽便持续上升。

丰华股份（600615）下降三角形突破买入

丰华股份2019年3～12月的K线走势如下图所示。

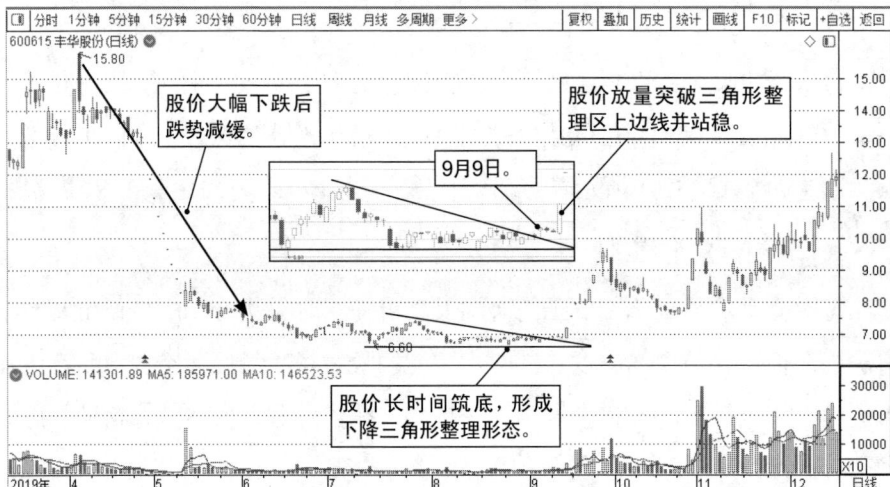

图　丰华股份2019年3～12月的K线走势

从上图可以看到，该股2019年4月见顶后出现了快速下跌的行情，并在4月底至5月初出现了连续一字跌停的大幅下跌走势。进入5月下旬后，该股跌势减缓，随后进入震荡下跌的行情中。

并且在7月上旬创出6.60元的最低价后股价的波动低点基本保持在水平位置，而反弹的高点却在不断降低，形成了明显的下降三角形整理形态。尤其是在整理形态的末期，股价波动幅度更小，而成交量也出现了极度缩量状态，说明行情见底。在9月9日，该股以带长下影线的小阳星突破下降三角形的上边线，之后出现短暂两天的回踩，但仍站在三角整理上边线的上方，此时激进的投资者可以轻仓抄底。

9月12日，该股放量收出大阳线突破下降三角形整理形态的上边线，此时进一步确认突破有效，投资者可加仓跟进。随后该股企稳回升步入上涨，走出一波可观的上涨行情。

No.033
楔形整理

楔形整理是指股价在整理时运行于两条收敛的直线区域中的形态，在股市中非常常见。楔形又分为上升楔形和下降楔形两种。

一图展示

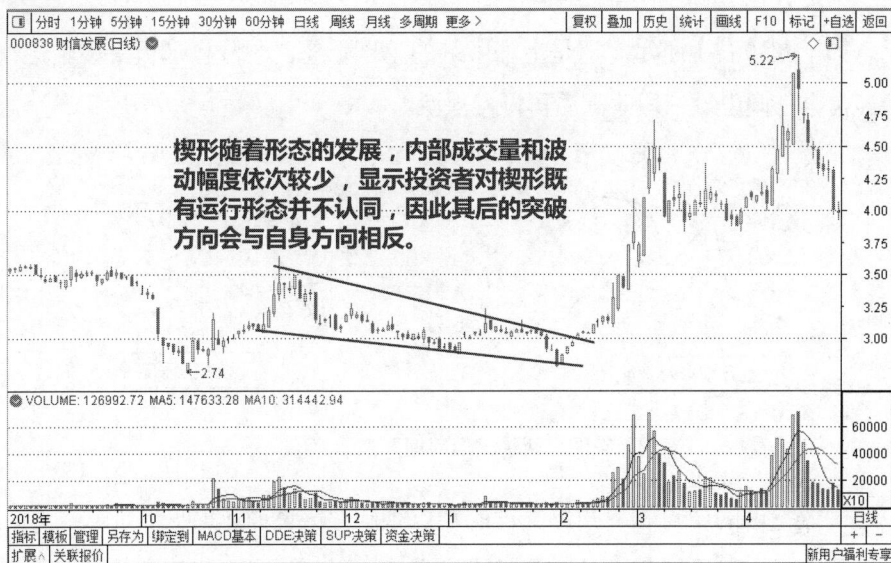

楔形随着形态的发展，内部成交量和波动幅度依次较少，显示投资者对楔形既有运行形态并不认同，因此其后的突破方向会与自身方向相反。

要点剖析

楔形整理同三角形整理类似，开始时价格波动较大，随着时间的延续，价格波动逐渐缩小，呈现一种逐步压缩的收敛状，它和三角形整理的区别在于，连接楔形整理高低点形成的二条边界线是同时上倾或同时下斜，而三角形整理的两条边界线方向相反或有一根是水平方向。

两种楔形整理的特征区别如下。

◆ 上升楔形整理

上升楔形整理由两条斜率不同，但均向上方倾斜的整理边界线形成，其示意如下图（左）所示。上升楔形整理多出现在下跌趋势中，偶尔也会出现在上升趋势中，出现在上升趋势中是一种强势整理形态，表明即使在整理阶段，多方力量也占主导作用。

◆ 下降楔形整理

下降楔形整理由两条斜率不同，但均向下方倾斜的整理边界线形成，其示意如下图（右）所示。这是上涨中继的整理形态。下降楔形被突破上边线后通常会横向发展一段时间后再慢慢上涨。

上升楔形整理　　　　　　下降楔形整理

图　两种楔形整理形态示意

楔形整理的要点和三角形整理的要点相同，因此整理时间也比较长。在上升行情中出现楔形整理时，中长线投资者可以持股不动，短线投资者可以耐心等待向上突破确认后再进场。

实例分析 珈伟新能（300317）下降楔形突破买入

珈伟新能2020年3～9月的K线走势如下图所示。

珈伟新能近几年来，都处于长期大幅下跌走势中。跌至2020年5月下旬，该股走出盘整筑底的倾向（实际在这之前的几个月已经有此迹象），成交量极度萎缩。到7月1日开始，股价突然向上大幅跳空连拉两个涨停板，股价脱离底部区域。

之后股价震荡上升，在7月14日到达波段高点后，股价开始回调，开始幅度较大，随着时间的推移，价格波动逐渐缩小，同时成交量也不断缩减，逐渐走出一个下降楔形整理形态。

整理至8月12日，收出一颗小阴星，次日拉出涨停大阳线突破楔形整理区的上边界，同时成交量略微放量，说明股价有向上突破发展的倾向，激进的投资者可以在当天突破后涨停前轻仓抄底。

次日股价高开高走，第三天回踩楔形上边界后重拾升势，确认楔形整理的有效性，投资者可以在此加仓。之后股价稍做横盘震荡后便快速拉升，走出翻倍行情。

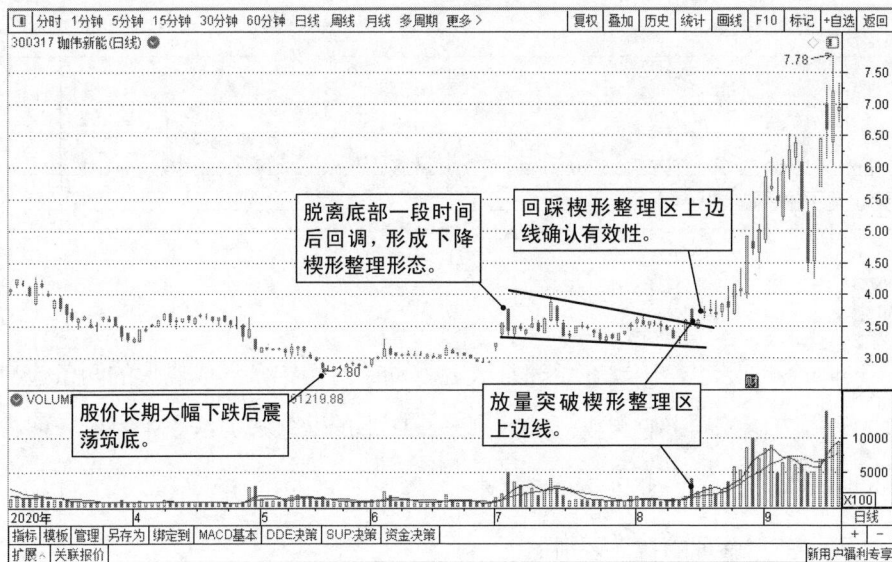

图　珈伟新能2020年3～9月的K线走势

No.034

旗形整理

旗形整理是指股价的整理走势就像一面挂在旗杆上的旗帜，形成一个与原走势方向相反且倾斜的平行四边形形态。旗形整理分为上升旗形与下降旗形两种。

一图展示

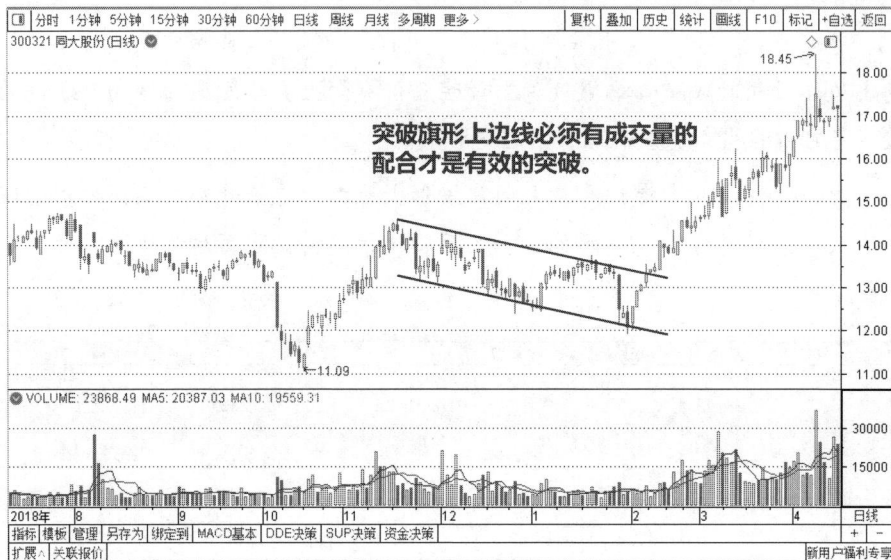

突破旗形上边线必须有成交量的
配合才是有效的突破。

要点剖析

  旗形整理形态常出现在急速且大幅变动的行情中，形成旗形的两条边界线的倾斜方向相同，它与楔形的区别是，旗形的两条边界线是平行的，而楔形的两条边界线斜率不同。

  两种旗形整理的特征区别如下。

  ◆ 上升旗形整理

  上升旗形整理经常出现在下跌趋势的急跌市中，这是下跌中继的整理形态，其示意如下图（左）所示。上升旗形整理偶尔也会出现在上升趋势中，此时表示这是一个强势整理，即使在整理行情中多方也占据优势。但有时候整理完毕会先向下打压再往上升。

  ◆ 下降旗形整理

  下降旗形整理经常出现在上升趋势的快涨市中。经过一段时间较快的上涨之后，股价出现横向整理，形成一个略向下倾斜的平行四边形波动区域，其示意如下图（右）所示。这通常是上涨中继的整理形态，一旦股价向上突破旗形上边界后会继续上涨。

上升旗形整理　　　　　　　　下降旗形整理

图　两种旗形整理形态示意

旗形整理的形成原理和楔形整理相同，但旗形整理时间往往短得多。

补充提示　*矩形整理是旗形整理的特殊形式*

　　还有一种整理形态叫作矩形整理，不过它可以算是旗形整理的一种特殊形式，即旗形的横向发展，既不向上也不向下倾斜，便形成矩形整理，它与旗形整理的使用方法相同，不过标准的矩形整理比较少见。

实例分析　五矿稀土（000831）下降旗形买入

　　五矿稀土2020年1～8月的K线走势如下图所示。

　　五矿稀土从2019年6月以来走出一波长期大幅下跌走势，跌至2020年3月下旬开始有筑底迹象，至4月底形成小双底后，股价开始走出一小波小升行情，涨幅接近30%，5月下旬开始回调，回调采用窄幅波动的方式，用时一个月走出旗形整理形态，同时成交量明显缩量。

　　6月30日股价接近旗形整理下边界开始又一次回升，走出3根阳线，不一样的是这几根小阳线开始逐渐温和放量，到7月2日收盘价已经突破旗形整理的上边线。由于是小阳线刚突破少许，因此还不能确认突破有效。

　　次日股价小幅跳空高开再收出一根放量阳线，可以确认旗形整理被突破，波段投资者可以介入。7月6日拉出大阳线后，就可以放心持有，等待后市股价上涨了。

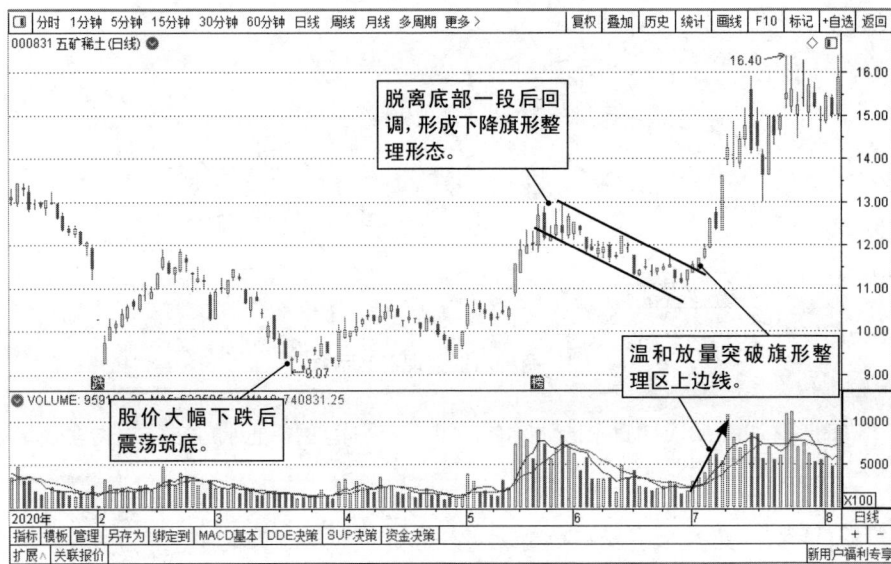

图　五矿稀土2020年1～8月的K线走势

补充提示 **绘制整理形态的边界线时应通过尽可能多的波段**

在绘制整理形态的边界线时，应尽可能多地通过整理内小波段的高低点，遇到有最高点与最低点有上下影线的K线时，不一定必须通过最高点或最低点作图，特别是影线较长时，可以通过K线实体部分的高低点。总之，绘制的边界线通过的波段高低点越多，其有效性越强。

第4章

技术抄底入门

移动平均线的运用

移动平均线是最为普遍的一种技术指标，也是炒股入门的一种技术指标，由于它具备趋势追踪性、稳定性以及助涨助跌性等特点，所以被广泛运用。股民借助移动平均线能够确认当前趋势，判断即将出现的趋势，从而更精准地做出投资决策。

No.035 短期均线抄底法

No.036 中期均线抄底法

No.037 长期均线抄底法

No.038 5日均线向上突破10日均线

No.039 10日均线向上突破30日均线

No.040 移动平均线多头排列

No.041 买点1，黄金交叉

No.042 买点2，回调不破

......

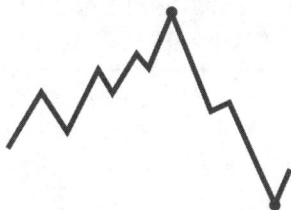

4.1 通过不同周期均线抄底

移动平均线根据时间的长短可以将其分为 3 类，即短期均线、中期均线和长期均线，不同周期的均线有不同的实际用法。

No.035
短期均线抄底法

短期均线是按照移动时间区间较短这个原则设定和计算出来的，通常周期在 10 日以下，即包括 3 日均线、5 日均线和 10 日均线等，在实际应用中，短期均线应用更多的是 5 日均线。

一图展示

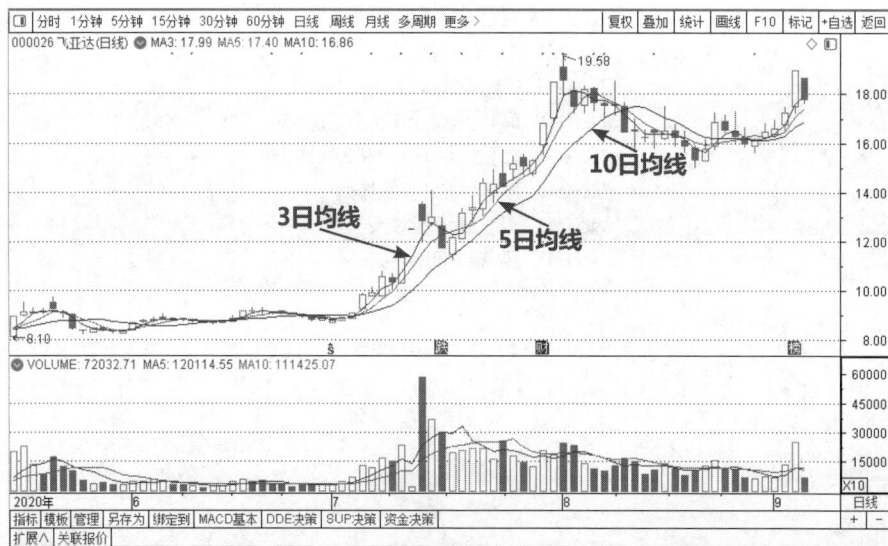

要点剖析

短期均线反应非常灵敏，上下波动变化快，起伏较大，能够快速捕捉到市场中的短线操作机会，可以有效地规避市场中的波动风险，但是利用短期均线操作也容易被主力洗出来，交出筹码。另外，短期均线也因为波动变化大，所以难以看清市场中的中长期趋势。

利用短期均线做抄底时要抓住短期均线的买入信号，具体包括以下几点。

◆ 股价运行至低位区域筑底成功后，若5日均线与10日均线配合良好向上运行，股价收盘不破5日均线，股民可以积极买入并一路持有。

◆ 股价向上突破5日均线，并站在5日均线上方，此时伴随着成交量的放大，投资者可以买进。

◆ 股价跌破5日均线，但很快又重回到5日均线上方，回调时成交量缩量，股价重回5日均线上方时为股民的买入点。

实例分析 泛海控股（000046）短期均线抄底买入

泛海控股2020年2～6月的K线走势如下图所示。

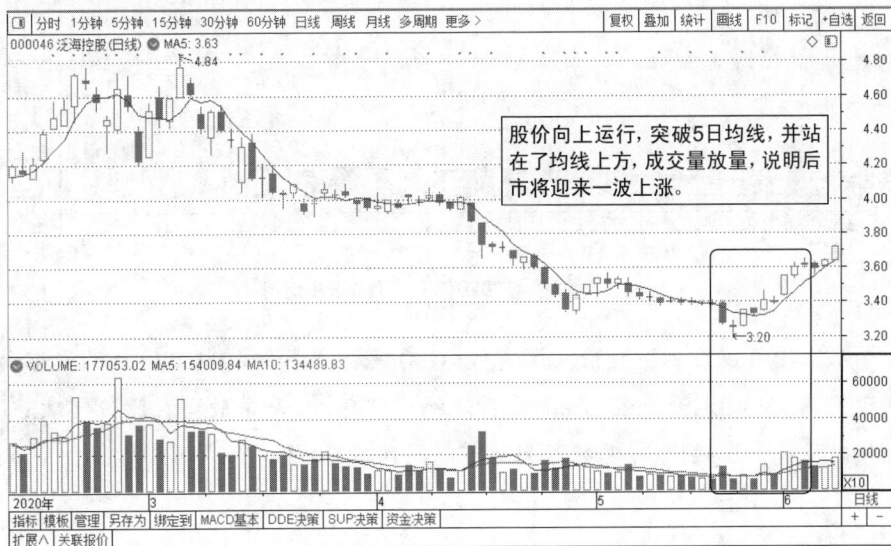

图 泛海控股2020年2～6月的K线走势

从上图可以看到，该股从3月开始表现为下跌走势，股价从5日均线上方运行至下方。在4元价位线附近时股价止跌重新回到5日均线上，查看此时的成交量发现成交量表现缩量。说明此时并非真正的底部，而是下跌途中的阶段性底部。

随后股价继续下跌，运行至5日均线下方。当股价创出3.2元的新低后，股价止跌回升，向上突破5日均线，并站在5日均线的上方，且成交量放大。说明股价的短期行情发生了变化，后市将迎来一波上涨，此时投资者可以积极买入。

泛海控股2020年5～7月的K线走势如下图所示。

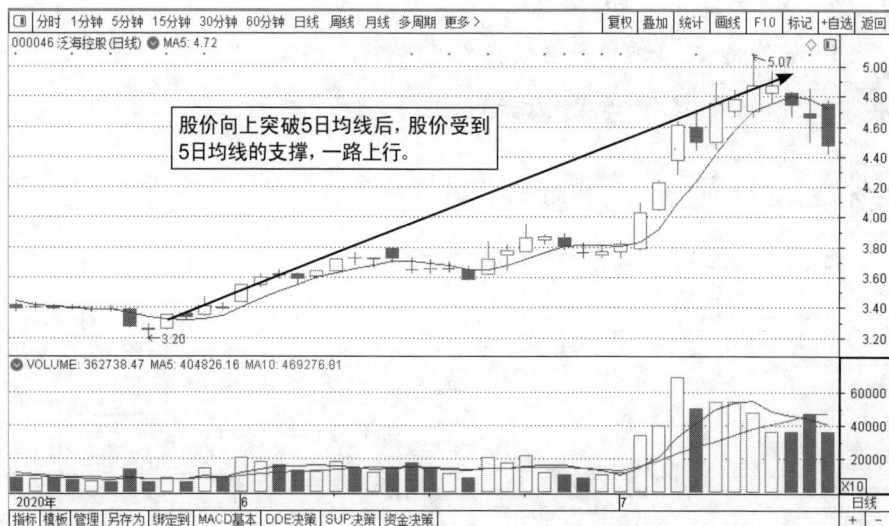

图　泛海控股2020年5～7月的K线走势

从上图可以看到，股价向上突破5日均线后，股价受到5日均线的支撑向上运行，从3.40元涨至最高5.07元，涨幅达到49%。如果股民在股价突破5日均线时买进，短短1个多月的时间就可以得到丰厚的回报。

No.036
中期均线抄底法

中期均线是按照移动时间区间中长这个原则设定和计算出来的，通常周期在 60 日以下，包括 20 日均线、30 日均线和 60 日均线等，在实际应用中，中期均线应用较多的是 20 日均线和 30 日均线。

一图展示

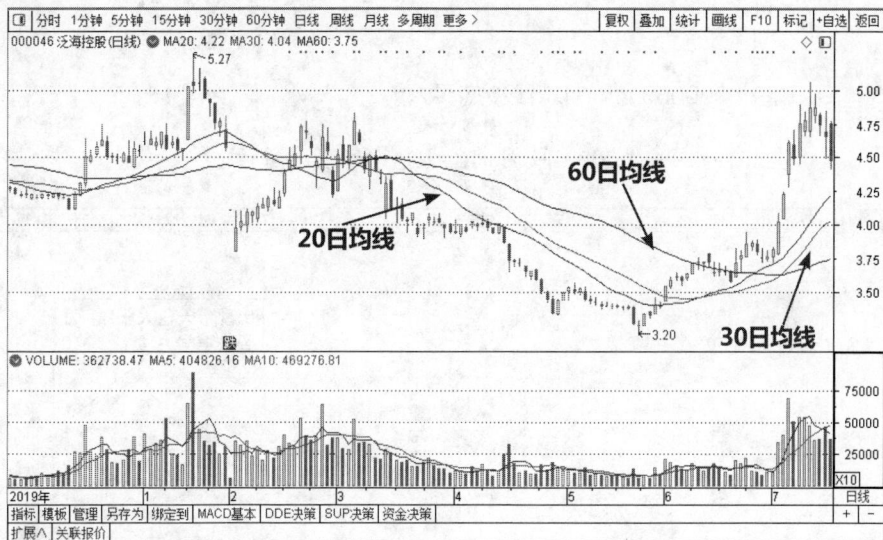

要点剖析

中期均线相比短期均线，其波动更平滑，反应灵敏度更低；但相比长期均线，其波动更大，反应灵敏度更高。因此，中期均线比较适合中线投资，能够帮助股民快速找到股价中期运行趋势，找到投资机会。同时，中期均线在实际炒股中也是应用最为广泛的一种均线。

利用中期均线抄底需要掌握以下几个要点。

◆ 20 日均线在股价低位区域走平，股民就可以开始关注了。

◆ 股价在 20 日均线下方向上突破 20 日均线，20 日均线走平，拐头向上，说明股价筑底成功，后市将迎来一轮中期反弹，股民可以买进。

◆ 20 日均线向上运行，股价回调确认时为股民加仓买进机会。

补充提示 *20 日均线意义*

20日均线在实际炒股应用非常多，它的意义在于周期不是很长，但也不是很短，所以它能够真实地反映出股价的中期趋势。当20日均线低位拐弯说明短期内股价趋势有好转迹象，如果股价能够即时站稳在20日均线上，说明股价后市看涨。

实例分析 盐田港（000088）中期均线抄底买入

盐田港2019年9月至2020年6月的K线走势如下图所示。

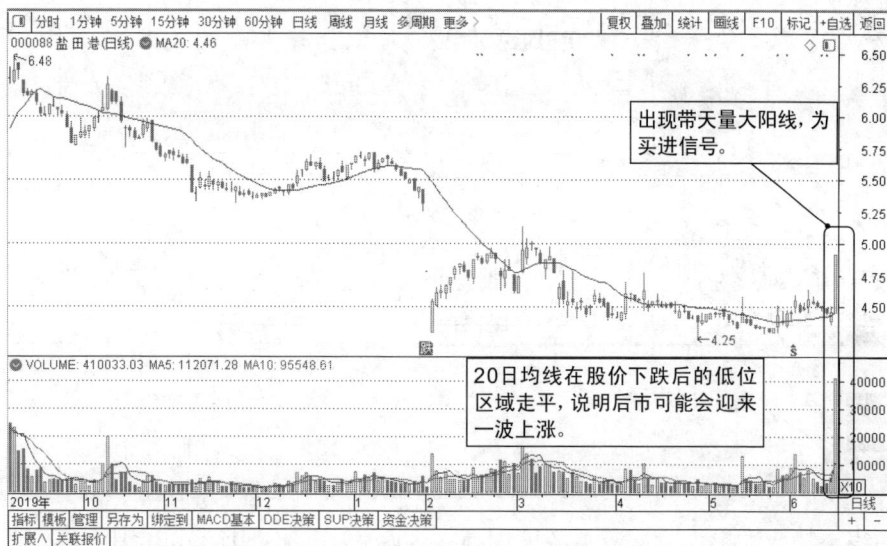

图 盐田港2019年9月至2020年6月的K线走势

从上图可以看到，该股从2019年9月表现为下跌行情，20日均线向下移动。当股价跌至4.50元价位线时止跌横盘，此时20日均线走平。5月下旬股价向上突破20日均线并站在均线上方。说明该股此轮下跌结束，股价在4.50元价位线上横盘筑底，后市可能上涨。

6月15日，K线收出一根带天量的大阳线，说明有主力入场，此时为股民买入的大好机会。

盐田港2020年2~8月的K线走势如下图所示。

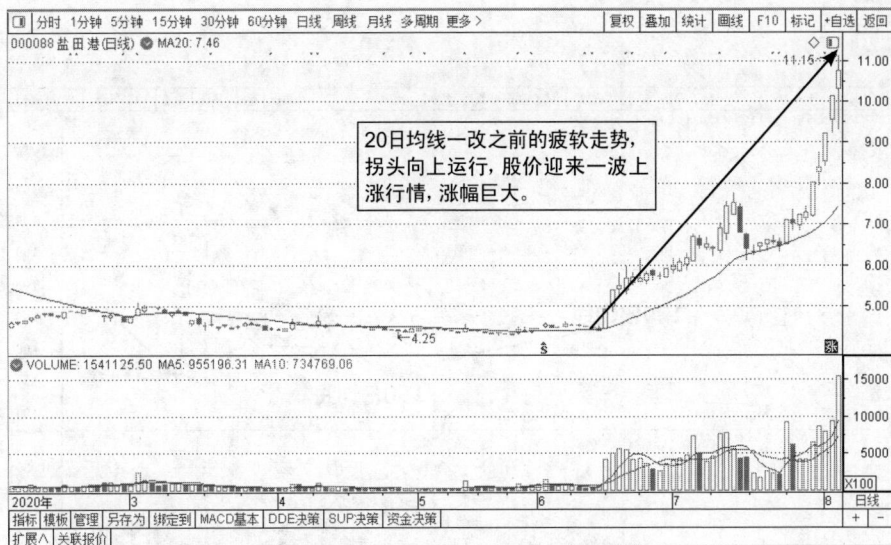

图　盐田港2020年2~8月的K线走势

从上图可以看到，股价向上运行突破20日均线后，在20日均线上方运行。20日均线一改之前的疲软走势，拐头向上运行。股价迎来一波上涨行情，短短1个多月的时间，从4.50元附近上涨至最高11.15元，涨幅达到147%。

No.037
长期均线抄底法

长期均线是按照移动时间区间较长这个原则设定和计算出来的，通常是指周期在100日以上的均线，主要包括120日均线、150日均线和240日均线等，在实际应用中，长期均线应用较多的是120日均线。

由于长期均线选用计算的时间较长，所以其运行波动更平滑，惯性也最大，如果一旦长期均线确定股价趋势，那么在此方向上，股价会运行较长一段时间。

一图展示

要点剖析

　　长期均线反应迟钝，滞后性较强，发出的信号远远滞后于中期均线和短期均线。但长期均线仍然具备均线的助涨助跌性，当长期均线处于上行状态时对股价具有助涨性；当长期均线处于下移状态时对股价具有重压性，使得股价下跌。

　　因此，股民可以借助长期均线的助涨性，在股价底部确定买入信号，即在股价低位区域，长期均线走平，股价向上突破长期均线时买进。

实例分析 中联重科（000157）长期均线底部买入信号

　　中联重科2018年7月至2019年2月的K线走势如下图所示。

　　从下图可以看到，该股前期表现为下跌行情，股价一路下行跌至3.15元，随后止跌回升。此时，查看长期均线发现其一路下移，在2019年1月时出现走平迹象，1月下旬股价继续上涨，向上突破120日均线，并站到120日均线的上方，说明该股长期趋势发生了转变，后市将迎来一波大幅上涨行情，前期止跌回升形成的V形底为可靠底部。股价突破120日均线时为保守型投资者的良好介入点。

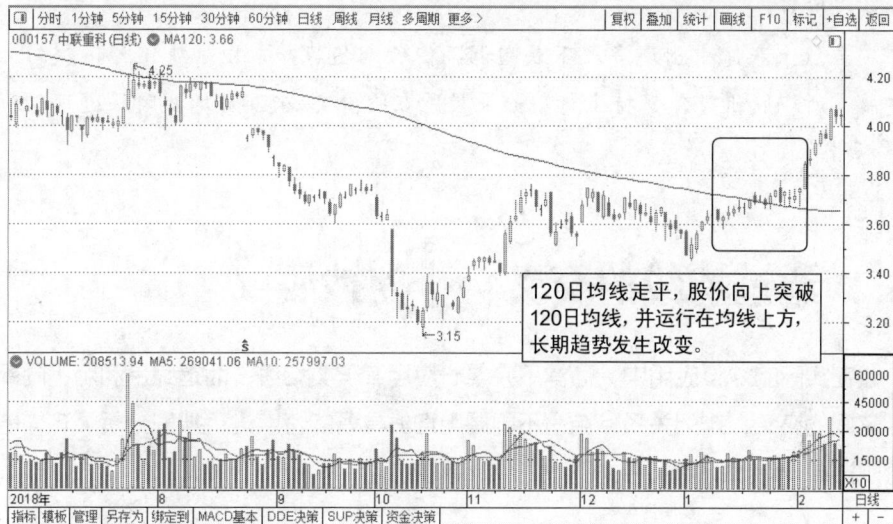

120日均线走平，股价向上突破120日均线，并运行在均线上方，长期趋势发生改变。

图　中联重科2018年7月至2019年2月的K线走势

中联重科2018年10月至2019年12月的K线走势如下图所示。

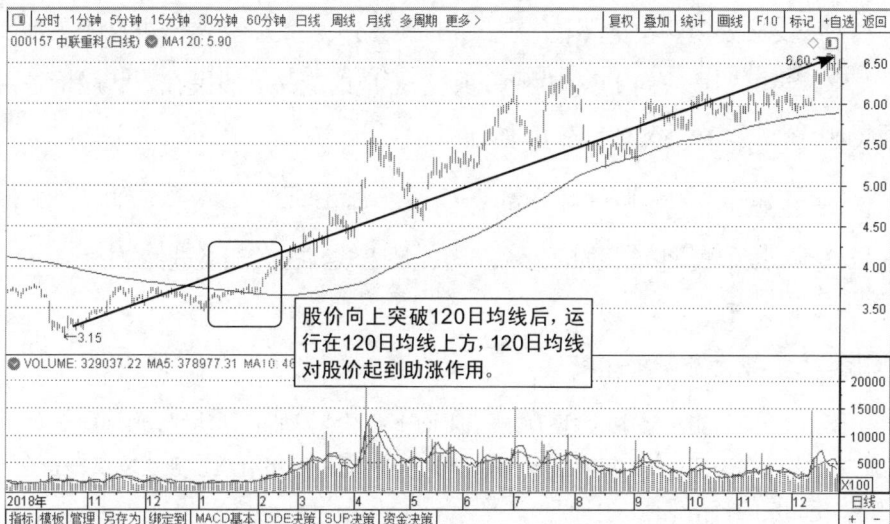

股价向上突破120日均线后，运行在120日均线上方，120日均线对股价起到助涨作用。

图　中联重科2018年10月至2019年12月的K线走势

从上图可以看到，股价向上突破120日均线后继续向上运行，此时120日均线对股价的上涨起到助涨作用，股价回调跌至120日均线附近时受到支撑再次向上运行。

虽然上涨途中出现多次下跌回调，但长期趋势并未发生变化，仍然向上发展，所以股价整体保持上行。如果股民在股价突破120日均线时买进可以获得不错的收益。

4.2　通过均线的交叉、排列抄底

在实际的炒股应用中，通常不会单一应用某一类均线，而是综合利用不同周期之间的交叉、排列关系，结合不同周期均线具备的特点进行抄底分析，这样能够规避单一均线的局限性，使抄底分析更精准。

No.038
5日均线向上突破10日均线

均线交叉分为两类，即黄金交叉和死亡交叉。黄金交叉是可靠的买进信号，它是指短期均线向上突破中长期均线形成的交叉。股民在判断股价是否触底时，借助黄金交叉能得到更准确的信息。

5日均线向上突破10日均线形成的交叉为短期黄金交叉，说明市场短期走强，预示股价短期有较强的上涨动力，是比较好的底部买进信号。

补充提示　*死亡交叉的理解*

死亡交叉是指下降中的短期均线由上而下穿过下降的长期均线，形成的交叉。此时支撑线向下跌破，说明股价将继续向下落，后市行情看跌。死亡交叉与黄金交叉是相反的行情信号。

一图
展示

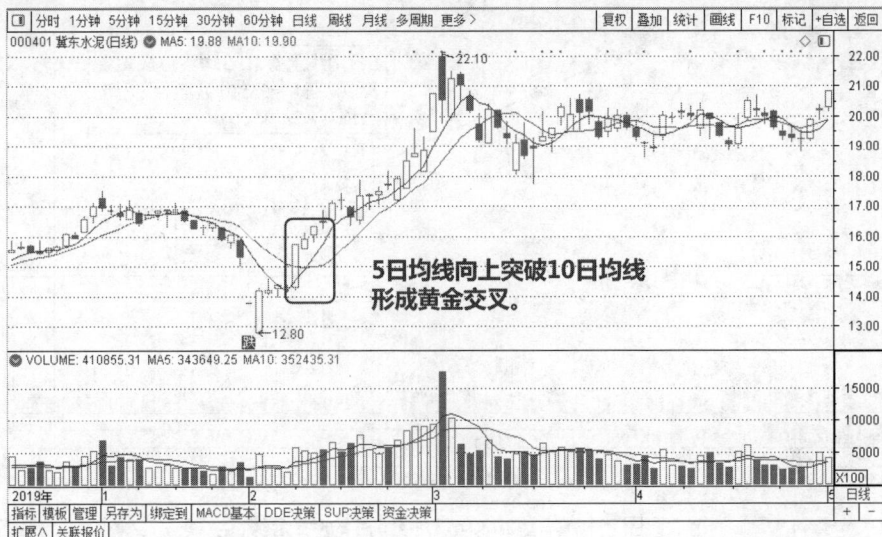

要点
剖析

在一波下跌行情后，股价曲线由下向上突破 5 日均线和 10 日均线，且 5 日均线拐头向上突破 10 日均线，形成黄金交叉，这是资金主动抄底进入的现象，显示多方力量增强，已有效突破空方的压力线，后市上涨的可能性较大，此时是股民买入抄底的好时机。

实例
分析 *ST华塑（000509）5日均线向上突破10日均线买入

*ST华塑2020年2～6月的K线走势如下图所示。

从下图可以看到，2020年1月股价开始转入下跌行情，股价下滑至5日均线和10日均线的下方，一路下行。5月下旬，股价创出0.92元的新低后止跌回升，股价上升至5日均线和10日均线上方。

同时，5日均线向上突破10日均线形成黄金交叉，随后5日均线和10日均线都表现上行，说明多方力量增强，股价上涨动力十足，后市看涨。黄金交叉为股民买进待涨的大好时机。

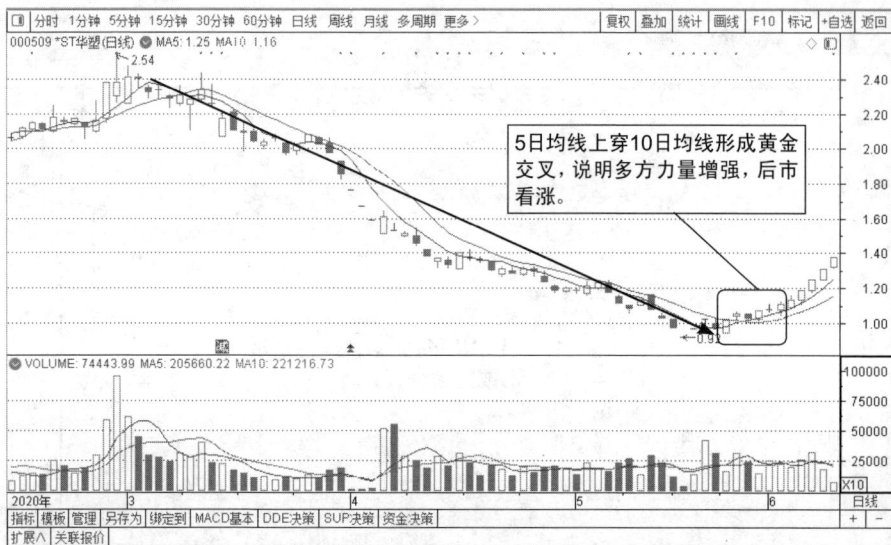

图 *ST华塑2020年2月至6月的K线走势

*ST华塑2020年5月至8月的K线走势如下图所示。

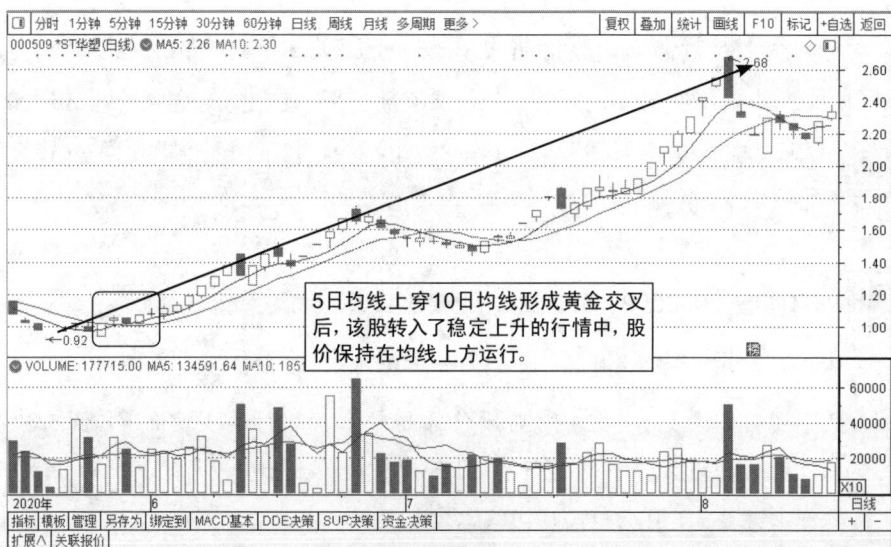

图 *ST华塑2020年5月至8月的K线走势

从上图可以看到,5日均线上穿10日均线形成黄金交叉后,该股转入了稳定上升的行情中，股价保持在均线上方运行，当股价下跌至均线附近时受到均线的支撑再次上涨，股价从最低0.92元上涨至最高2.68元，涨幅达到191%。

No.039
10日均线向上突破30日均线

10日均线向上运行突破30日均线形成黄金交叉，说明市场短线继续表现强势，是可靠的买入信号。

一图展示

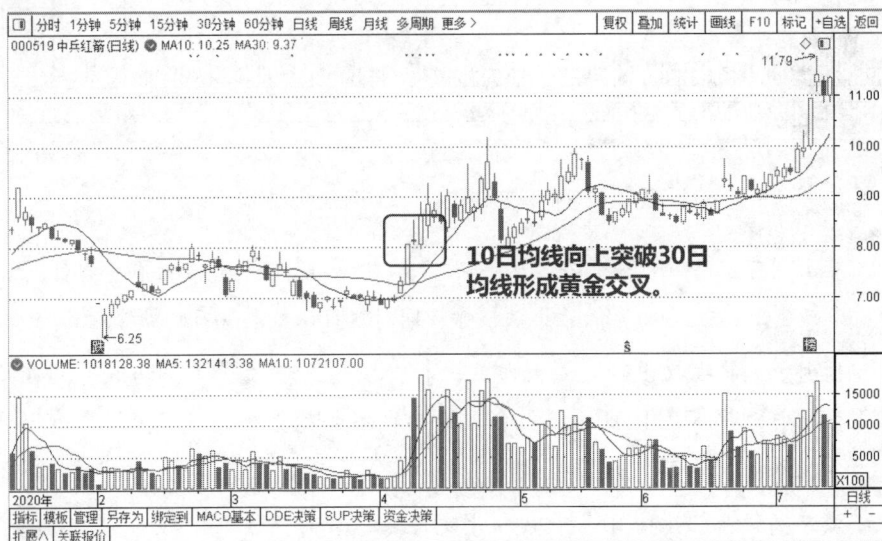

10日均线向上突破30日均线形成黄金交叉。

要点剖析

股价经过一波整理之后表现出上涨势头，此时10日均线向上突破30日均线形成黄金交叉，且股价位于均线之上，成交量同步放大，表明股价短线上涨动力十足，股民可以积极买入该股。

实例分析 威孚高科（000581）10日均线向上突破30日均线买入

威孚高科2019年4月至11月的K线走势如下图所示。

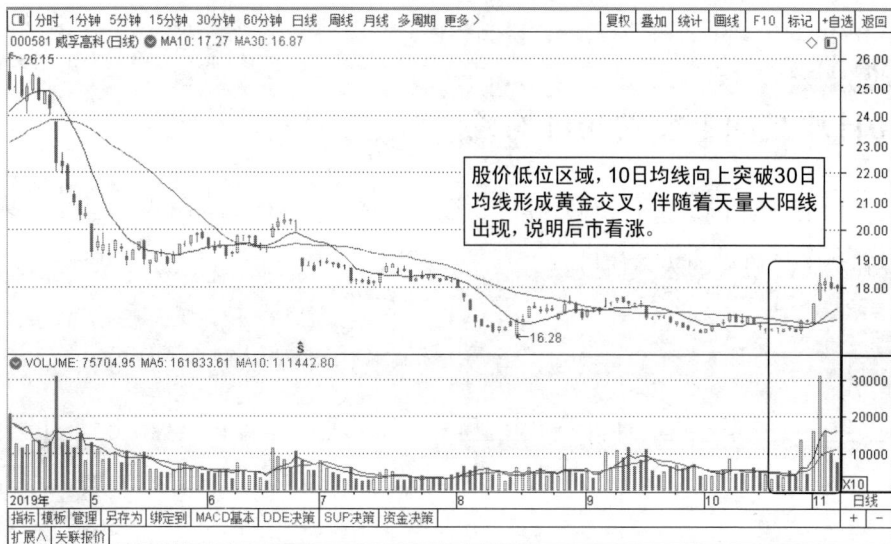

图　威孚高科2019年4月～11月的K线走势

从上图可以看到，该股在2019年4月开始表现为下跌行情，股价一路下行。股价下跌创出16.28元的新低后止跌横盘，同时10日均线和30日均线交缠运行。

11月初，K线收出带天量大阳线，拉升股价，使股价上穿均线并站在均线上方，与此同时，10日均线上穿30日均线形成黄金交叉，显示场内有大量主力资金入场，为可靠的买入信号。

威孚高科2019年10月至2020年9月的K线走势如下图所示。

从下图可以看到，10日均线上穿30日均线形成黄金交叉后，股价转入上涨趋势中，股价一路向上攀升，从最低的16.36元上涨至最高的25.90元，涨幅达到58%。如果股民在黄金交叉出现时抄底买进该股，可以获得丰厚的收益。

另外，在下图还可以看到，随着上涨行情的展开，股价运行至20.00元价位线时受阻，10日均线向下跌破30日均线形成死叉。但股价回落一段时间后很快再次回到10日均线上，并继续向上，此时10日均线和30日均线形成二次金叉。说明上涨行情并未结束，股民在发现二次金叉时可积极追涨买入股票。

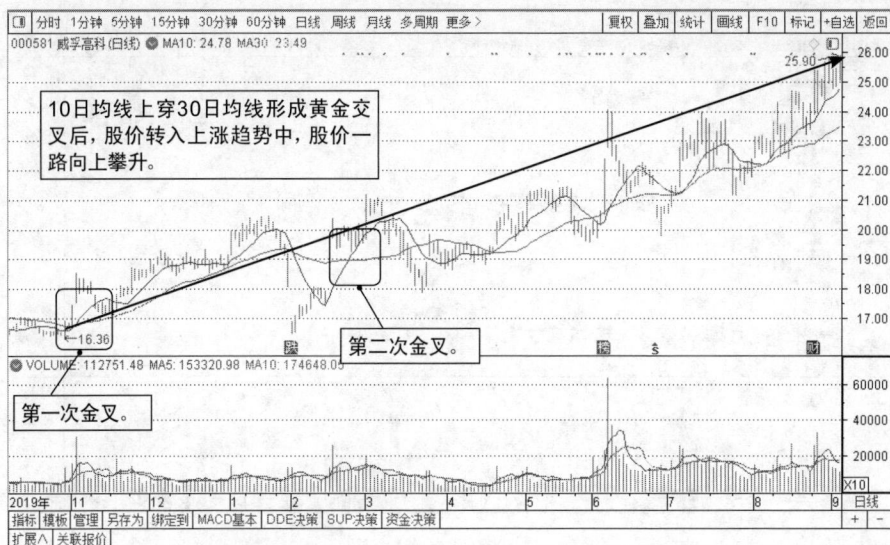

图　威孚高科2019年10月至2020年9月的K线走势

No.040

移动平均线多头排列

均线多头排列是指股价运行在移动平均线的上方，且短期均线、中期均线和长期均线呈自上而下的顺序排列。这种形态通常出现在上涨行情中，是一种做多信号，表示后市继续看涨。

补充提示 *空头排列*

空头排列是与多头排列相对的一种移动平均线的排列状态，是指股价在均线下方，短期均线、中期均线和长期均线按照自下而上的顺序进行排列。空头排列通常出现在下跌行情中，市场普遍看跌，是典型的熊市。

一图展示

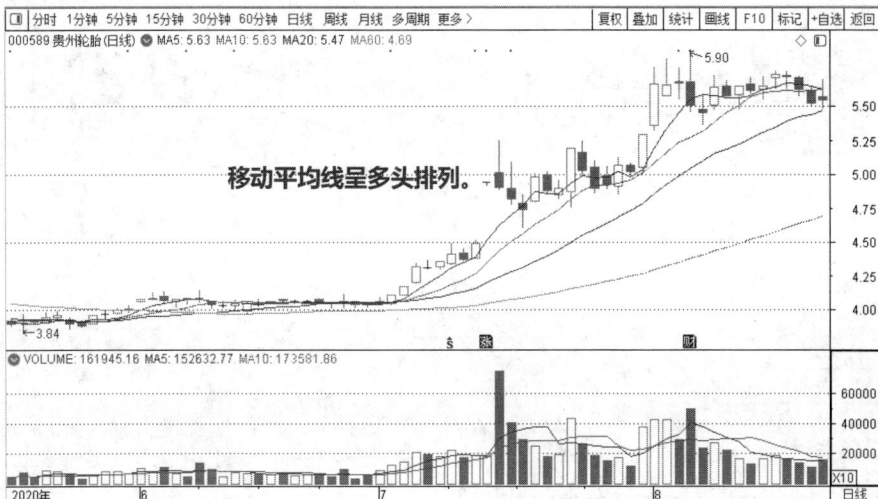

移动平均线呈多头排列。

要点剖析

　　移动平均线多头排列可能出现在上涨趋势的各个阶段，但只有初期和中期才具有意义。

◆ 在股价大幅下跌后的低位区域，股价由下向上突破各个均线，且移动平均线呈现出多头排列，说明多方力量强劲，后市看涨。

◆ 在股价强势上涨的行情，股价在某高位出现盘整，当股价突破盘整继续向上，且移动平均线呈现出多头排列，说明此番上涨并未结束，后市继续看涨，此时为加仓的大好机会。

实例分析　上峰水泥（000672）均线多头排列买进

　　上峰水泥2018年3月至2019年3月的K线走势如下图所示。

　　从下图可以看到，该股在2018年3月进入下跌走势中，股价从最高14.10元下跌至9.00元价位线，并在该价位线上窄幅波动，随着时间的流逝，波动的幅度越来越窄，此时均线由之前的发散运行，逐渐靠拢，黏合在一起前行，而成交量逐渐减少，且各交易日的成交量相差不大。

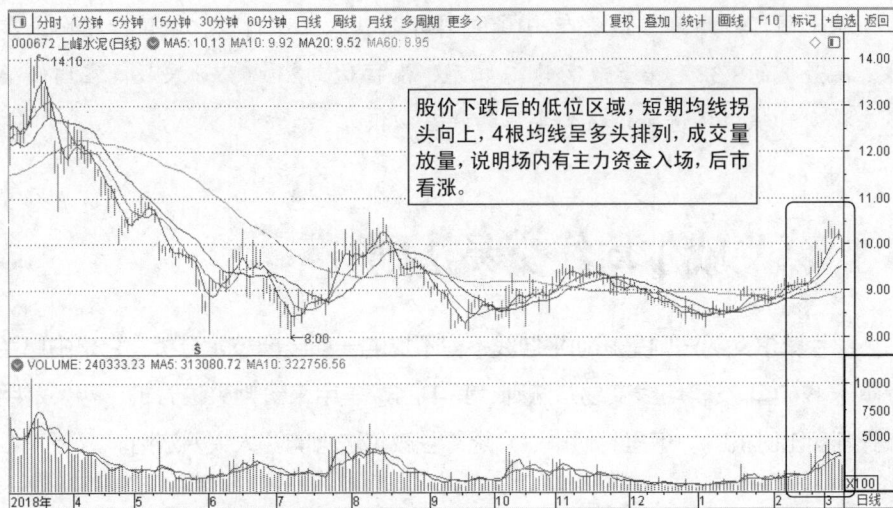

图　上峰水泥2018年3月至2019年3月的K线走势

　　进入2019年2月后，股价表现上涨走势，运行至均线上方，而均线逐渐分散开来，呈现多头排列的状态，同时成交量呈现放量。这说明有主力资金入场，后市看涨，此时为股民买进的大好机会。

　　上峰水泥2019年2月至2020年5月的K线走势如下图所示。

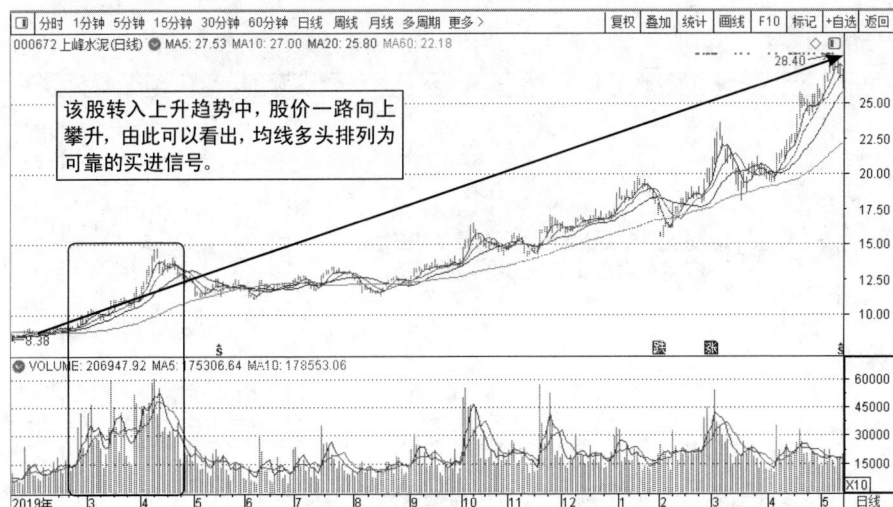

图　上峰水泥2019年2月至2020年5月的K线走势

从上图可以看到，该股在2019年2月开始转入上涨行情，股价一路向上攀升，从最低的8.38元涨至最高的28.40元，涨幅达到239%。如果股民在均线呈多头排列时积极买进可以得到丰厚的收益回报。

4.3 葛兰威尔均线交易法则

葛兰威尔交易法则是移动平均线不得不提的一项经典技术分析，它是由葛兰威尔于1960年发表均线交易八法则，其中四条是用来研判买进时机，四条是用来研判卖出时机的。这里我们重点介绍葛兰威尔法则的四大买入法则。

No.041
买点1，黄金交叉

葛兰威尔法则买点1，是指均线由原本的下降逐渐走平，且略有向上抬头的迹象，另外股价线也转入上升走势，并从下方向上突破了均线为买进信号。

一图展示

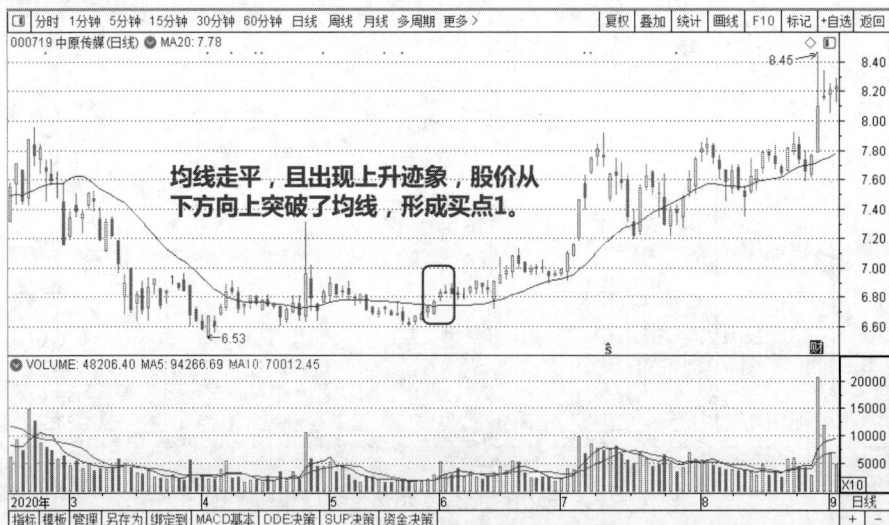

均线走平，且出现上升迹象，股价从下方向上突破了均线，形成买点1。

要点剖析

均线系统由下降转为水平或向上趋势，说明其重心开始缓慢上移，此时股价以更快的速率抬升，所以很快从均线的下方运行到均线的上方，形成一个金叉，这就是葛兰威尔法则中的第一个买入机会，低位金叉买入。

需要注意的是，运用葛兰威尔法则时，可以使用短期均线，也可以使用中期均线或长期均线，使用方法都相同只是不同周期的均线代表了不同的操作风格。短期均线适合短线炒股，中期或长期均线则适合中长线炒股。

实例分析 沙钢股份（002075）买点1运用

沙钢股份2019年4月至2020年2月的K线走势如下图所示。

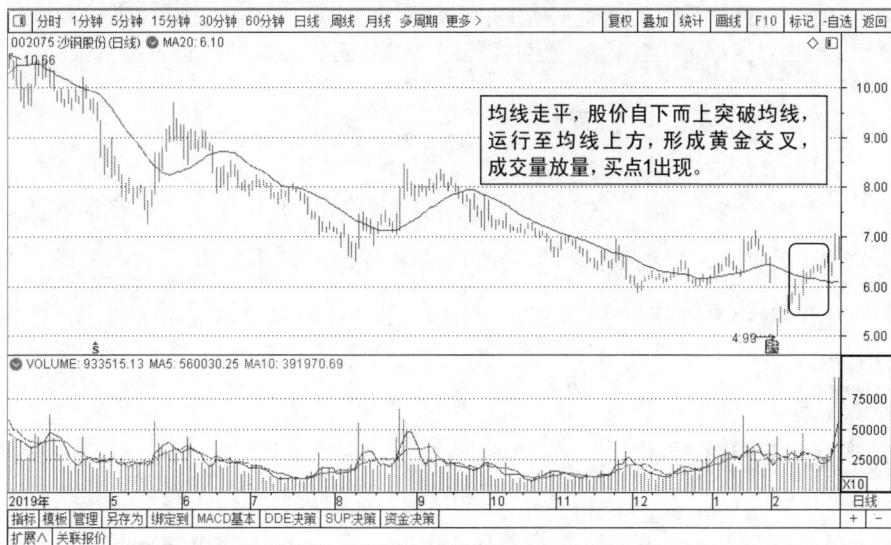

图 沙钢股份2019年4月至2020年2月的K线走势

从上图可以看到，该股处于下跌趋势之中，股价从最高的10.65元跌至最低4.99元后止跌回升。此时，观察移动平均线发现，均线由下跌趋势逐渐走平出现上升趋势，且成交量出现明显放量。这说明该股的趋势发生了转变，由下降趋势转入上升趋势中，股价向上突破均线，形成黄金交叉，葛兰威尔买点1出现，股民可以在股价突破均线位置积极买进。

沙钢股份2019年12月至2020年5月的K线走势如下图所示。

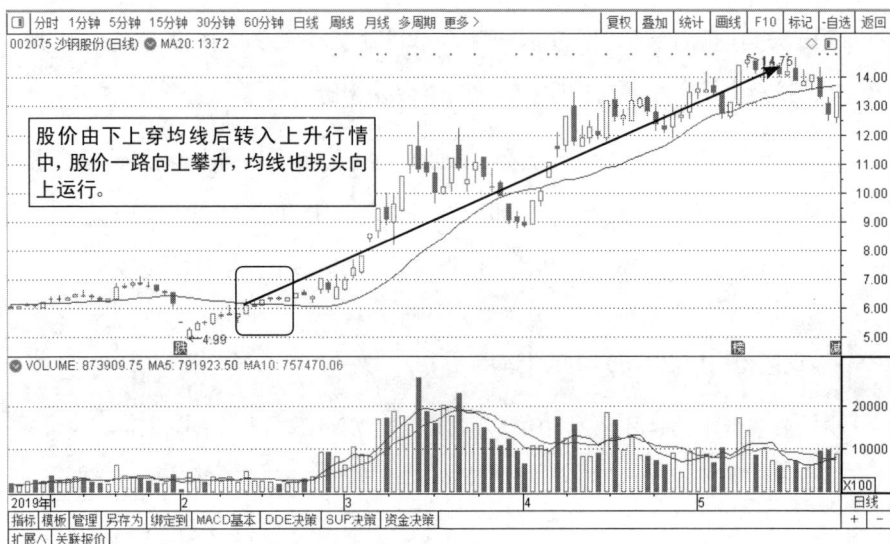

股价由下上穿均线后转入上升行情中，股价一路向上攀升，均线也拐头向上运行。

图 沙钢股份2019年12月至2020年5月的K线走势

从上图可以看到，股价由下上穿均线后转入上升行情中，均线也拐头向上运行，股价从6.00元附近涨至最高14.75元，涨幅达到146%。由此可见，葛兰威尔买点1信号准确。

No.042
买点2，回调不破

葛兰威尔买入法则2，是指股价在均线上方运行，股价回踩时没有跌破均线又再度上升，均线趋势向上，为买进信号。

与买点1不同的是，买点1是股价从均线下方攀升至均线上方，有一个突破的过程。而买点2则是股价原本在均线上方运行，回调至均线受到支撑作用时买进，股价并未有效跌破均线。

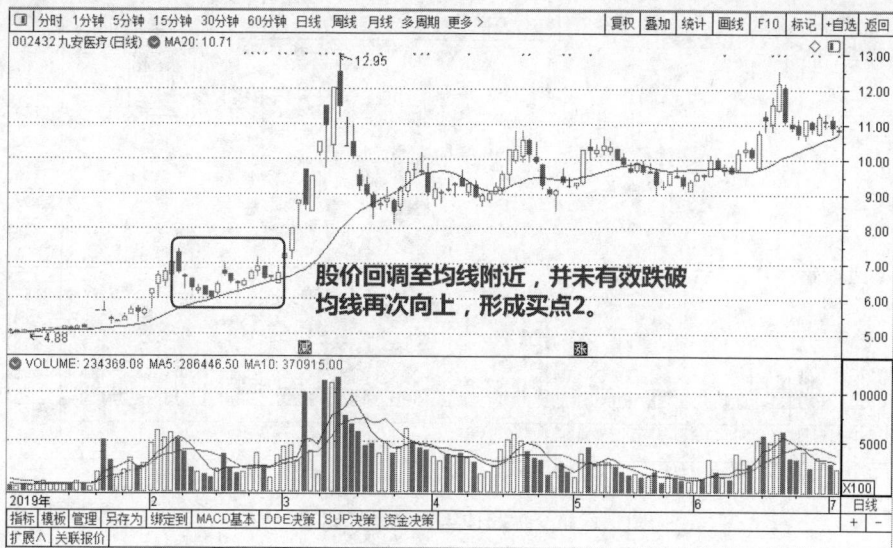

股价回调至均线附近,并未有效跌破
均线再次向上,形成买点2。

**要点
剖析**

　　股价在拉升过程中出现回落很正常,只要股价跌至均线附近时受到均线的
有效支撑,股民就可以适当加仓买进。前提是均线依然呈上升趋势,K 线并
未有效跌破均线处于均线下方。

**实例
分析** 宜昌交运(002627)买点2运用

　　宜昌交运2019年4～11月的K线走势如下图所示。

　　从下图可以看到,该股前期表现下跌走势,进入8月下旬后股价止跌回
升,均线拐头向上,该股转入上升趋势中。

　　10月中旬,股价止涨回调,跌至均线附近时受到均线的支撑继续向上,
均线并未改变运行方向,继续向上,说明该股后市继续上涨的可能性较大,
此时为股民加仓买进的大好机会。

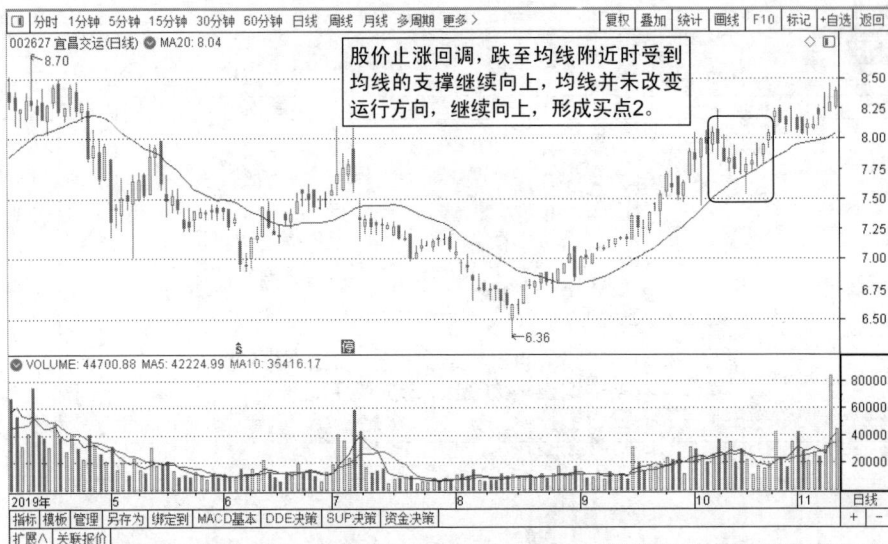

图 宜昌交运2019年4～11月的K线走势

宜昌交运2019年8月至2020年1月的K线走势如下图所示。

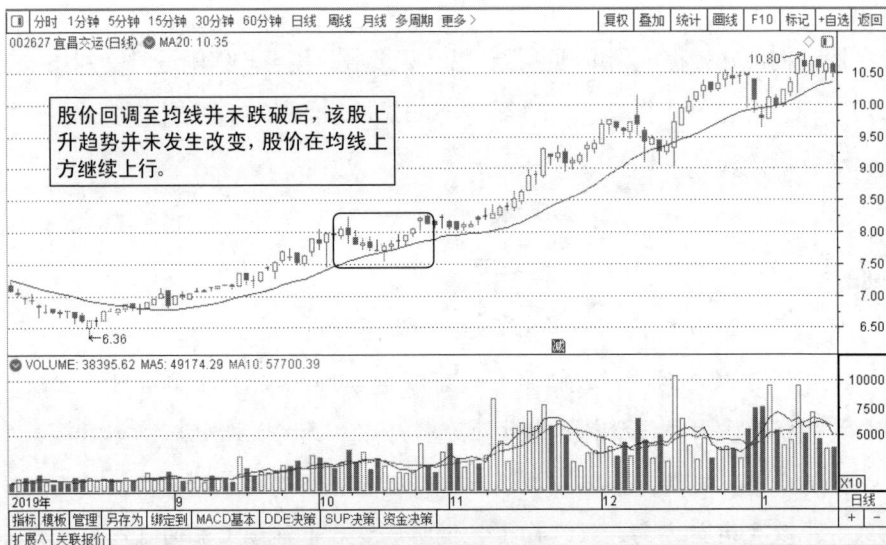

图 宜昌交运2019年8月至2020年1月的K线走势

从上图可以看到，股价回调至均线并未跌破后，该股上升趋势并未发生改变，股价在均线上方继续上行。如果股民在股价回调不破时的8元附近买进，当股价最高涨至10.8元，可以获得的35%的涨幅收益。

No.043
买点3，小幅跌破

葛兰威尔买入法则3，是指股价在均线上方运行，股价回踩时跌破均线，但很快再次回到均线上方，均线也变为上升趋势，为买进信号。

股价虽然在回调时跌破了均线，但由于之前的上涨较快，使得均线仍然表现为向上发展，从而牵引股价继续向上。

一图展示

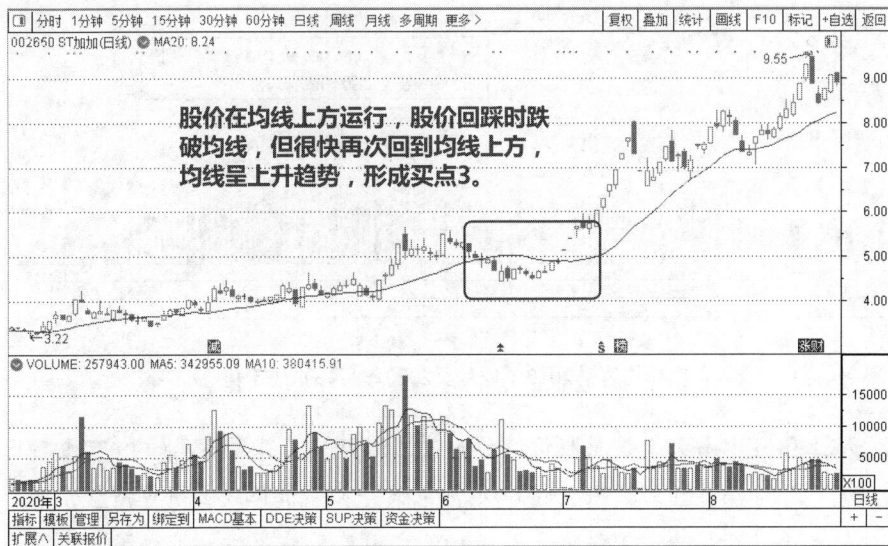

要点剖析

股价经历一波拉升后，短线获利盘和前期套牢盘开始集中抛售，股价在压力下开始向下方的均线靠拢。如果股价运行到均线附近，短线浮筹还未清理完全，主力通常会顺势将股价打到均线下方，造成破位假象，以便将短线浮筹彻底清洗出去。一旦洗盘的目的达到，主力便会立马将股价拉回至均线上方，此时就形成了买点。

买点3与买点2的性质相似，只是买点3的下跌力度更大。

实例分析 广联达（002410）买点3运用

广联达2019年12月至2020年4月的K线走势如下图所示。

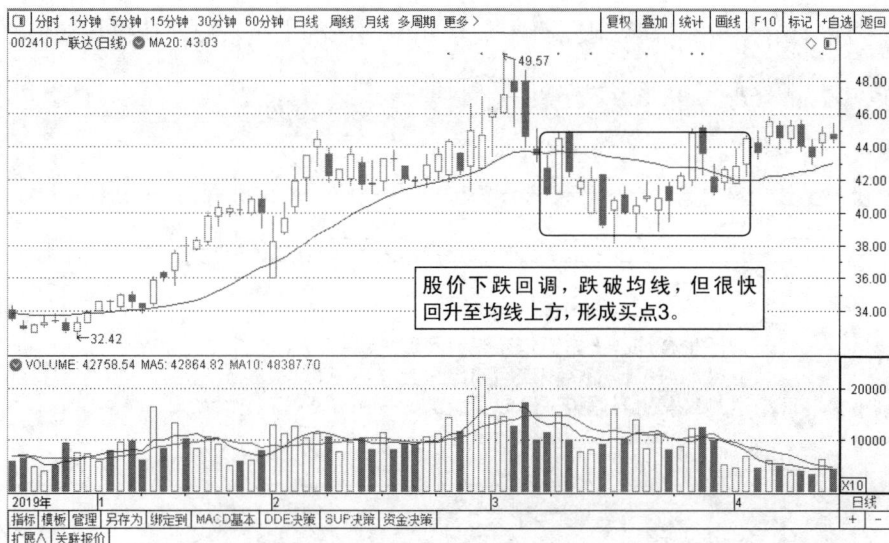

图　广联达2019年12月至2020年4月的K线走势

从上图可以看到，该股股价经历一波上涨行情，涨至最高的49.57元后止涨回调，股价跌破均线，跌至40.00元价位线并在该价位线上短暂横盘，随后继续转入上升行情中，继续向上突破均线，站在均线上方，形成买点。均线也由走平转入上升趋势，说明该股上升的整体趋势并未发生改变，后市继续看涨。

广联达2019年12月至2020年7月的K线走势如下图所示。

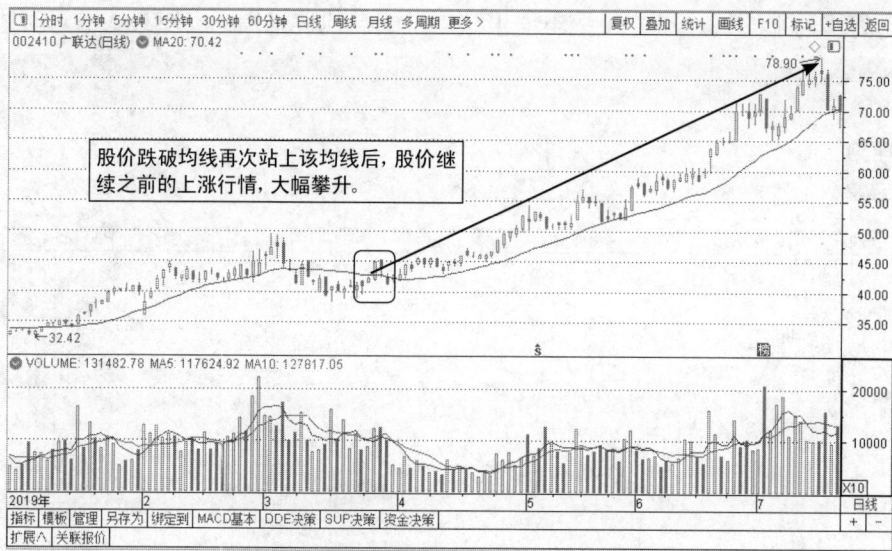

图　广联达2019年12月至2020年7月的K线走势

从上图可以看到，股价跌破均线再次站上该均线后，股价继续之前的上涨行情，大幅向上攀升，股价从45.00元附近，上涨至最高的78.90元，涨幅达到75%。如果股民在买点3出现时买进，可以得到丰厚的收益回报。

No.044
买点4，乖离过大

葛兰威尔买入法则4，是指股价在移动平均线下方运行，突然大幅下跌，距离均线太远，负乖利率较大，极有可能向平均线靠近，此时为买进机会。

买点4时葛兰威尔法则中唯一一个是在下跌趋势中出现的买点，股价在短时间内连续大幅下跌，通常会有一个修复性反弹，形成反弹底部，买点4则为下跌趋势中抢反弹的买点。

需要注意的是，由于不同时期的市场环境不同，所以难以形成一个明确的远离标准，所以在使用该法则买入时需要结合其他技术判断，例如当股价远离移动平均线，同时 K 线出现止跌信号或其他技术指标出现买入信号时才能买入。

一图展示

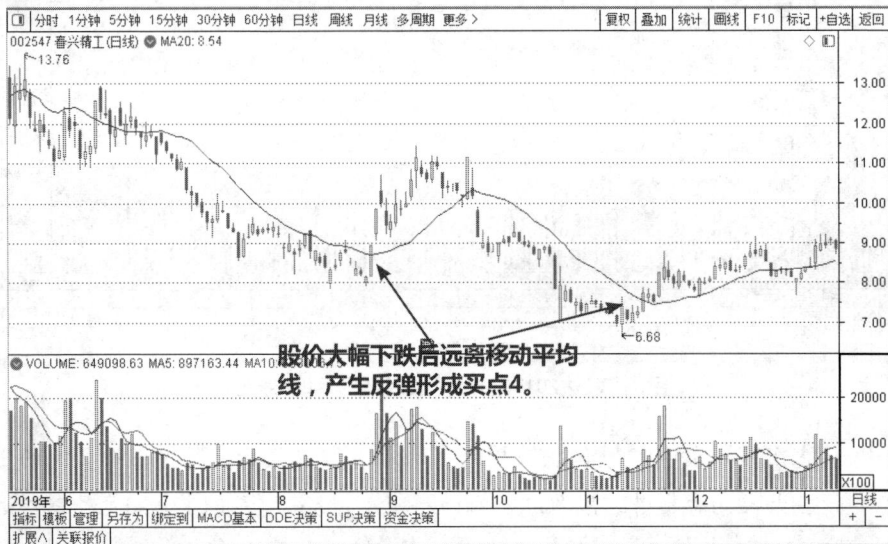

股价大幅下跌后远离移动平均
线，产生反弹形成买点4。

要点剖析

股价大幅下跌远离均线通常是指远离中期均线和短期均线，而非长期均线。由于这是在下跌趋势中博反弹，所以股民利用葛兰威尔法则买点 4 做买进操作时一定要轻仓，并做好随时出货的准备。

抢反弹时，必须保证股价前期的跌幅足够，K 线为典型的探底 K 线且最低价与均线负利率足够大，否则宁可空仓观望。

实例分析 新兴铸管（000778）买点4运用

新兴铸管2019年5月至2020年2月的K线走势如下图所示。

从下图可以看到，该股处于下跌行情中，股价从5.34元一路下滑，跌至4.50元时止跌横盘，但维持了一段时间后又继续下跌，股价跌至4.00元价位线上，并在该价位线上持续了长达5个月左右的横盘。

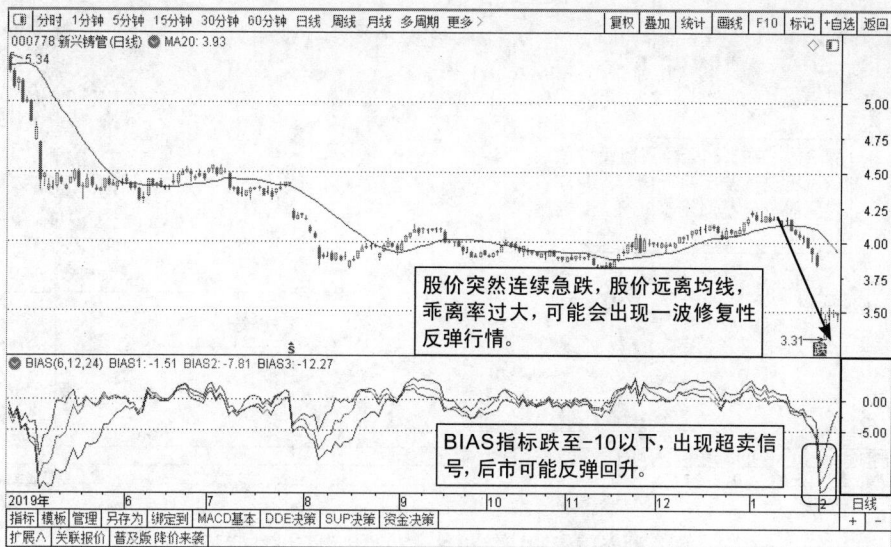

图　新兴铸管2019年5月至2020年2月的K线走势

　　2020年1月下旬，K线连续收出多根阴线，股价陷入大幅下跌行情，短短几个交易日内股价从4.10元附近跌至最低3.31元止跌，跌幅达到19%。此时，K线在均线下方运行，并远离均线。股价在短时间内大幅下跌，可能会出现修复性反弹，3.31元为股价反弹底部，股民可以在此位置买进抢反弹。

　　为了进一步验证股价是否出现反弹底部可以查看BIAS指标，从上图可以看到，1月末BIAS指标的3根曲线纷纷跌至-10以下，出现超卖信号，即乖离率过大到一定极限时，股价会产生向上的拉力，当3根曲线纷纷掉头向上时为股民的买进机会。

　　新兴铸管2019年10月至2020年5月的K线走势如下图所示。

　　从下图可以看到，股价果然在3.31元位置阶段性触底，随后出现一波反弹行情，1个月左右的时间股价最高涨至3.86元，涨幅达到16.6%。因此，可以得出，当股价大幅下跌偏离均线过远时，极有可能出现一波反弹回升，股民可以抄底买进，但要随时做好离场准备。

图　新兴铸管2019年10月至2020年5月的K线走势

4.4　通过移动平均线形态抄底

在股价运行中，均线系统会形成各种各样的形态，而均线的这些形态对行情分析有着举足轻重的作用，尤其是其中一些经典的、常见的均线形态。

No.045
银山谷形态

银山谷指均线系统中的短期均线和中期均线都穿过长期均线形成的三角形或四边形，看起来像一个山谷。股价长期下跌后首次出现的山谷就叫作银山谷。

银山谷由3根均线组成，短期均线由下向上穿过中期均线和长期均线，中期均线由下向上穿过长期均线，形成一个尖头向上的不规则三角形。

一图展示

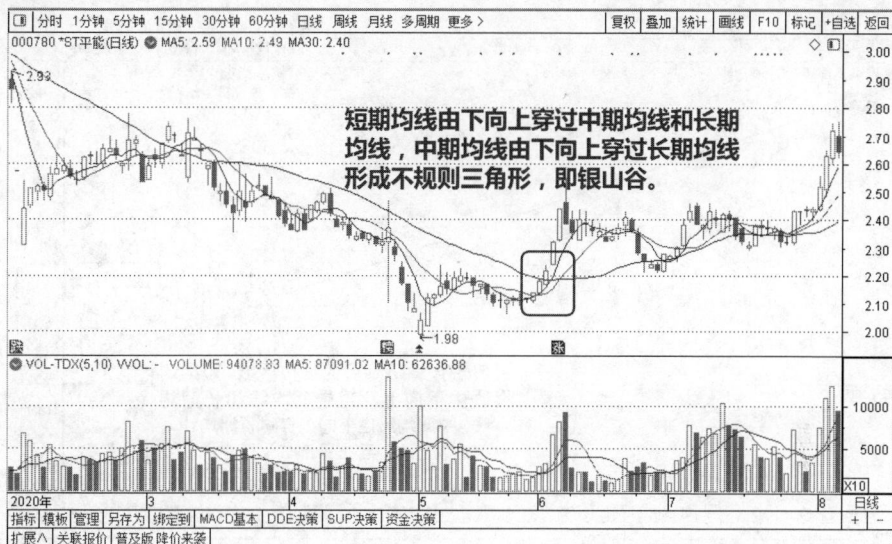

要点剖析

银山谷在实际运用时要注意以下几点。

◆ 银山谷通常由短期5日均线、中期10日均线和长期30日均线组成。

◆ 银山谷通常出现在股价上涨的初期。

◆ 银山谷的出现，说明多头已积聚了相当大的上攻能量，是一个底部买进信号。

◆ 银山谷一般作为激进型股民的买进点，股民在买进时应该以长期均线作为止损点，一旦跌破，应立即出局。

实例分析 长江证券（000783）银山谷抄底

长江证券2017年10月至2018年11月的K线走势如下图所示。

从下图可以看到，该股处于下跌趋势中，股价从10.13元一路下滑，跌至4.04元后止跌回升，K线运行至均线上方。此时，短期均线随着K线掉头向上，由下向上穿过中期均线和长期均线，紧跟着中期均线也拐头向上，由下向上穿过长期均线，形成银山谷形态，成交量放量。说明股价筑底成功，场内有主力资金进入，后市看涨，股民可以抄底买进。

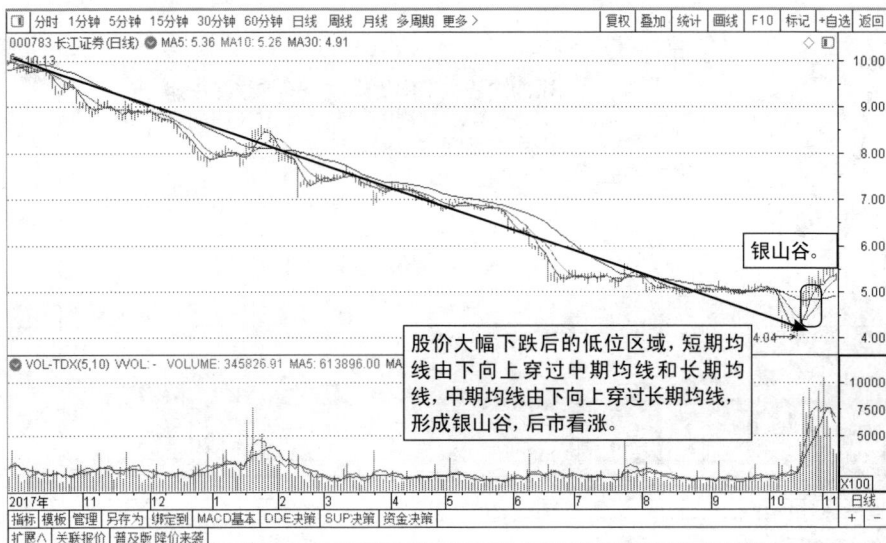

图　长江证券2017年10月至2018年11月的K线走势

长江证券2018年10月至2019年4月的K线走势如下图所示。

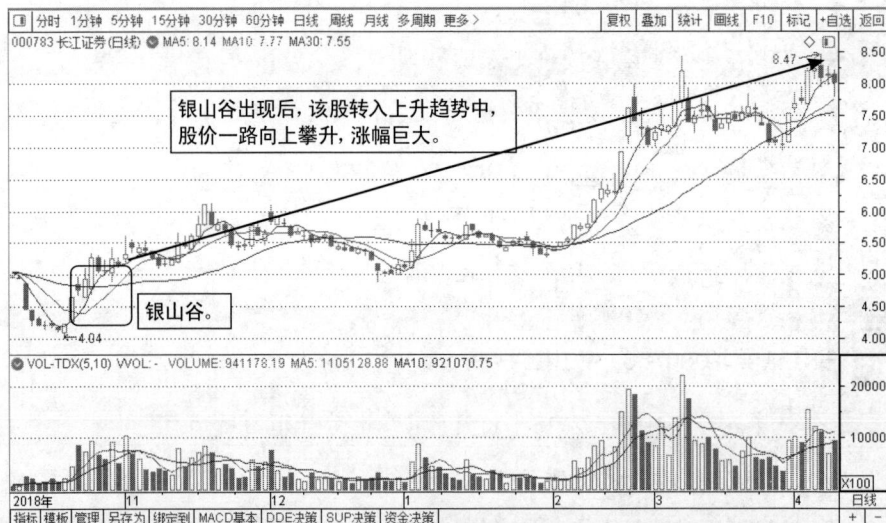

图　长江证券2018年10月至2019年4月的K线走势

从上图可以看到，在股价大幅下跌后的低位区域出现银山谷后，该股转入上升趋势中，股价从最低的4.04元涨至最高的8.47元，涨幅达到109%。如果股民在银山谷出现时抄底，可以得到丰厚的收益。

No.046
金山谷形态

银山谷后面出现的第二个山谷就是金山谷，金山谷构成不规则三角形的方式与银山谷一样，都是短期均线由下向上穿过中期均线和长期均线，中期均线由下向上穿过长期均线。但是金山谷可能位于银山谷相近的位置，也可能高于银山谷。

金山谷出现后，长期均线也拐头向上，3条均线呈多头排列，此时股民可以放心买进。

一图
展示

要点剖析

金山谷的买进信号比银山谷更强，因为金山谷的出现是对银山谷做多信号的再一次确认，说明多方经过上一次的上攻之后，这次的准备更充分，成功概率也更大。

金山谷和银山谷相隔的时间越长，所处的位置越高，日后股价上升的潜力也就越大，该信号也越准确。

实例分析 海印股份（000861）金山谷买进

海印股份2019年7月至2020年4月的K线走势如下图所示。

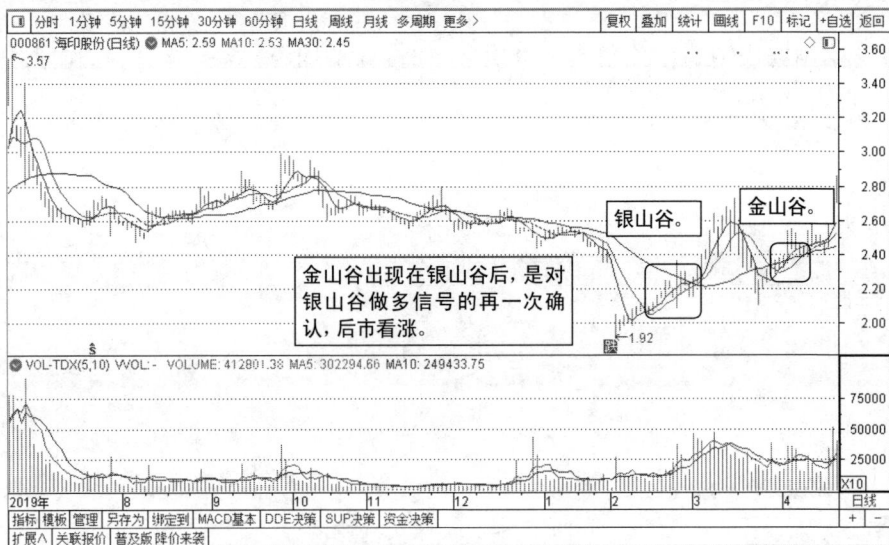

图 海印股份2019年7月至2020年4月的K线走势

从上图可以看到，该股前期处于下跌行情中，股价从3.57元开始下跌，跌至最低的1.92元后止跌回升，股价运行至均线上方。此时，短期均线由下向上穿过中期均线和长期均线，中期均线由下向上穿过长期均线，形成银山谷形态，成交量放量，随后股价迎来一波上涨。

股价涨至2.60元价位线附近止涨下跌，但很快在2.20元价位线止跌回升，短期均线也拐头向上，再次由下向上穿过中期均线和长期均线，随后中期均线也拐头向上，由下向上穿过长期均线，形成金山谷形态。短期均线和中期均线向上穿过长期均线后，均线系统呈多头排列，成交量出现放量，说明场内多方力量强劲，后市看涨，股民应该在此位置积极买进。

海印股份2020年2～8月的K线走势如下图所示。

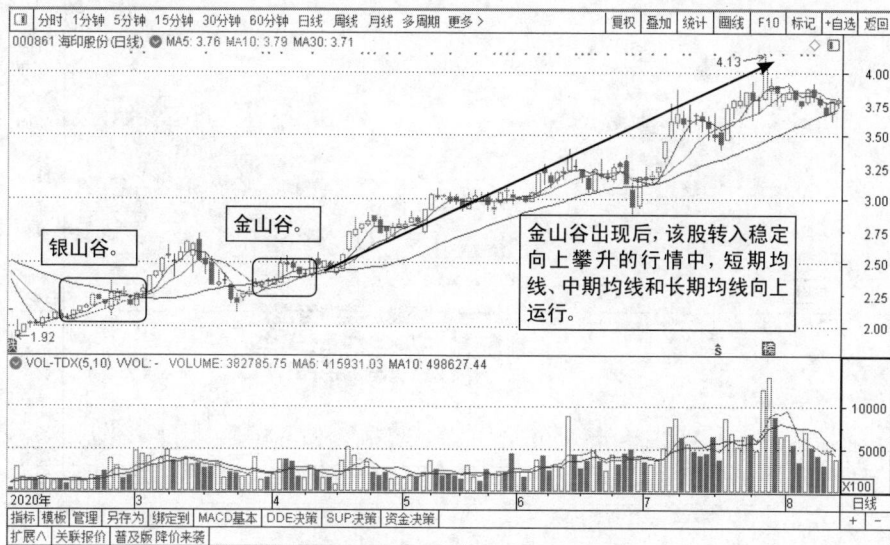

图　海印股份2020年2～8月的K线走势

从上图可以看到，金山谷出现后，该股转入稳定向上攀升的行情中，短期均线、中期均线和长期均线向上运行。股价从2.50元附近涨至最高4.13元，涨幅达到65%。

No.047

蛟龙出海形态

蛟龙出海形态是指阳线的实体较大，向上突破时，直接将短期均线、中期均线和长期均线全部吞没（即日 K 线中的 5 日均线、10 日均线和 30 日均线）。

蛟龙出海是一个典型的看涨信号，如果伴随着成交量放大，说明前期主力已经吸足筹码，股价将要大幅向上拉升了。

一图展示

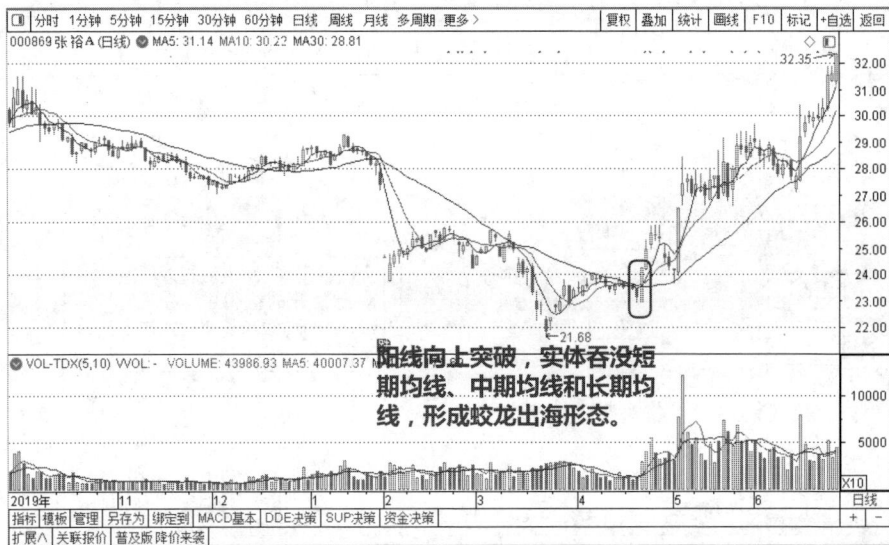

阳线向上突破，实体吞没短期均线、中期均线和长期均线，形成蛟龙出海形态。

要点剖析

股民在实际炒股中运用蛟龙出海时要注意以下几点。

◆ 蛟龙出海通常出现在股价下跌后期和盘整期。

◆ 阳线的实体越长，其后市看涨的信号就越强烈。

◆ 阳线通常为带量阳线，如果没有成交量的支撑，其可信度较差。

实例分析 棕榈股份（002431）蛟龙出海抄底

棕榈股份2019年4月至2020年5月的K线走势如下图所示。

从下图可以看到，该股处于下跌行情中，股价从5.17元开始下跌，跌至2.35元后止跌，小幅回升后再次下跌至2.50元价位线上横盘。

5月27日一根高开高走的涨停大阳线，向上突破短期均线、中期均线和长期均线，呈蛟龙出海之势，且成交量放出天量，说明场内主力已经筹集足够的筹码，后市上涨已经势在必行，股民可在此位置积极买进。

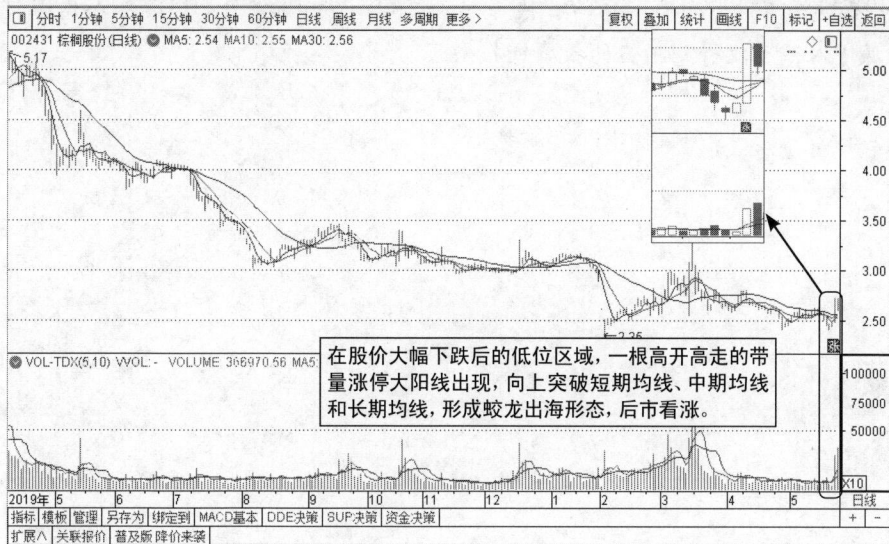

在股价大幅下跌后的低位区域，一根高开高走的带量涨停大阳线出现，向上突破短期均线、中期均线和长期均线，形成蛟龙出海形态，后市看涨。

图 棕榈股份2019年4月至2020年5月的K线走势

棕榈股份2020年5～8月的K线走势如下图所示。

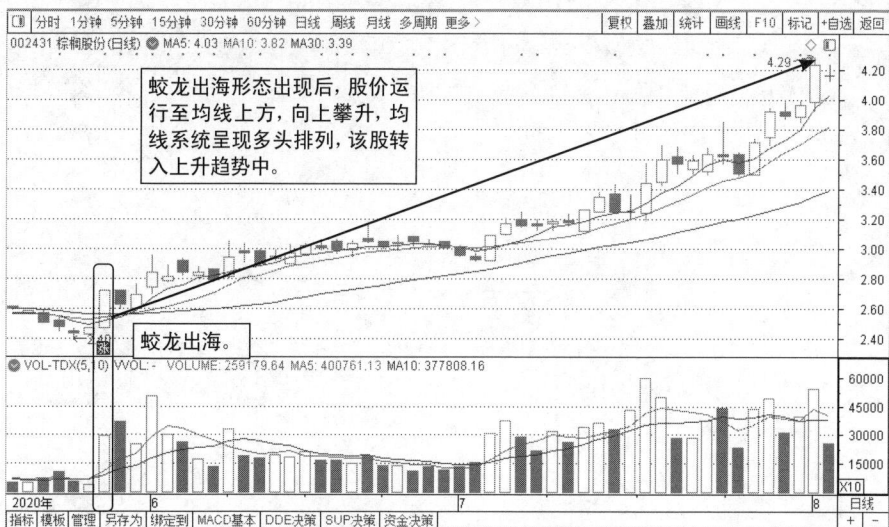

蛟龙出海形态出现后，股价运行至均线上方，向上攀升，均线系统呈现多头排列，该股转入上升趋势中。

蛟龙出海。

图 棕榈股份2020年5～8月的K线走势

　　从上图可以看到，蛟龙出海出现后，股价运行至均线上方，向上攀升，均线系统呈现多头排列，该股转入上升趋势中。2个月左右的时间，股价从2.40元涨至最高4.29元，涨幅达到78%，如果股民能够在蛟龙出海形态出现时抄底进入，可以得到不错的投资回报。

看懂分时走势图

分时走势图是将股票市场的交易信息实时地用曲线在坐标图上加以显示的技术图形，它在炒股研判中具有十分重要的作用，能够帮助股民即时掌握场内多空力量转化，从而找到抄底介入点。

No.048 大盘分时图介绍
No.049 个股分时图信息
No.050 回落不踩均价线
No.051 盘中分时线向上飙升
No.052 分时线呈稳健式向上攀升
No.053 向上突破平台
No.054 台阶式拉升
No.055 分时线V形底
......

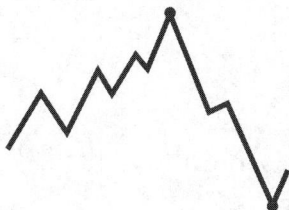

5.1 分时图中交易的基础知识

分时图全称为分时走势图，它能够实时反映大盘价格或指数变动，以及个股的价格变化。分时图详细地记录了股价在短时间内的精确变化，展示了一天中多空双方的力量变化与转化情况，为股民分析研判未来趋势提供了依据。

No.048
大盘分时图介绍

大盘分时图指大盘指数在一天内每分钟的动态走势图，它反映了大盘指数在一天内的运行状况。

一图展示

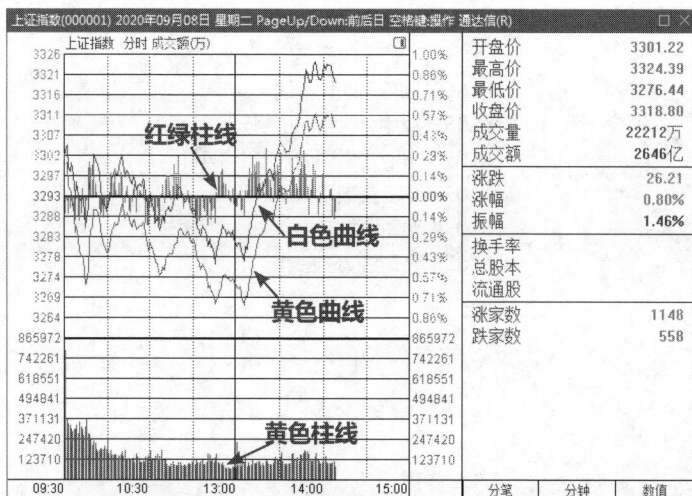

要点剖析

从上图可以看到，大盘分时图由以下几个部分组成。

◆ **白色曲线**：表示大盘加权指数，即证交所每日公布媒体常说的大盘实际指数。

- **黄色曲线：** 大盘不含加权的指标，即不考虑股票盘子的大小，而将所有股票对指数影响看作相同而计算出来的大盘指数。

- **红绿柱线：** 在黄白两条曲线附近有红绿柱状线，是反映大盘即时所有股票的买盘与卖盘在数量上的比率。红柱线的增长缩短表示上涨买盘力量的增减；绿柱线的增长缩短表示下跌卖盘力度的强弱。

- **黄色柱线：** 在红白曲线图下方，用来表示每一分钟的成交量，单位是手（每手等于100股）。

No.049
个股分时图信息

个股分时图显示的是个股每分钟价格的变化情况，它是个股当天走势的反映，也是研判个股后市走向的重要参考依据。

一图展示

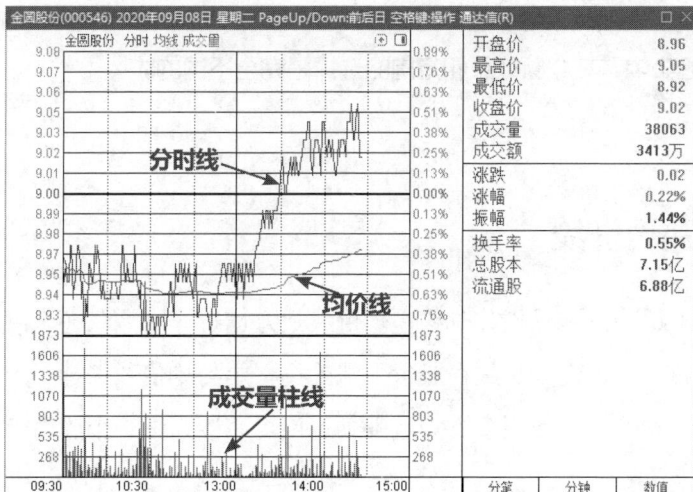

金圆股份(000546) 2020年09月08日 星期二 PageUp/Down:前后日 空格键:操作 通达信(R)

开盘价	8.96
最高价	9.05
最低价	8.92
收盘价	9.02
成交量	38063
成交额	3413万
涨跌	0.02
涨幅	0.22%
振幅	1.44%
换手率	0.55%
总股本	7.15亿
流通股	6.88亿

分时线

均价线

成交量柱线

要点剖析

从上图可以看到，个股分时图由以下几个部分组成。

◆ **分时线**：表示该种股票即时实时成交的价格。

◆ **均价线**：表示该种股票即时成交的平均价格，即当天成交总金额除以成交总股数。

◆ **成交量柱线**：表示该股每一分钟的成交量，它与成交价曲线、平均价曲线的每一分钟相对应。

5.2 掌握强势个股分时图具备的特点

股民投资都希望能够找到强势个股，因为强势个股可以涨得更高，也涨得更快，从而给股民带来高额的投资回报。强势个股有了资金的积极入场，个股的分时线走势会更强劲，所以一旦股民发现个股出现强势个股的分时走势特征就可以积极买进入场。

另外需要注意的是，利用分时图做抄底时必须以日 K 线作为核心判断依据，在日 K 线发出底部买入信号后，再以分时图做买入判断。因为同样的分时形态，在不同的趋势中，其判断效果和方向的选择是完全不同的。

No.050

回落不踩均价线

回落不踩均价线是指分时线在均价线上方运行，回调时还未触及均价线就开始反转上扬，使分时线在股价上涨的过程中与均价线保持一定的距离，而不是黏合均价线。说明多方力量强劲，市场承接力强，个股后市不断走强的概率较大。

一图展示

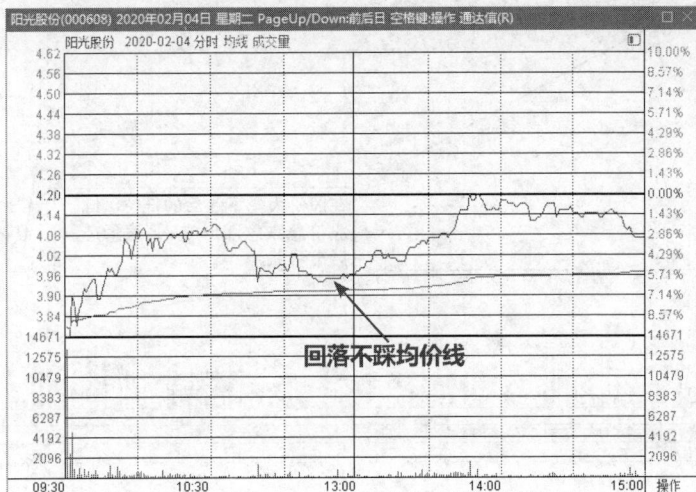

要点剖析

个股分时线在均价线上方，且回落时不踩均价线便拐头向上，是个股强势的特征，如果出现在个股下跌后的低位区域，说明后市上涨的可能性较大，股民可以积极买进。

实例分析 新洋丰（000902）分时线回调不破均价线

新洋丰 2019 年 9 月至 2020 年 2 月的 K 线走势如下图所示。

从下图可以看到，该股处于下跌行情中，股价从 11.51 元开始下跌，跌至 8 元价位线后止跌横盘运行，维持了 2 个多月。

2020 年 1 月下旬，K 线突然连续放阴，股价进一步下跌，打破之前的横盘的平衡局面，股价跌至 6.14 元后止跌。K 线在 2 月 4 日、5 日和 6 日连续收出 3 根阳线，向上拉升股价，急跌急涨的 K 线形成了典型的 V 形底反转形态，预示后市上涨的可能性较大。

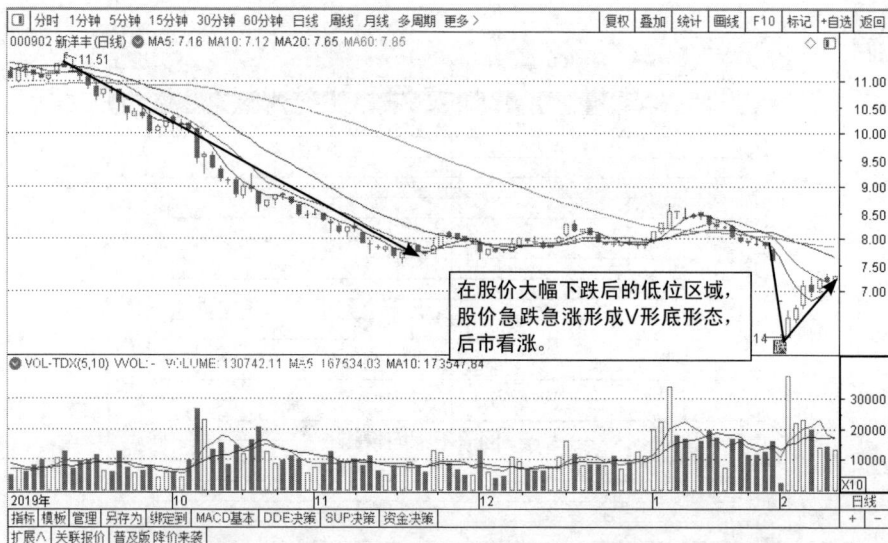

图　新洋丰2019年9月至2020年2月的K线走势

为了进一步判断后市股价上涨的可能性，我们查看这3天中2月6日的分时图，如下图所示。

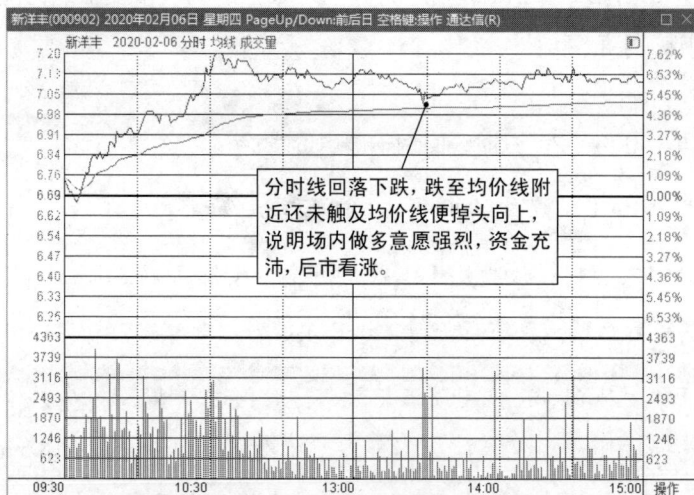

图　新洋丰2月6日分时走势

从上图可以看到，该股当天开盘之后股价小幅滑落随即转入向上拉升，股价运行至均价线上方,并逐渐远离均价线。盘中股价向下回落,当股价跌落至均价线附近时还未触及均价线,成交量放量拉升股价,使股价再次向上拉升远离均价线。这说明盘中多头实力雄厚,拉升股价的信心充足,后市看涨,股民可以积极买进,持股待涨。

新洋丰 2020 年 2 ~ 8 月的 K 线走势如下图所示。

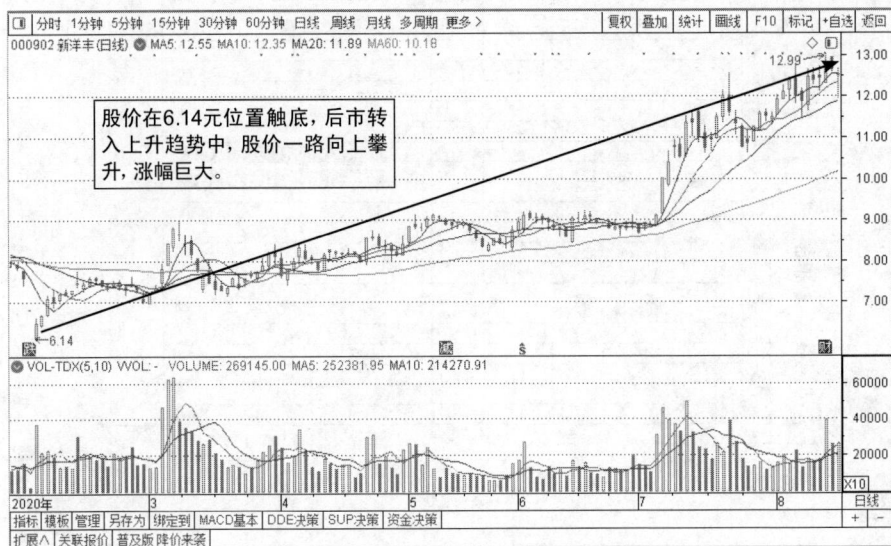

图 新洋丰2020年2～8月的K线走势

从上图可以看到,股价在 6.14 元位置触底,后市转入上升趋势中,股价一路向上攀升,从 6.14 元上涨至最高 12.99 元,涨幅达到 111%。如果股民在分时走势图出现回落不踩均价线的走势后买进,可以获得较高的收益。

No.051
盘中分时线向上飙升

当个股表现强势时,场内主力资金实力强大,盘中往往出现连续大单交易,使得分时线向上飙升,说明主力积极参与,极力做多。分时线飙升越明显，且能够相对比较稳定地飙升至盘中高点，说明场内有连续的大量资金买入，主力拉升意愿比较坚决，且力度较强，该股短期内走强的概率较大。

一图展示

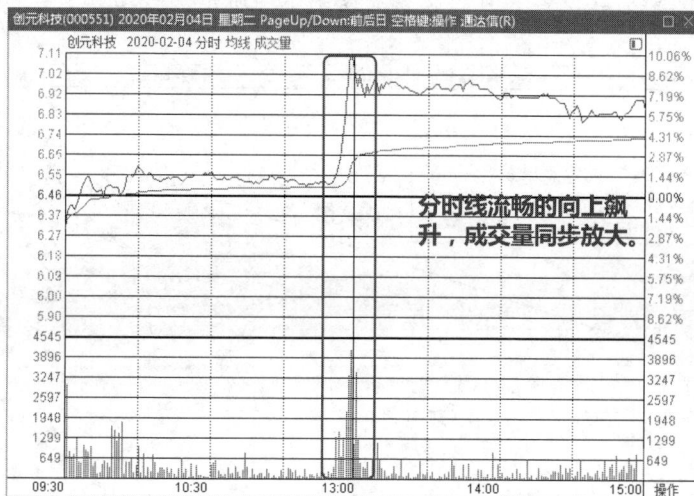

要点剖析

根据分时线盘中向上飙升的特点来判断个股是否强势，做抄底时要注意以下几点。

◆ 分时线向上飙升，成交量也需要同步放大，说明多方力量较强，向上发起了进攻。

◆ 分时线在快速飙升之后，也能够稳稳地站在均价线上方，回落不触及均价线，说明市场抛压较轻。

◆ 当快速飙升的分时走势出现在个股大幅下跌后的低位区域，预示着该股将出现一波短线上攻行情，股民可以抄底买进。

实例分析 靖远煤电（000552）分时线盘中飙升

靖远煤电2019年5月至2020年6月的K线走势如下图所示。

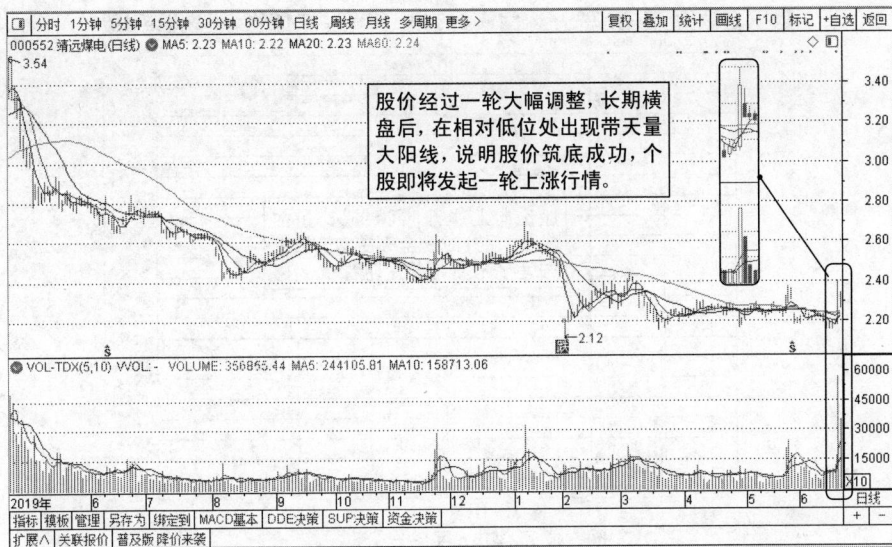

股价经过一轮大幅调整，长期横盘后，在相对低位处出现带天量大阳线，说明股价筑底成功，个股即将发起一轮上涨行情。

图 靖远煤电2019年5月至2020年6月的K线走势

从上图可以看到，该股处于下跌趋势中，股价一路下滑至2.12元后止跌，随后在2.20元价位线上小幅波动，横盘运行。6月18日K线收出一根带天量的低开高走的大阳线，且当日涨幅达到7.31%。

股价经过一轮大幅调整，长期横盘后，在相对低位处出现带天量的大阳线，说明股价筑底，个股即将发起一轮上涨行情，该根大阳线为股价起涨点，股民可以在此位置抄底。

为进一步研判该股后市行情，我们查看6月18日这根大阳线的分时走势图，如下图所示。

从下图可以看到，该股当日开盘后横盘运行，早盘结束后股价突然向上飙升，股价快速上涨至2.38元，成为当日最高价，涨幅达到8.68%，同时成交量放量。随后股价虽然小幅回落，但依然稳稳地站在均价线上方运行，直至收盘。说明场内大量主力资金入场，做多信号强烈，后市看涨。因此，股民可以在此位置积极买进。

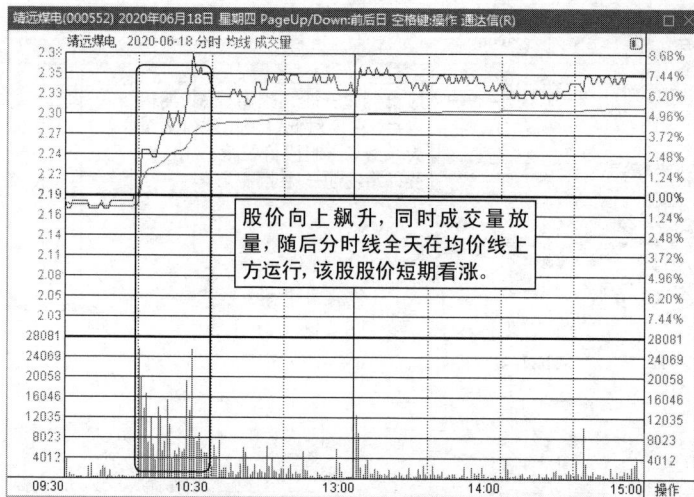

图　靖远煤电6月18日分时走势

靖远煤电2020年6～9月的K线走势如下图所示。

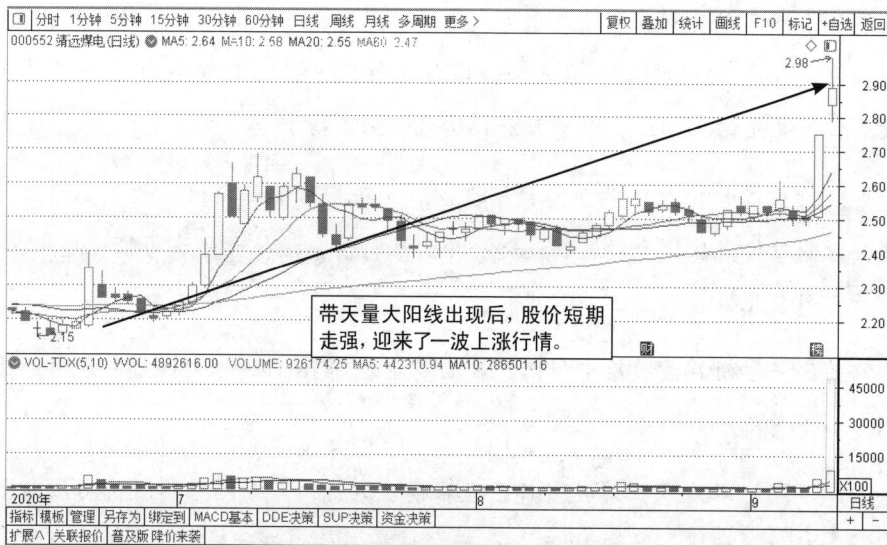

图　靖远煤电2020年6～9月的K线走势

　　从上图可以看到，带天量大阳线出现后，该股迎来了一波上涨行情，股价从2.15元上涨至最高2.98元，涨幅达到38.6%。如果股民能在大阳线位置抄底入场，能够得到较高的收益。

No.052
分时线呈稳健式向上攀升

稳健式攀升在 K 线走势图中比较常见，是一种趋势上行的形态，在分时走势图中同样适用。在分时图中，如果分时线呈现出稳定的放量攀升走势时，说明个股短期走势呈强势。

一图展示

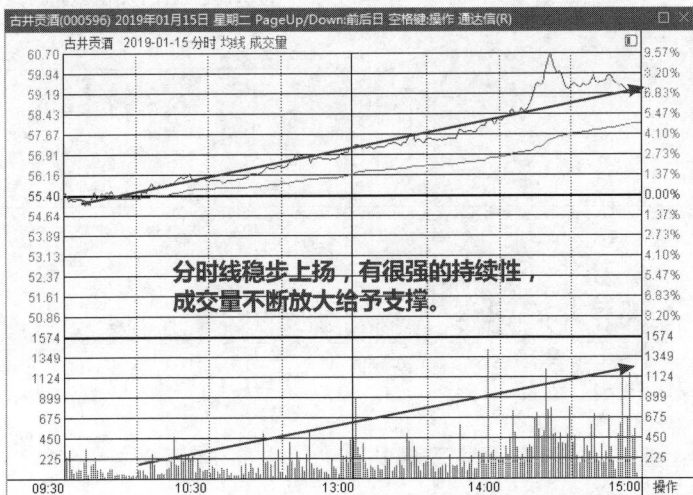

古井贡酒 (000596) 2019年01月15日 星期二 PageUp/Down:前后日 空格键:操作 通达信(R)

古井贡酒 2019-01-15 分时 均线 成交量

分时线稳步上扬，有很强的持续性，成交量不断放大给予支撑。

要点剖析

通过稳健式向上攀升的分时线判断个股强势时要注意以下几点。

◆ 分时线稳健式放量攀升走势通常出现在股价上升初期。

◆ 分时线稳健式放量向上攀升是指股价以小幅震荡的方式向上持续运行，且分时线与成交量表现出同向、正比关系。

◆ 分时线稳健式向上攀升走势，要求分时线要稳稳地运行在均线上或者上方。

◆ 成交量随着股价的攀升不断放大，说明场内买盘不断增加，预示着
   个股短线走势强势，股民看到这样的分时走势可以积极买进。

实例分析 风华高科（000636）分时线稳健式攀升

风华高科2019年4～8月的K线走势如下图所示。

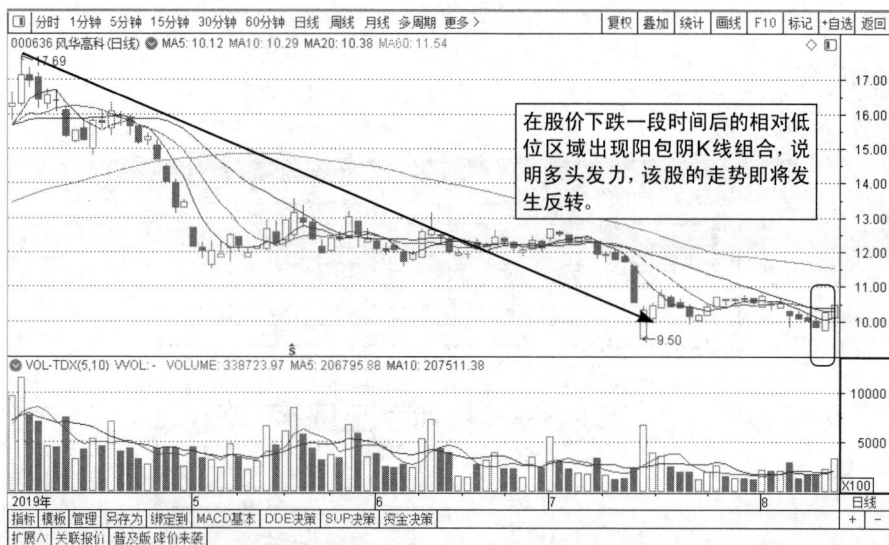

图　风华高科2019年4～8月的K线走势

从上图可以看到，该股处于下跌行情中，股价从17.69元一路下行。7月
中旬，股价创出9.50元的新低后止跌，在10.00元价位线上小幅波动，横盘运
行。8月12日，K线收出一根低开高走的大阳线，且该大阳线将前一日的阴线
全部吞没，形成阳包阴K线组合。

在股价下跌一段时间后的相对低位区域出现阳包阴K线组合，说明多头
发力，该股的走势即将发生反转，股民可以在此位置积极抄底。

为了进一步验证该股的后市走向，查看8月12日大阳线的分时走势图，如
下图所示。

从下图可以看到，个股在盘中分时线走出稳健向上攀升的走势，运行

于均价线上方，同时伴随着成交量的不断放大，直至收盘。说明买盘不断入场，使股价能保持稳健攀升，预示着该股行情走强，后市看涨，股民可以在此位置买进待涨。

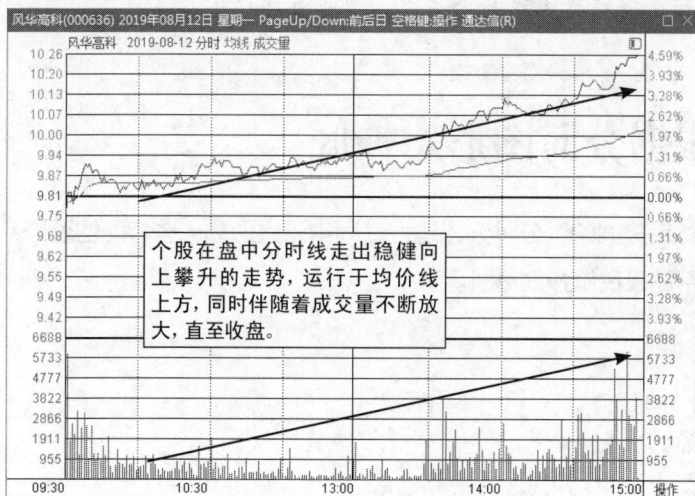

图　风华高科2019年8月12日分时走势

风华高科2019年7～9月的K线走势如下图所示。

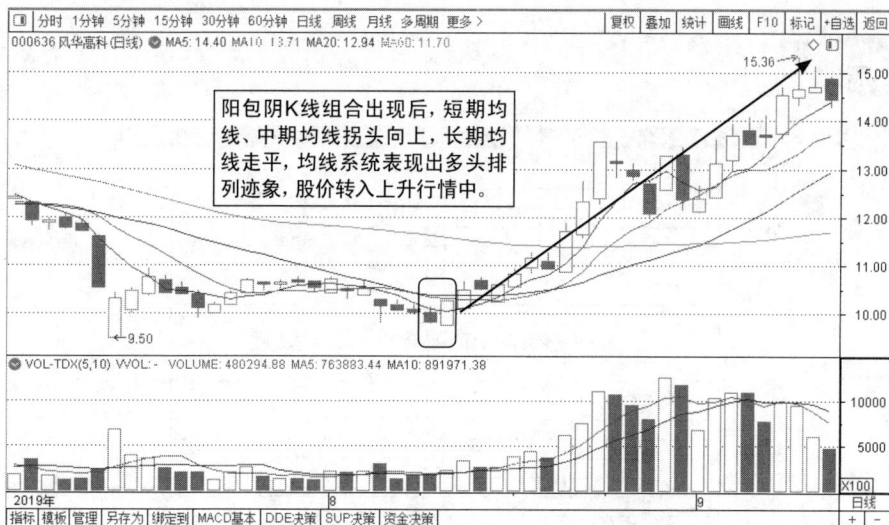

图　风华高科2019年7～9月的K线走势

从上图可以看到，阳包阴K线组合出现后，短期均线、中期均线拐头向上，长期均线走平，均线系统表现出多头排列迹象，股价转入上升行情中。1个月左右的时间从10.00元附近最高涨至15.36元，涨幅达到54%，如果股民能在分时线出现稳步式攀升后买进，就能成功抄底。

5.3 根据分时图形态抄底

在分时走势图中，分时线在运行过程中还会形成一些特殊的形态，抓住这些形态能够帮助股民做抄底分析。

No.053
向上突破平台

向上突破平台是指分时图中个股开盘后保持横盘整理走势，形成平台，随后股价向上强势拉升突破平台，开始一波上涨走势。分时走势图中出现这样的走势，股民可以在此期间选择进场。

一图展示

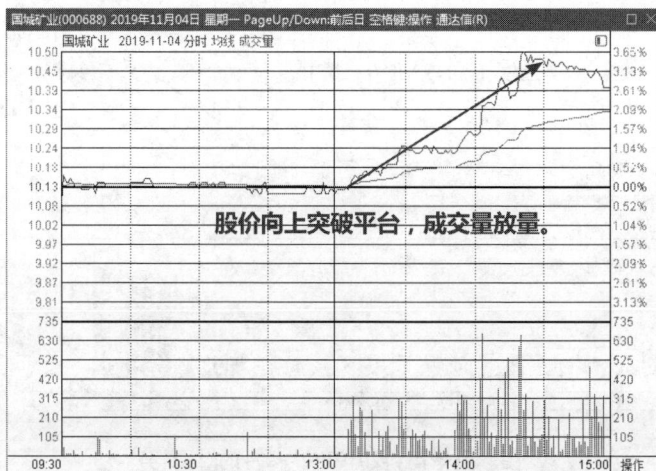

要点剖析

分时走势中的向上突破平台形态有以下几个特征。

◆ 向上突破平台的分时走势通常出现在股价下跌末期的横盘整理低位区域，或是上涨途中的横盘整理。

◆ 分时线必须在某一价位线上做较长时间的横向整理，时间不少于半小时。

◆ 股价横向整理期间，分时线应贴近均价线波动，且波动幅度较小，形成的高点大致上处于同一水平线上。

◆ 均价线在股价横盘整理期间大致上是一条水平线，没有明显波动。

◆ 均价线必须向上穿过平台的最高点。

实例分析 云内动力（000903）分时线向上突破平台

云内动力2019年5月至2020年2月的K线走势如下图所示。

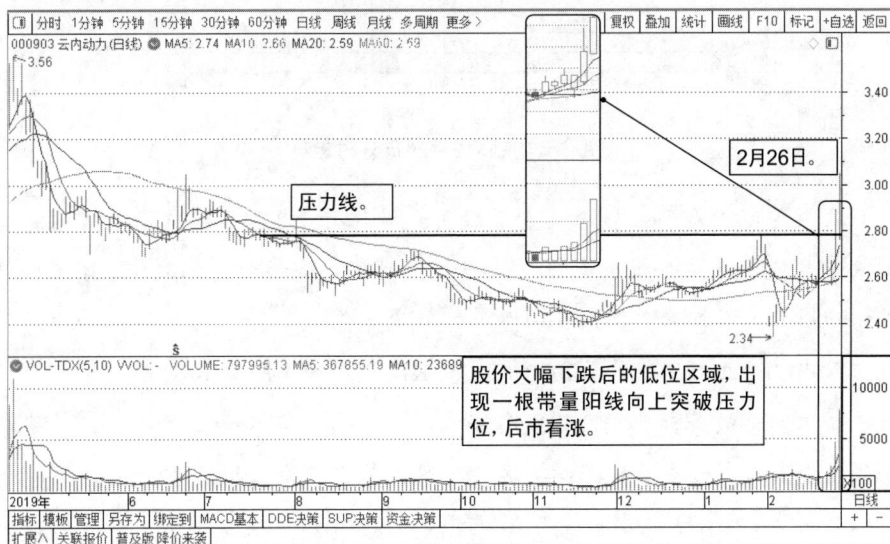

图 云内动力2019年5月至2020年2月的K线走势

从上图可以看到，该股处于下跌行情中，经过一轮大幅下跌，股价跌至

2.40元价位线附近止跌，随后小幅回升至2.60元价位线上，并在该价位线上下窄幅波动。

2月26日，K线收出一根带量阳线，向上突破前期2.80元压力位，说明场内有主力资金入场，打破长久以来的沉闷走势，做多意愿强烈，后市可能迎来一波上涨行情。

查看2月26日的分时走势图，如下图所示。

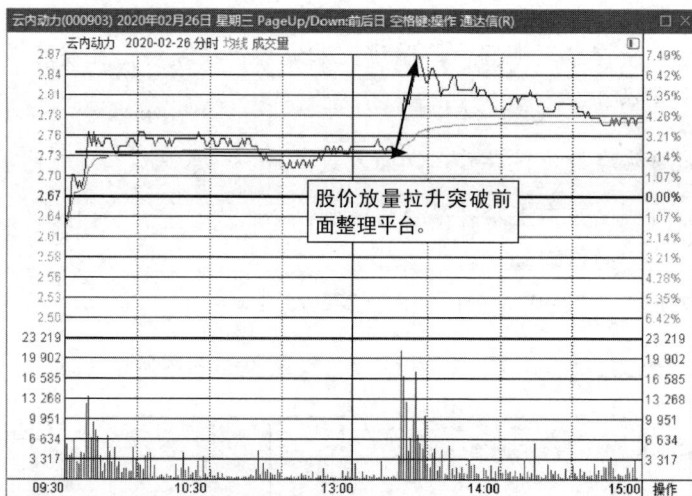

图　云内动力2月26日分时走势

从上图可以看到，当日开盘后股价放量拉升至2.73元便横盘整理运行，形成平台。午盘后，股价突然放量拉升，一举突破平台，收盘于2.78元。这说明场内有主力资金入场，意图做多，后市看涨。

云内动力2019年10月至2020年4月的K线走势如下图所示。

从下图可以看到，2月26日，K线收出大阳线向上突破均线压力后，多根均线呈发散状态，多头排列向上运行，股价趋势转为上升趋势。

股价在1个月左右的时间，从2.50元附近最高上涨至6.66元，涨幅达到166%。如果股民在股价向上突破均价线附近的位置买进股票，则可以获得不菲的收益。

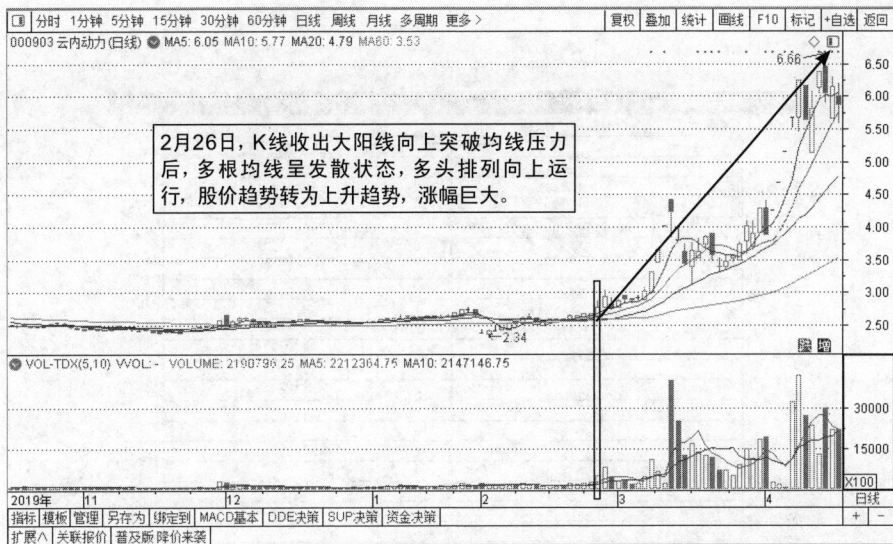

图　云内动力2019年10月至2020年4月的K线走势

No.054

台阶式拉升

　　台阶式拉升形态是指分时图上的分时线在均价线上方运行，且分时线上升一段时间后横盘一段时间，然后再上升一段时间后再横盘一段时间，呈现出阶梯上涨的形态。

　　分时图中出现台阶式拉升走势，主要有两种意义：一是台阶式拉升走势出现在行情主升阶段，主力拉高一段股价后横盘洗盘，再拉高股价洗盘，通过横盘来减轻盘后的压力；二是台阶式拉升走势说明主力高度控盘，在盘中稳步地推高股价，且拉高意图非常坚决，后市继续看涨。

　　因此，股民在分时图中发现台阶式拉升走势形态时，可以趁机买进，持股待涨。

一图
展示

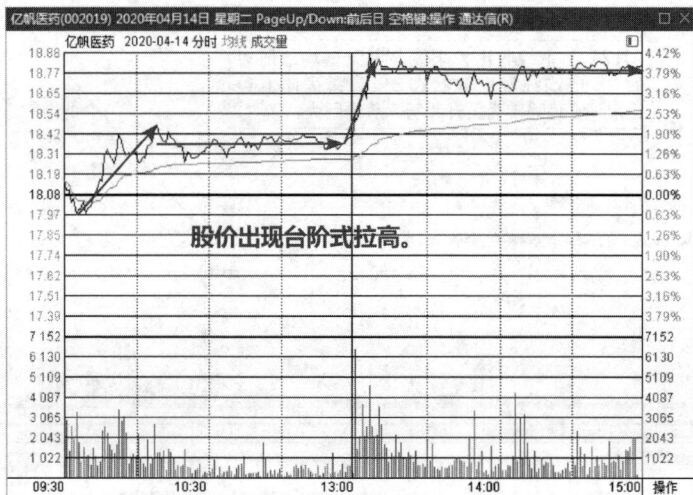

要点
剖析

台阶式拉升要求拉升时要有明显的幅度拉升，接近直角更好，而在横盘时要求股价为窄幅波动，震荡幅度不能过大。另外，股价每次拉升完成后量能必须有效的萎缩，说明盘内有短线浮筹被清洗出去。

**实例
分析** **瑞泰科技（002066）台阶式拉升走势买进**

瑞泰科技2019年7月至2020年4月的K线走势如下图所示。

从下图可以看到，该股前期表现为下跌行情，股价跌至最低6.17元后止跌，转入上升行情。但是这一波上涨仅仅维持了1个月左右，股价涨至9.00元价位线，前期压力位就止涨下跌，随后在8.00元附近横盘。

此时的横盘是否是股价上涨途中的回调底部呢？

仔细观察，发现3月6日K线收出一根涨停大阳线，成交量出现巨量，紧跟着第二天K线就收出一根带长上影线的巨量阳线，说明上方压力过大。但事实是否是这样的呢？

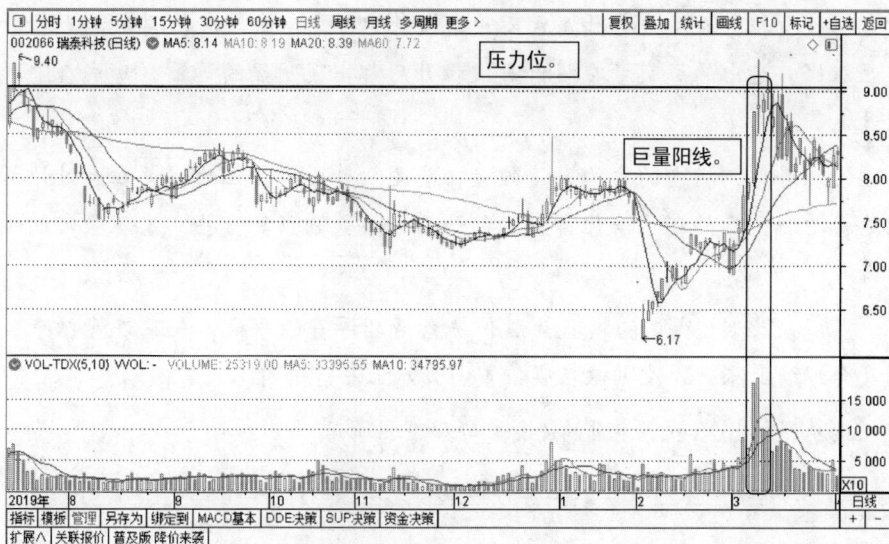

图　瑞泰科技2019年7月至2020年4月的K线走势

　　我们查看巨量涨停阳线分时图可以看出其中的端倪，瑞泰科技3月6日分时走势如下图所示。

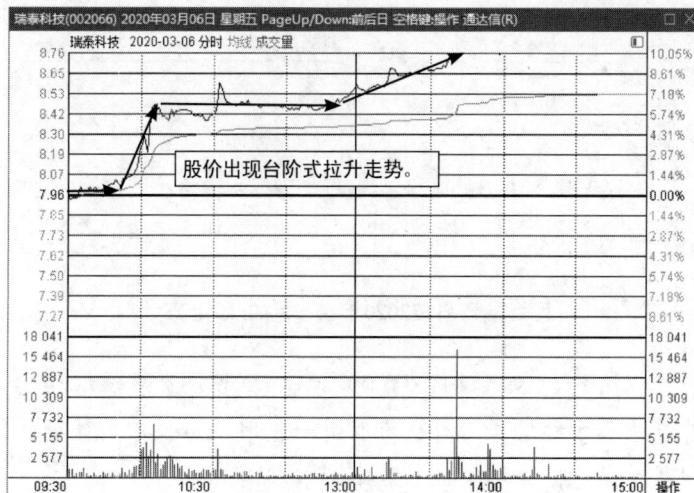

图　3月6日瑞泰科技分时走势

　　从上图可以看到，当日开盘之后，股价短暂横盘一段时间后开始向上拉升，将股价拉升至8.42元附近后又开始横盘运行，午盘时股价再次向上拉升直至涨停，盘中的成交量在股价每次拉升后都出现明显的萎缩，形成台阶式拉升走势。

由此可见，场内的主力高度控盘，意图拉升股价，但为避免拉升过快所以边拉边洗，目的在于消化掉盘内的一些短线获利盘和一些意志不坚定的投资者。

所以，此时K线中的横盘为股价洗盘清理浮筹的手段，一旦洗盘结束股价便会继续上涨，股民可以在股价重新开启上涨行情时加仓。

瑞泰科技2020年2～8月的K线走势如下图所示。

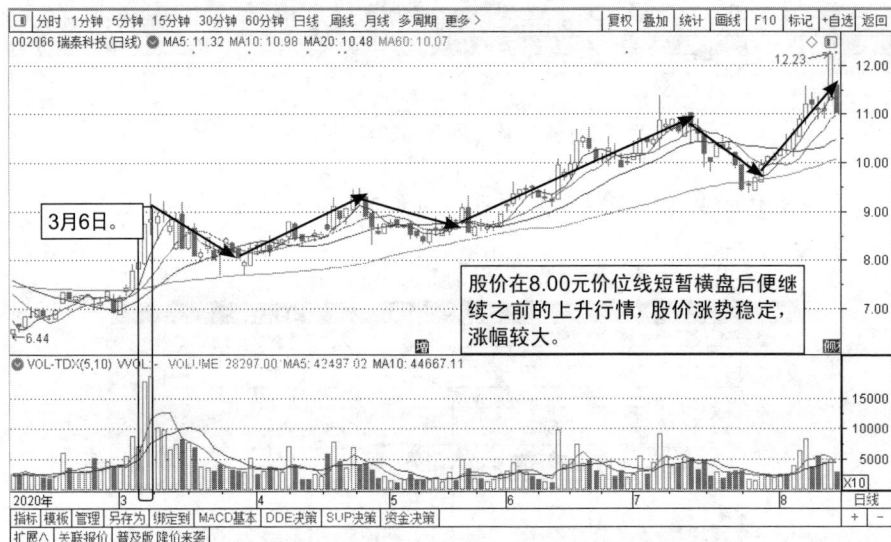

图　瑞泰科技2020年2～8月的K线走势

从上图可以看到，果然股价在8.00元附近短暂横盘后便继续向上拉升，且主力拉升手法属于稳健式拉升，即拉升一段时间后便回调整理，随后继续拉升再回调整理，使股价稳定向上攀升。

股价从8.00元附近上涨至最高的12.23元，涨幅达到53%。股民通过分时走势了解主力的操盘意图后，更能把握个股的运行趋势。

No.055
分时线V形底

　　V形底是指个股当天的走势呈现出明显的两个行情，前期震荡下跌，后期震荡上升，由此形成V形形态。这种先震荡下跌后震荡上升的两种分时趋势在盘中可以是全天性的，也可以是局部的。

一图展示

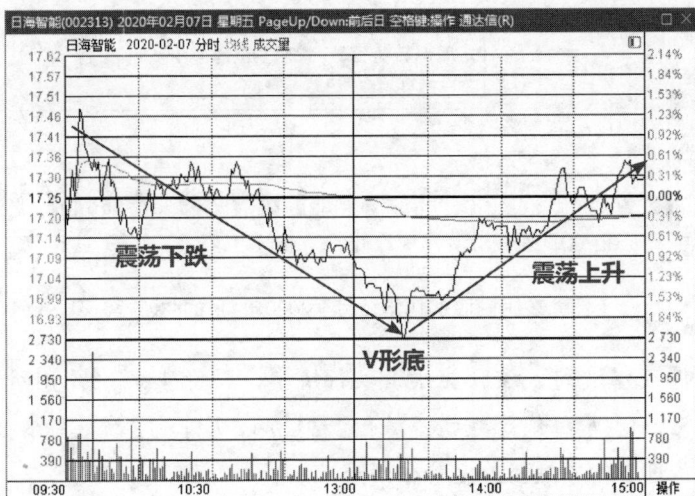

要点剖析

　　在V形底中，在震荡下跌行情中，多头步步败退，空头占据优势。但是，该优势在V形底部发生转变，原来空头占据优势瞬间被多头取代。随后在多头力量的主导下，股价稳步上升。说明股价已经成功触底，后市股价将转入上升行情中。

　　另外，有时V形底可能会出现在股价上涨过程中的回调洗盘位置，待调整结束后就是股民买进的机会。

实例分析 东阿阿胶（000423）V形底部形态

东阿阿胶2019年12月至2020年4月的K线走势如下图所示。

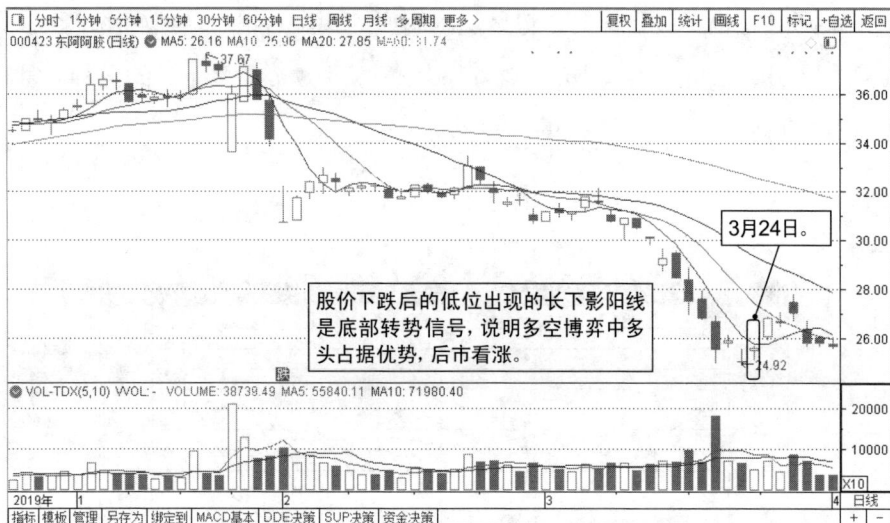

图　东阿阿胶2019年12月至2020年4月的K线走势

从上图可以看到，该股处于下跌行情中，股价从36.00元附近高位处下跌，跌至32.00元价位线止跌横盘运行。2020年3月中旬K线连续收出4根中阴线，使股价进一步下跌至26元价位线。

3月23日K线收出一根十字阴线，紧接着3月24日K线收出一根长下影阳线，3月25日K线收出一根高开高走的大阳线。在股价放量下跌后的横盘低位区域出现十字星线，说明多空力量均衡，后市可能出现反弹。

而低位出现的长下影阳线是底部转势信号，说明多空博弈中多头占据优势，后市看涨。3月25日出现的上涨大阳线进一步确定了这一信号。因此，股民可以在此位置抄底买进。

进一步分析查看3月24日带长下影阳线的分时走势，如下图所示。

从下图可以看到，当日开盘后多空双方展开了一场激烈的博弈，股价在25.48元附近上下波动。午盘后，空头打压多头占据优势，股价一路下滑。当股价跌至25.09元时，空头主导地位瞬间被多头扭转，随后多头一直控制股价稳步上升，空头无力再次打压股价。

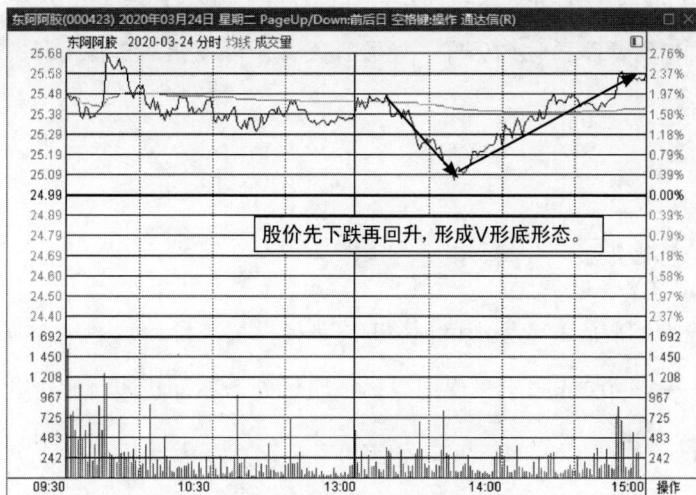

图 东阿阿胶3月24日分时走势

股价先下跌再回升形成典型的V形底形态，说明多头占据着绝对主动，后市看涨，因此，股民可以放心在此位置买进。

东阿阿胶2020年3～9月的K线走势如下图所示。

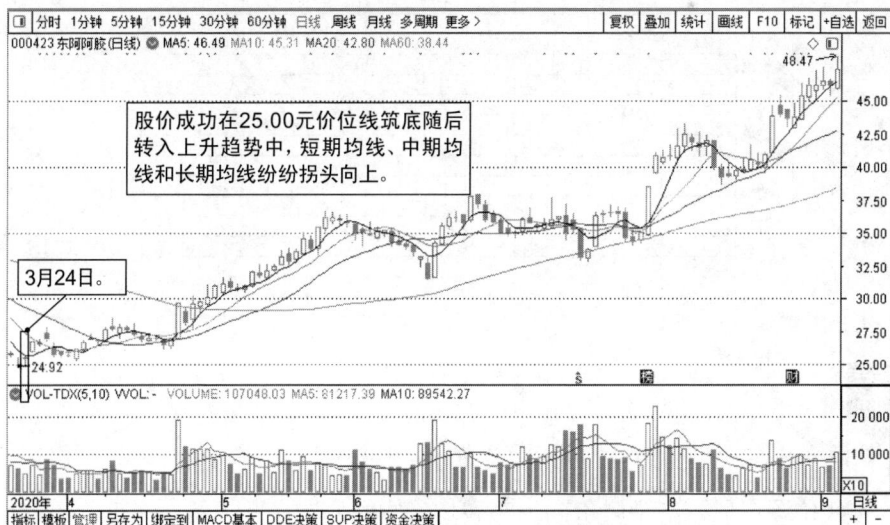

图 东阿阿胶2020年3～9月的K线走势

从上图可以看到，股价成功在25.00元价位线筑底随后转入上升趋势中，短期均线、中期均线和长期均线纷纷拐头向上。股价从最低的24.92元上涨至最高的48.47元，涨幅达到95%。如果股民在分时图出现V形底形态时买进便可成功抄底。

No.056
分时线W形底

分时线 W 形底与 K 线中的 W 形底类似，只不过将其应用在分时线上。W 形底是一个明显的股价见底信号，在股价处于底部阶段时出现此形态，股民可以抄底买进。

一图展示

要点剖析

在分时线 W 形底中有两次买入机会：一次是股价向上突破 W 形底形态的颈线位置；另一次是股价向上突破均价线的位置，要求第二个低点不能低于前一个低点，应该保持水平或略高。

实例分析 振华科技（000733）W形底部形态

振华科技2019年12月至2020年6月的K线走势如下图所示。

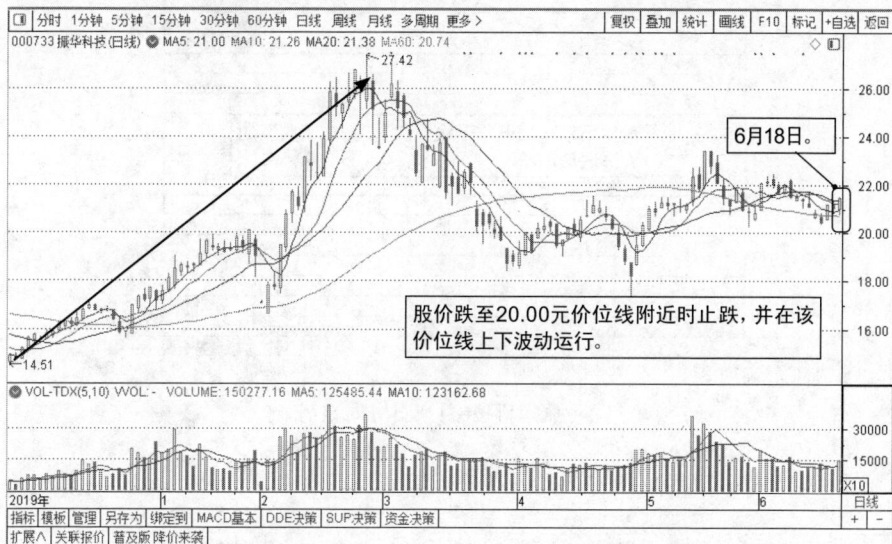

图　振华科技2019年12月至2020年6月的K线走势

从上图可以看到，该股经历一波上涨行情，将股价拉升至27.42元后止涨下跌。股价跌至20.00元价位线附近时止跌，并在该价位线上下波动运行。此时的横盘是否为股价上涨过程中的回调底部呢？

我们查看横盘运行中某一天的分时走势，振华科技6月18日的分时走势如下图所示。

从下图可以看到，当天该股开盘后短暂横盘后便转入下跌，跌至20.83元附近后止跌回升，回升至20.98元后止涨再次下跌，跌至20.85元附近止跌回升。这一番下跌—回升—下跌—回升，形成了典型的W形底形态，随后股价放量拉升，股价在均价线上方运行。

这说明盘内多头实力强劲，此时为股价上涨途中的回调底部，当回调结束后市会继续上涨。股民可以在W形底形成、股价向上突破颈线时买进，持股待涨。

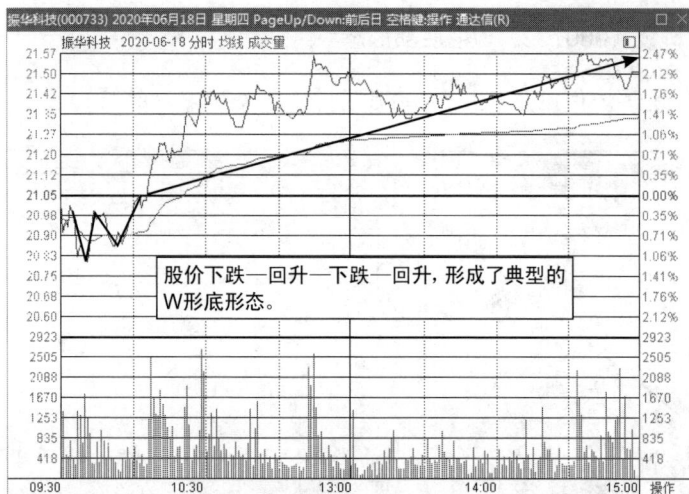

图　振华科技6月18日分时走势

振华科技2020年2~8月的K线走势如下图所示。

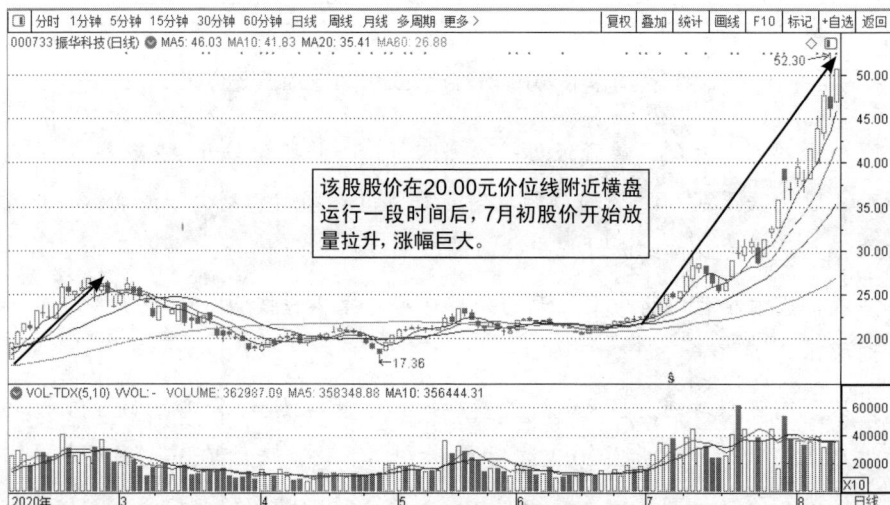

图　振华科技2020年2~8月的K线走势

从上图可以看到，该股股价在20.00元价位线附近横盘运行一段时间后，7月初股价开始放量拉升，股价最高拉升至52.30元，如果股民在分时线突破颈线20.98元附近买进，可以得到149%的涨幅收益。

No.057

分时线头肩底形态

分时线头肩底形态是比较常见的一种形态，股价在运行过程中出现明显的 3 个低点，其中，中间的低点明显低于两边的低点，且两边的低点大致处于同一水平位置。如果分时线头肩底形态出现在股价底部阶段时，是上涨买入信号，股民可以积极买进。

一图展示

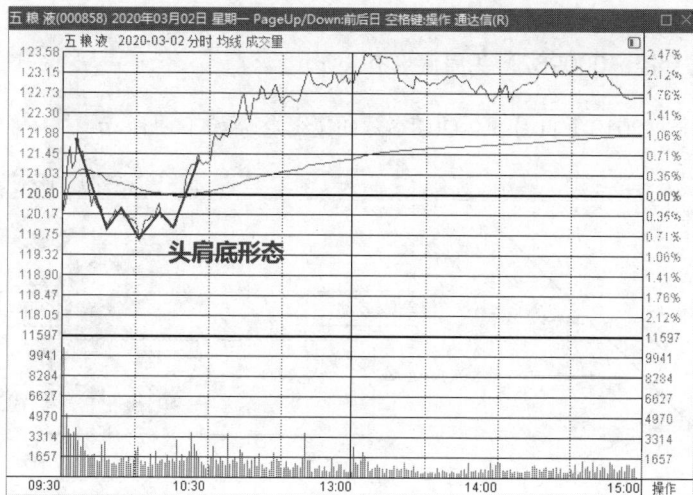

五粮液(000858) 2020年03月02日 星期一 PageUp/Down:前后日 空格键:操作 通达信(R)

五粮液 2020-03-02 分时 均线 成交量

头肩底形态

要点剖析

分时线头肩底形态有以下几个特征需要注意。

◆ 当股价出现急速下跌，随后止跌反弹，形成第一个波谷，这就是通常所说的"左肩"。形成左肩部分时，成交量在下跌过程中出现放大迹象。

◆ 当股价第一次反弹受阻，股价再次下跌，并跌破了前一低点，之后股价再次止跌反弹形成了第二个波谷，这就是通常所说的"头"。

◆ 当股价第二次反弹再一次在第一次反弹高点处受阻，股价又开始第三次下跌，但股价于第一个波谷相近的位置后就止跌了，成交量出现极度萎缩，此后股价再次反弹形成第三个波谷，这就是通常所说的"右肩"。

◆ 两次反弹的高点连线是一根压力很重的颈线，但当第三次反弹时会在成交量的配合下将这根颈线冲破，股价站在其上方。股民见到头肩底形态，应该想到这是底部回升的信号，此时不能再继续看空，而要随时做好进场抢筹的准备。一旦出现缩量回踩颈线就是最佳介入点位。

实例分析 越秀金控（000987）头肩底形态

越秀金控2018年11月至2020年3月的K线走势如下图所示。

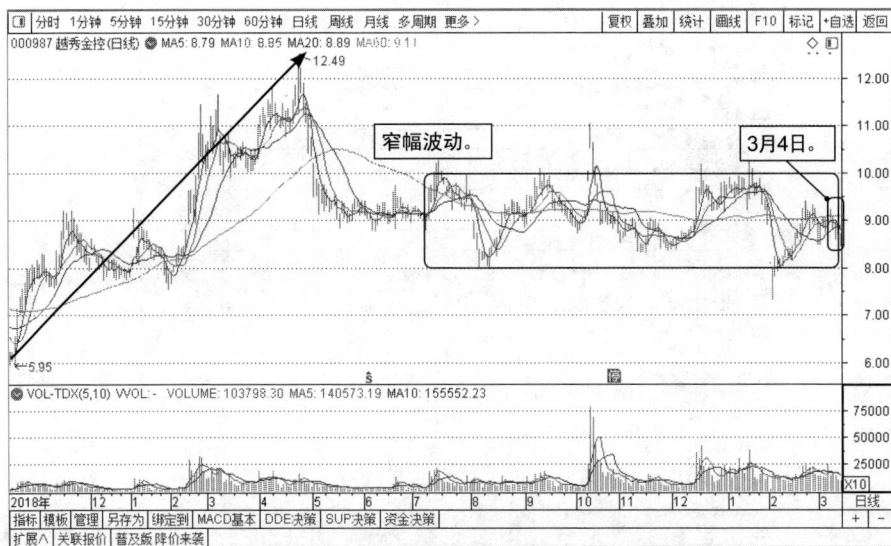

图 越秀金控2018年11月至2020年3月的K线走势

从上图可以看到，该股前期处于上升行情中，股价上涨至最高的12.49元后止涨下跌，股价跌至9.00元价位线后止跌，并在8.00～10.00元的区间做窄幅波动。

在股价下跌的过程中发现，成交量没有出现明显的放量，且在股价窄幅波动的过程中，成交量有明显的放量迹象，说明场内主力并未出逃，此时为股价上涨途中的整理阶段，目的在于清理短期获利盘，洗盘结束后股价将继续上涨。

查看股价横盘过程中3月4日的分时走势，如下图所示。

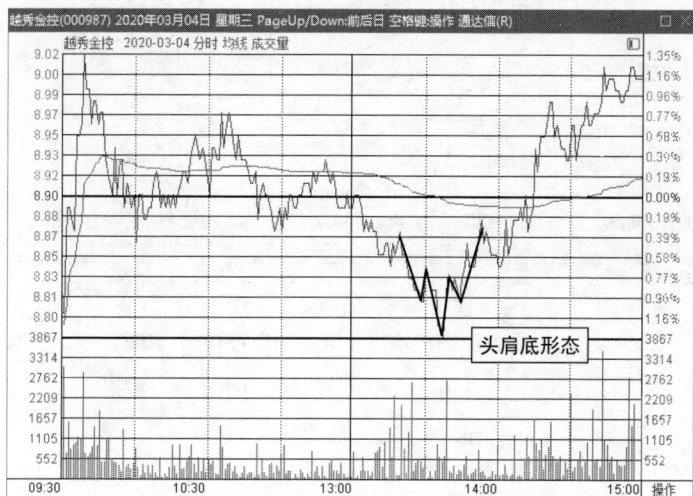

图 越秀金控3月4日的分时走势

从上图可以看到，该股当日的盘中分时线形成明显的头肩底形态，是典型的股价见底信号，见底后股价将展开强势拉升行情。结合当日K线所处的位置，可以进一步判断该股正处于上升途中的回调整理阶段，后市仍然看涨，股民可以洗盘结束，股价出现明显的上涨迹象时再买进。

越秀金控2019年12月至2020年7月的K线走势如下图所示。

从下图可以看到，股价在8.00~10.00元区间持续了很长一段时间的整理走势。4月上旬，成交量放量，股价开始向上攀升，随后突破了10.00元压力位，开启了一波强势拉升的上涨行情。

如果股民在主力结束洗盘，开始拉升股价时买进该股，当股价上涨至最高26.86元，可以获得168%的涨幅收益。

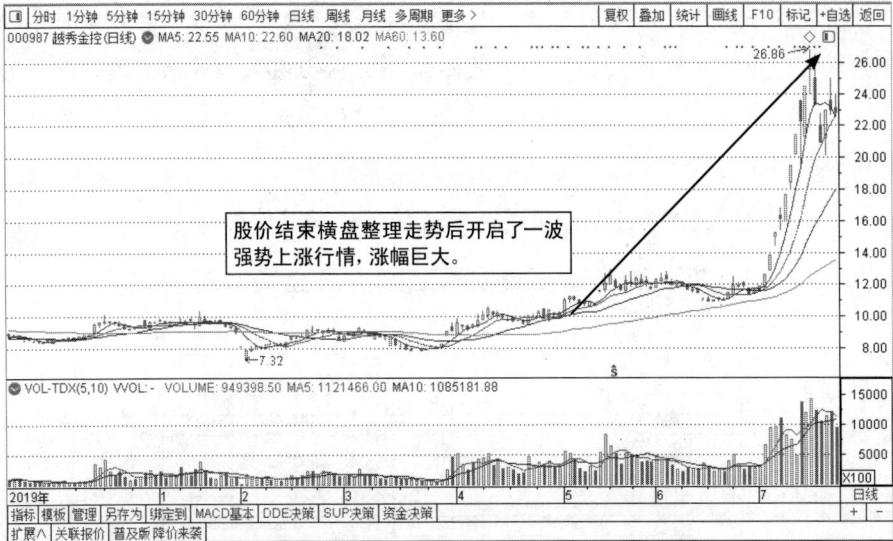

图　越秀金控2019年12月至2020年7月的K线走势

第6章
技术抄底入门

洞悉成交量的变化

　　股市中每一笔交易都伴随着成交量的变化，当市场供不应求时，人头攒动，成交量放大；反之，当市场供过于求，冷清无人，成交量缩小。因此，股民有必要分析股票的成交量，把握股价走势，抓取实时的股市行情，以获取抄底入场机会。

No.058　量增价涨，买入信号

No.059　量增价平，持股待涨

No.060　量平价升，持续买入

No.061　量减价升，继续持有

No.062　低位连续地量

No.063　低位逐步放量

No.064　底部缩量涨停

No.065　低位放量缩量再放量

......

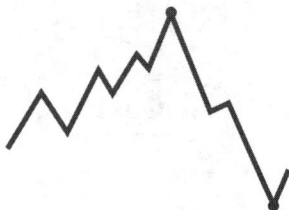

6.1 量价关系找准买入点

　　成交量是推动股价上涨的原动力，所以股价的上涨离不开成交量的配合，由此形成了股价与成交量之间的关系。股民可以根据不同的量价关系，研判未来股市行情，从而精准找到买点。

No.058
量增价涨，买入信号

　　量增价涨是一种典型的量价配合现象，当成交量增加时，股价也同步上涨，这说明股价在上涨过程中，市场反应热烈，追涨情绪比较强烈，多头气势不断延续。

一图展示

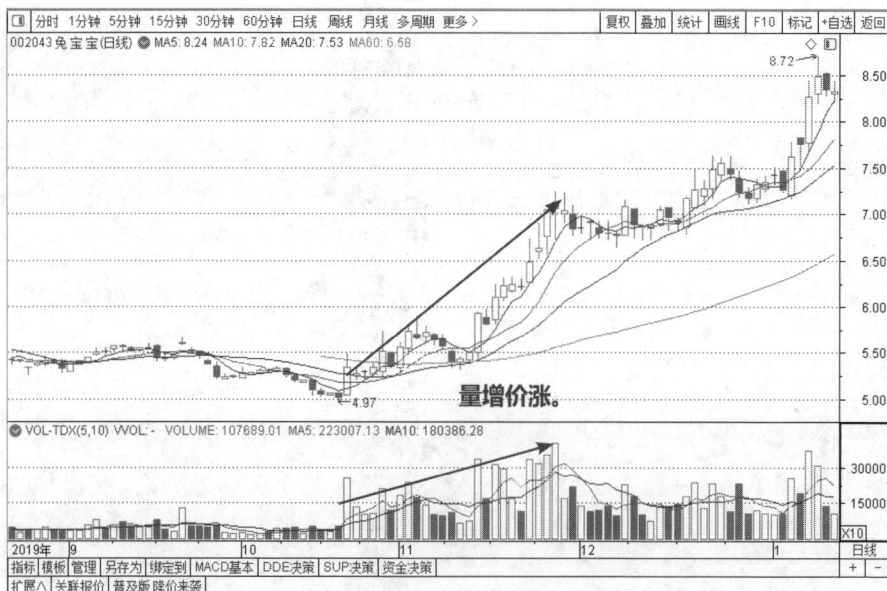

要点剖析

量增价涨可能出现在不同的阶段中，但是当其出现在以下几个阶段时才具有操作意义。

◆ **股价上涨初期**：股价已经完成筑底，行情由空头转为多头，此时出现量增价涨是比较强烈的上涨信号，股民可以伺机买入待涨。

◆ **股价上升途中整理结束**：股价经过一波上涨后，将股价拉升至相对高位，为防止市场过热，主力可能出现一波回调整理。待整理结束呈现再度上涨的走势，此时会出现量增价涨，股民可以适度加仓。

◆ **下跌盘整反弹**：当股价趋势转入下跌行情，初跌段结束后，会出现一波反弹的短期多头行情。在反弹过程中，也会出现量增价涨的走势，这是因为上位解套及低位短线买多的获利卖压会在反弹末端出笼，往往会出现短期大量，使走势呈现止涨，随后恢复下跌走势。因此，面对这类反弹行情时股民要慎重。

◆ **股价下跌末期**：当股价处于下跌末期，主力筑底时，也会出现量增价涨的走势。当主力筑底完成，股价趋势就由空转多，向上拉升。股民应在底部确认完成时买入。

实例分析 大为股份（002213）量增价涨买进

大为股份2019年2～9月的K线走势如下图所示。

从下图可以看到，该股经历一波大幅下跌行情后，股价跌至7.50元价位线止跌，并在该价位线上横盘运行，成交量表现缩量。

8月下旬，K线突然连续收出涨停大阳线，将股价拉升至11.00元附近，与此同时成交量呈明显放大，这说明股价在7.50元价位线筑底成功，场内有主力资金介入拉升股价，后市看涨，股民可以积极买进。

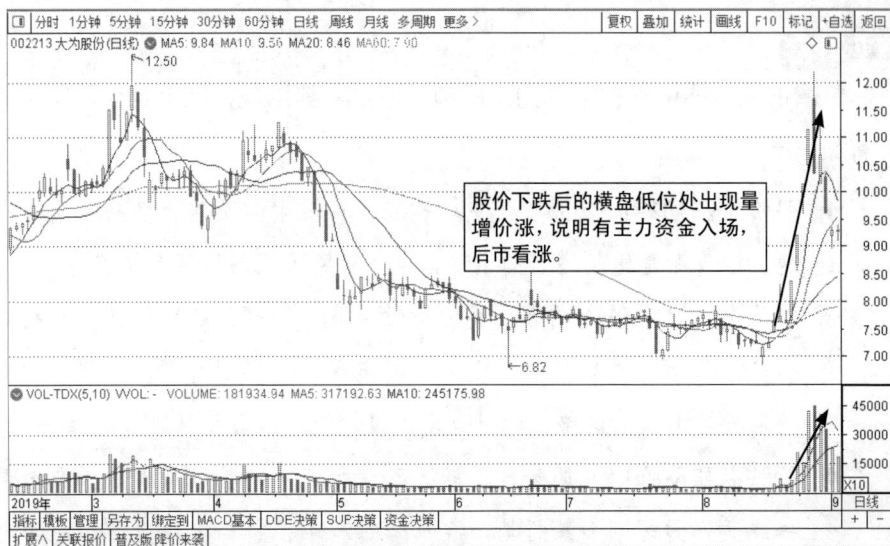

股价下跌后的横盘低位处出现量增价涨，说明有主力资金入场，后市看涨。

图　大为股份2019年2～9月的K线走势

大为股份2019年8月至2020年5月的K线走势如下图所示。

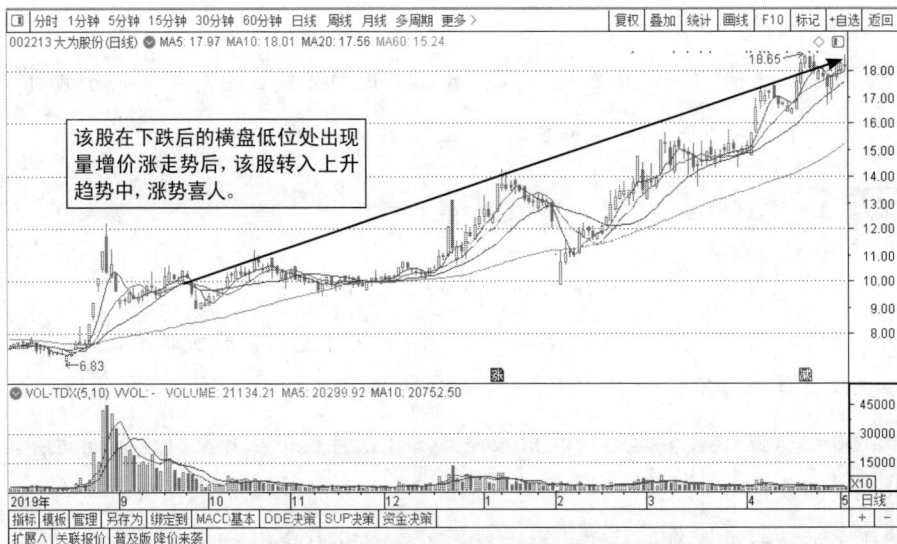

该股在下跌后的横盘低位处出现量增价涨走势后，该股转入上升趋势中，涨势喜人。

图　大为股份2019年8月至2020年5月的K线走势

从上图可以看到，该股在下跌后的横盘低位处出现量增价涨走势后，该股转入上升趋势中，涨势喜人。股民如果在量增价涨出现后的10.00元位置买进，当股价最高上涨至18.65元时，可以得到86.5%的涨幅收益。

No.059
量增价平，持股待涨

量增价平是指成交量在放大的情况下，股价却维持在一定的价位水平上下波动。这是一种多空双方意见分歧较大的情况，出现这种现象后，后市股价不会特别明朗，往往会出现横盘震荡。

一图展示

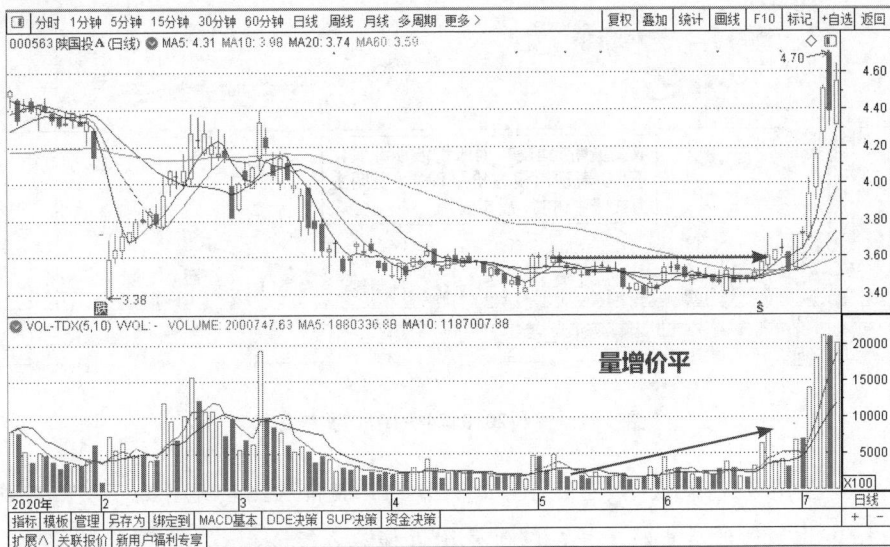

要点剖析

量增价平这种现象可能出现在股价下跌后的低位区域，也可能出现在股价上涨途中，不同的区域股民应该采取不同的操作。

◆ 当量增价平出现在股价经过一波下跌行情之后的低位区域，可能是

底部在积聚上涨动力，有主力在暗中进货。股民将其看作是中线由
跌转升的信号，可以适当持股待涨。

◆ 在股价上升趋势的中途出现量增价平现象，只要上升趋势并未遭到
破坏，通常整理后还会有行情，股民此时应该持股待涨。

实例分析 威孚高科（000581）量增价平抄底

威孚高科2019年4～10月的K线走势如下图所示。

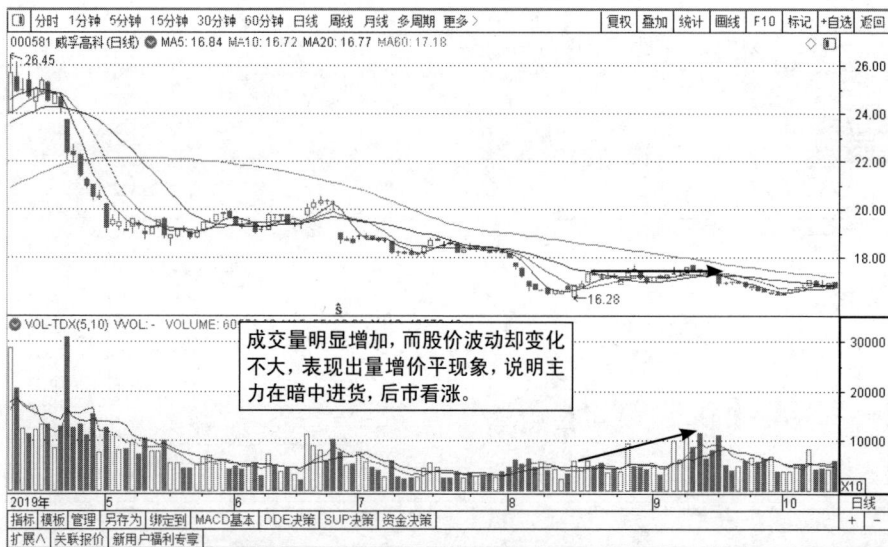

图　威孚高科2019年4～10月的K线走势

从上图可以看到，该股处于下跌行情中，股价从26.45元开始下滑，在创
出16.28元的新低后止跌，并在17.00元附近横盘运行。

仔细观察股价低位横盘阶段发现，成交量出现明显增加，而股价波动却
变化不大，量价表现出量增价平现象，这说明有主力在股价低位横盘阶段趁
机进货，后市看涨。一旦发现主力的动机后，股民可以在此位置抄底买进，
持股待涨。

威孚高科2019年8月至2020年5月的K线走势如下图所示。

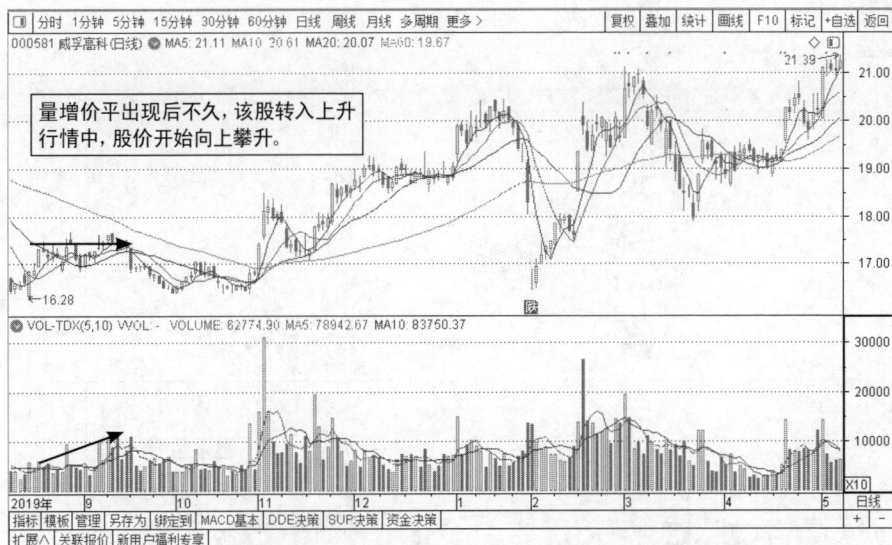

图 威孚高科2019年8月至2020年5月的K线走势

从上图可以看到，量增价平现象出现后，股价继续在17.00元价位线附近横盘波动运行。11月初，K线连续收出两根高开高走的大阳线拉升股价，成交量放量，该股转入上升行情。

股民在量增价平位置17.00元附近买进，当股价上涨至21.39元可以获得25.8%的涨幅收益。

No.060

量平价升，持续买入

量平价升是指股价在上涨过程中，成交量大致保持在一个水平位置的一种量价配合现象。量平价升属于多头行情，成交量处于平衡状态，上涨趋势将持续发展，股民可以持续买入。

量平价升持续的时间不宜过长，但也不能过短。例如，2～3天的量平价升，或者10天以上的量平价升，发出的信号都比较弱，通常来说5～8天比较适合。

一图展示

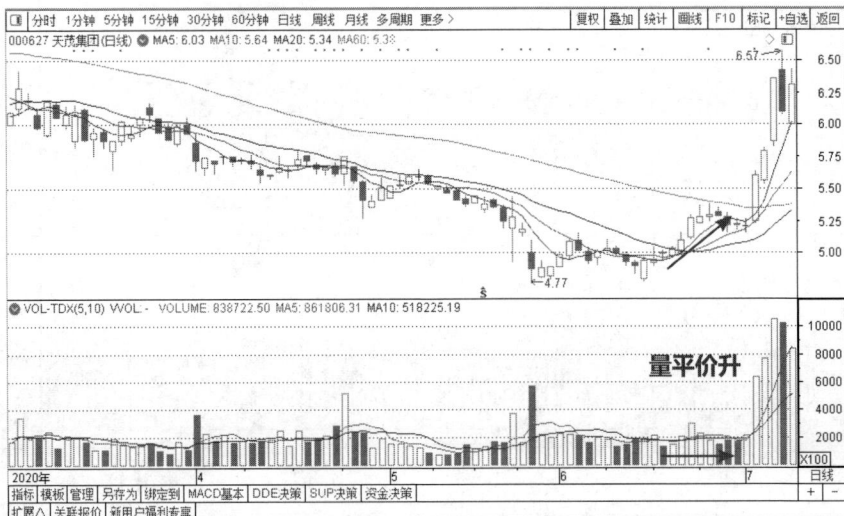

要点剖析

量平价升可以出现在不同阶段，具有的市场意义也不同，具体有以下几个方面。

◆ 量平价升出现在股价上涨初期，这时股价触底反弹，涨势基本形成。此时量能没有有效放大，股价却能持续上涨，说明场内人气较高，可以积极做多。

◆ 量平价涨出现在股价上涨途中，只要上涨趋势没有发生变化就可以继续看涨。

实例分析　海印股份（000861）量平价升抄底

海印股份2019年7月至2020年2月的K线走势如下图所示。

从下图可以看到，该股经历一波下跌行情后，股价跌至2.60元附近并在该价位线上长期横盘运行。2月初，股价突然向下急跌，创下1.92元的新低，随后K线连续收阳拉升股价，此时成交量却基本保持在同一水平波动，形成量平价升现象。

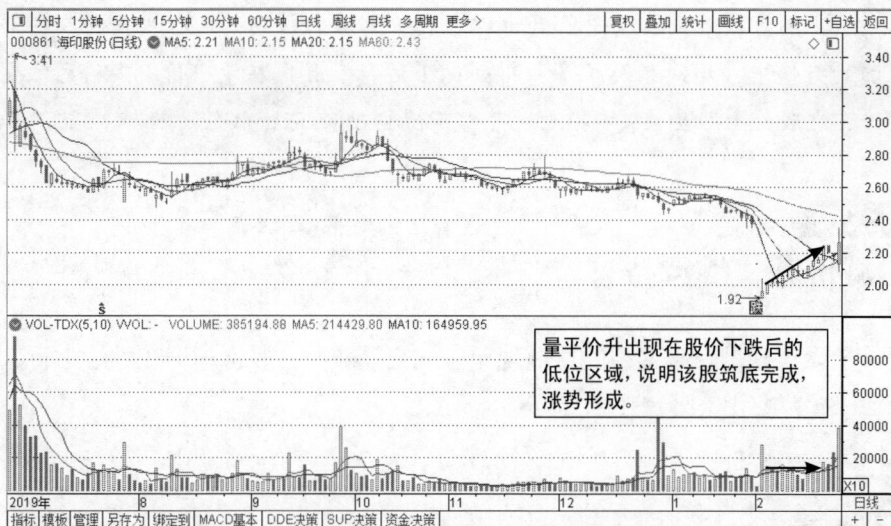

量平价升出现在股价下跌后的低位区域，说明该股筑底完成，涨势形成。

图 海印股份2019年7月至2020年2月的K线走势

量平价升出现在股价下跌后的低位区域，说明该股筑底完成，涨势形成，趋势已经发生改变，股民可以在此位置积极买进。

海印股份2020年2～7月的K线走势如下图所示。

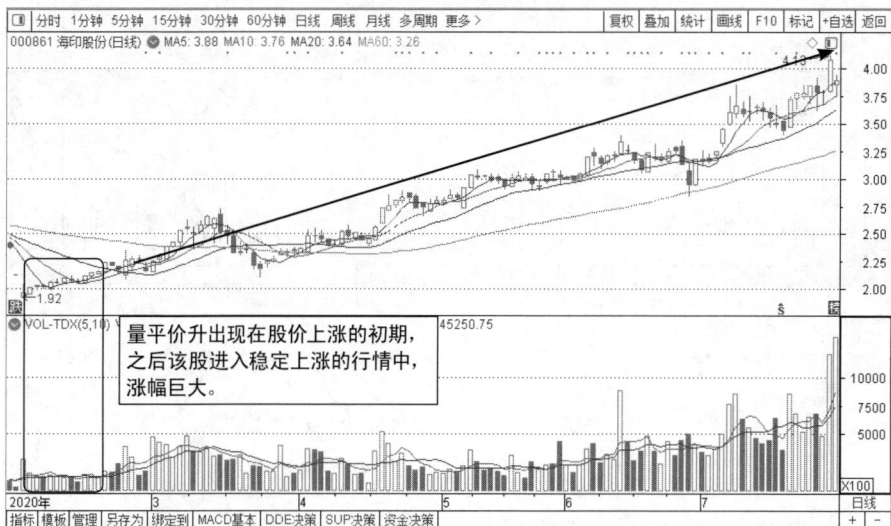

量平价升出现在股价上涨的初期，之后该股进入稳定上涨的行情中，涨幅巨大。

图 海印股份2020年2～7月的K线走势

从上图可以看到，量平价升出现在股价上涨的初期，之后该股进入稳定上涨的行情中，均线系统呈多头排列向上运行。股民在量平价升2.25元位置买进，当股价上涨至最高4.13元时可以获得83.6%的涨幅收益。

No.061
量减价升，继续持有

量减价升是一种典型的背离现象，成交量减少，股价却仍在继续上行，说明主力已经进入控盘状态。

一图展示

要点剖析

量减价升出现在不同阶段有不同的市场含义。

◆ 当量减价升出现在股价上涨初期，通常是由于场内股民对前期的下跌还有担忧，即便股价回升也不敢贸然入场，等越来越多的股民对股价见底达成共识，股价就会向上拉升。所以，短期内可能出现平盘、回落等走势。

◆ 量减价升出现在股价上升中期，说明买盘未被吸引，且刚入盘的股民并不愿意此时卖出，因此卖盘也有所减少，呈现出僵持的状态。这种情况出现后涨势会放缓，或者需要经过横盘确认才能继续上升。当确认价格在某点位出现支撑后，价格会继续上升。

实例分析 贝瑞基因（000710）量减价升买进

贝瑞基因2019年3～12月的K线走势如下图所示。

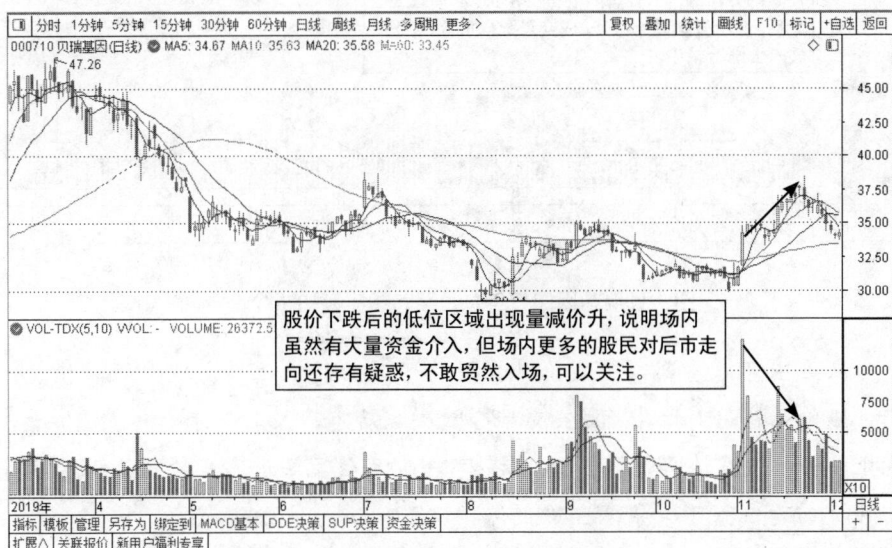

图　贝瑞基因2019年3～12月的K线走势

从上图可以看到，该股处于下跌行情中，股价从47.26元开始下跌，创下29.24元的新低后止跌小幅回升，随后继续转入下跌行情，但跌至前期低点附近止跌回升。11月，股价向上攀升，与此同时，成交量却表现缩量，呈现量减价升的走势。

在股价下跌后的低位处出现量减价升，说明场内虽然有大量资金介入，但场内更多的股民对后市走向还存有疑虑。为防止此时的股价拉升只是昙花一现，股民此时可以关注该股，等出现量增价涨明确的上涨信号时再买进。

贝瑞基因2019年11月至2020年6月的K线走势如下图所示。

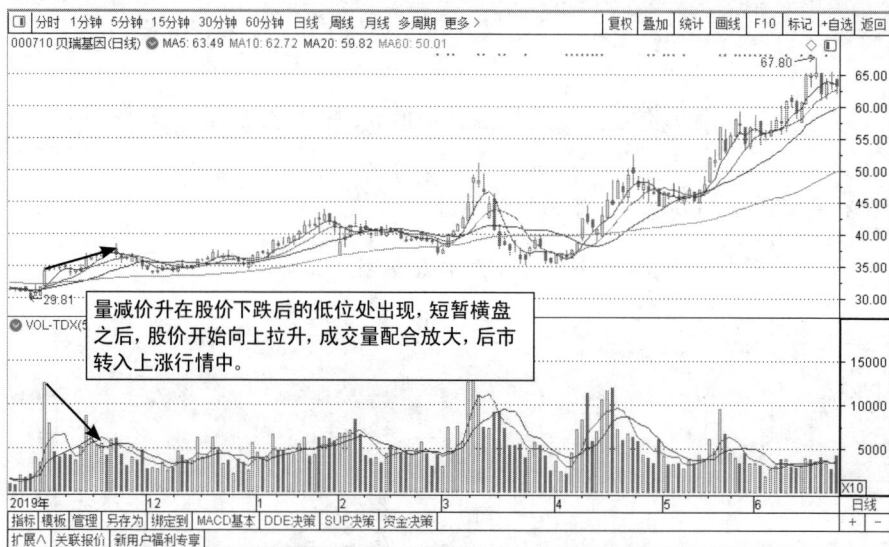

图　贝瑞基因2019年11月至2020年6月的K线走势

从上图可以看到，量减价升在股价下跌后的低位处出现，短暂横盘之后，股价开始向上拉升，成交量配合放大，后市转入上涨行情中，股价大幅向上拉升。股民在量减价升后的横盘35.00元位置买进，当股价上涨至最高67.80元时卖出，可以得到93.7%的涨幅收益。

6.2　成交量的底部信号

股价底部是每一位想要抄底的股民费心寻找的，除了K线会形成一些底部形态之外，成交量也会出现一些有规律的底部形态，抓住这些形态股民能够更精准地抓住股价底部，做好抄底操作。

本节将重点根据成交量的变化去分析个股底部，帮助股民挖掘最佳买入点。

No.062

低位连续地量

地量是相对于高位的天量而言，地量是指股市成交量极低，地量常出现在空头或多头能量衰竭时。股市地量形成的原因是没有人愿意卖出，也没有人愿意买入，股价处于极度低迷的时期。

如果连续的地量出现在股价下跌后的低位区域，说明随着股价的下跌，市场中的抛压逐步减小，由此造成成交量的不断缩量。但成交量缩量达到一定极限时，就会形成地量，出现短线抄底的机会。

一图展示

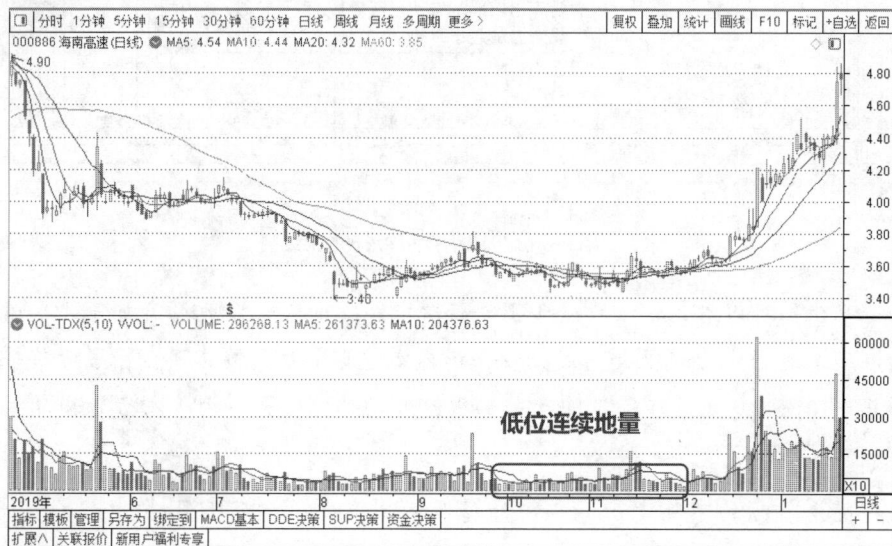

要点剖析

当低位连续地量出现，此时成交量已经处于波段下跌以来的最低水平，且股价已经开始低位横盘，或小幅反弹。这时候说明买卖双方力量逐渐趋于平衡，一旦抄底资金入场，成交量便会开始在地量水平上逐渐放大，上涨趋势就形成了。而低位地量成交区域就形成了底部。

实例分析 华西股份（000936）低位地量抄底

华西股份2019年4～12月的K线走势如下图所示。

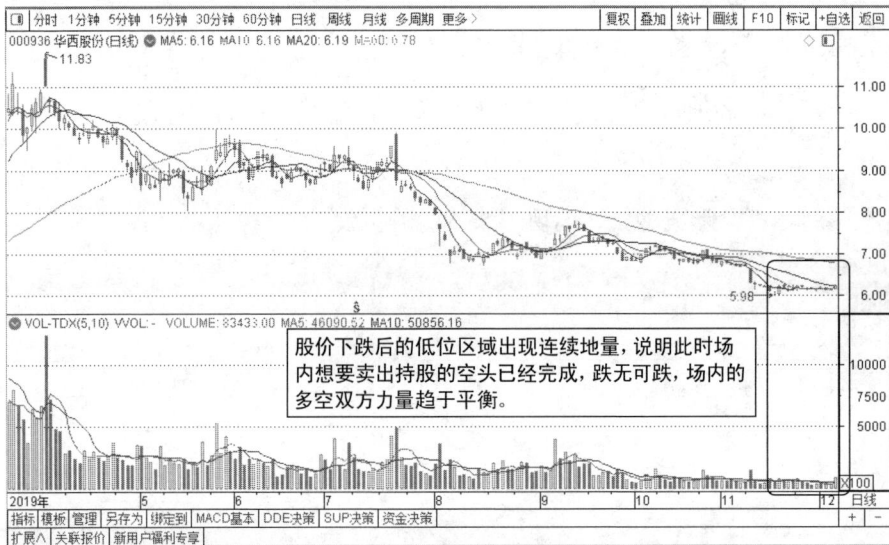

图 华西股份2019年4～12月的K线走势

从上图可以看到，该股处于下跌行情中，股价从11.83元处开始下跌。股价在下跌过程中出现很大的成交量，场内空方卖出意愿极其强烈，多方节节败退。K线形态处于连续下降的趋势中，波动跌幅较大，由于空方卖出的筹码较多，所以成交量也较大。

随着空方的不断卖出，手中的持股不断减少，打压股价的力量也逐渐消失。11月中旬，成交量已经处于波段下跌以来的最低水平，表现出连续地量，股价此时在5.00元价位线上横盘运行。这说明此时场内想要卖出持股的空头已经完成，跌无可跌，场内的多空双方力量趋于平衡，一旦有主力资金入场成交量就会开始放大，上涨趋势就开始形成。因此，股民可以在此横盘等待，一旦出现成交量放大的上涨迹象立即抄底买进。

华西股份2019年11月至2020年7月的K线走势如下图所示。

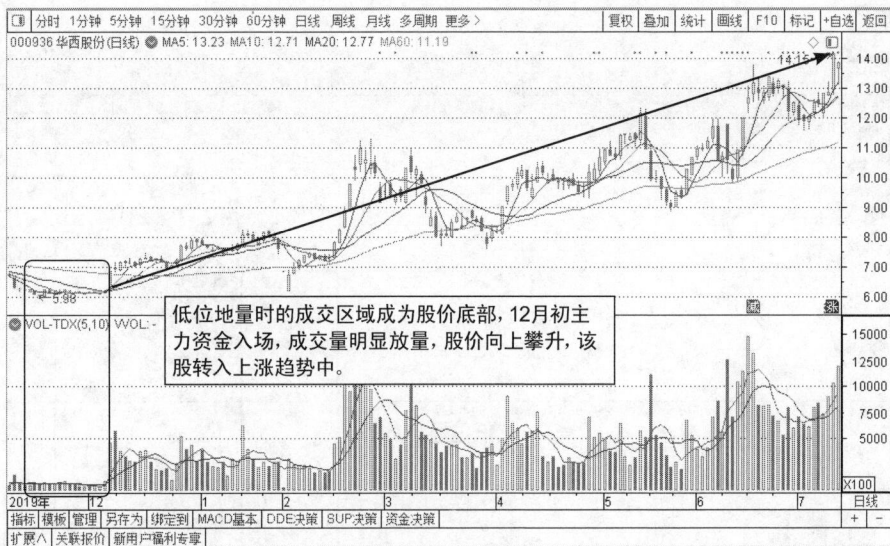

图 华西股份2019年11月至2020年7月的K线走势

从上图可以看到，低位地量时的成交区域成为股价底部，12月初主力资金入场，成交量明显放量，股价向上攀升，该股转入上涨趋势中。如果股民在横盘时6.00元附近买进，当股价上涨至14.15元时，可以获得135.8%的涨幅收益。

No.063
低位逐步放量

放量是指成交量放大，一般出现在股价趋势转折处。而低位出现逐步放量通常是主力资金介入吸筹，后期上涨的概率较大，所以股民一旦发现这种成交量变化应该立即跟进买进。

补充提示 *堆量和锯齿量*

除了我们常说的天量、地量、放量和缩量之外，成交量还有两种形态，即堆量和锯齿量。堆量是指成交量像一个堆起的土堆，高出周边的成交量。锯齿量也称为不规则成交量，是指一段时间内放出不规则且高低差距较大的成交量。

一图展示

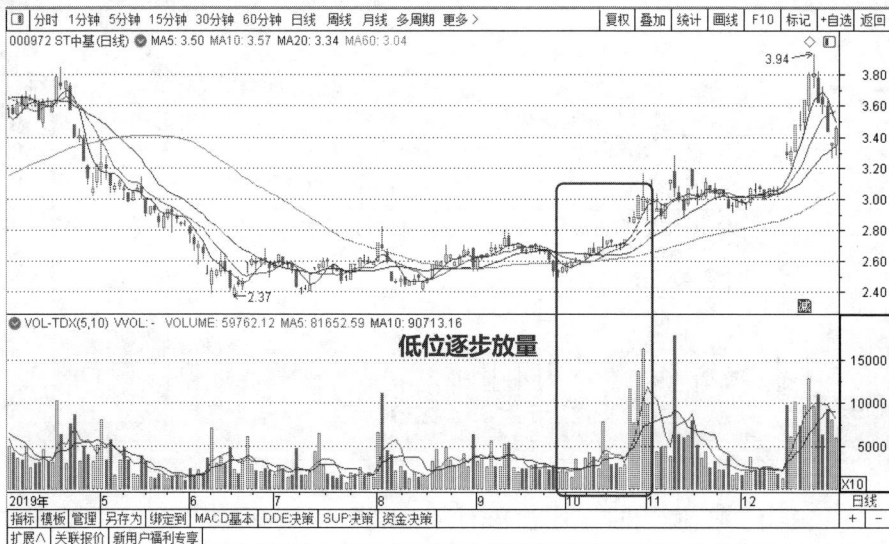

要点剖析

在整理后的底部，成交量出现逐步放量这种形态往往是股价启动的前兆，说明主力经过一段时间的筹码收集，已经能够在一定程度上控盘，所以此时主力突然打破多空平衡放量拉升股价。因此，股民可以大胆进场。

实例分析 亚厦股份（002375）低位逐步放量

亚厦股份2019年4月至2020年3月的K线走势如下图所示。

从下图可以看到，该股处于下跌行情中，股价从高位处一路下滑，跌至5.5元附近后止跌，并在5.00～6.00元区间窄幅波动，成交量逐渐趋于统一水平。

2月初，成交量逐步放量，股价向上攀升。这说明经过前期的横盘调整，主力已经收集足够的筹码，所以开始放量拉升股价，该股的趋势已经发生转变，进入上涨趋势，股民可以在此位置积极买进。

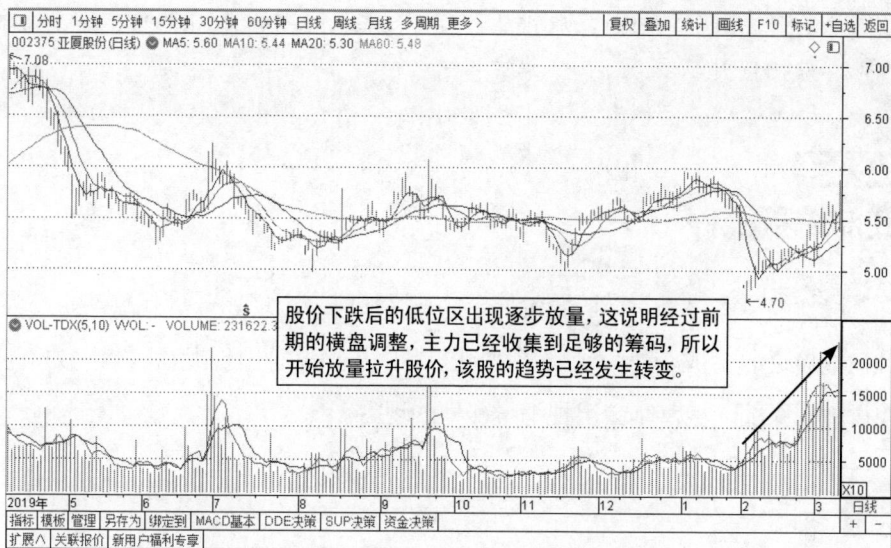

股价下跌后的低位区出现逐步放量，这说明经过前期的横盘调整，主力已经收集到足够的筹码，所以开始放量拉升股价，该股的趋势已经发生转变。

图 亚厦股份2019年4月至2020年3月的K线走势

亚厦股份2019年12月至2020年5月的K线走势如下图所示。

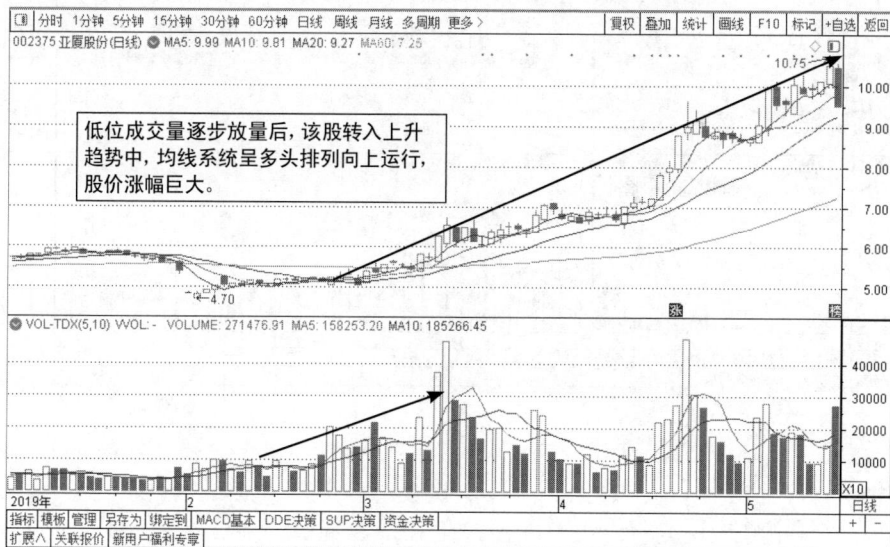

低位成交量逐步放量后，该股转入上升趋势中，均线系统呈多头排列向上运行，股价涨幅巨大。

图 亚厦股份2019年12月至2020年5月的K线走势

从上图可以看到，低位成交量逐步放量后，该股转入上升趋势中，均线系统呈多头排列向上运行。股价从5.00元附近最高上涨至10.75元，涨幅达到115%，涨幅巨大。

No.064
底部缩量涨停

底部缩量涨停是指个股股价处于底部区域时，出现一开盘就涨停的走势，且在涨停之后，成交量呈现出萎缩的迹象，几乎没有出现抛盘。当主力高度控盘时，底部区域常常会出现缩量涨停的现象。

一图展示

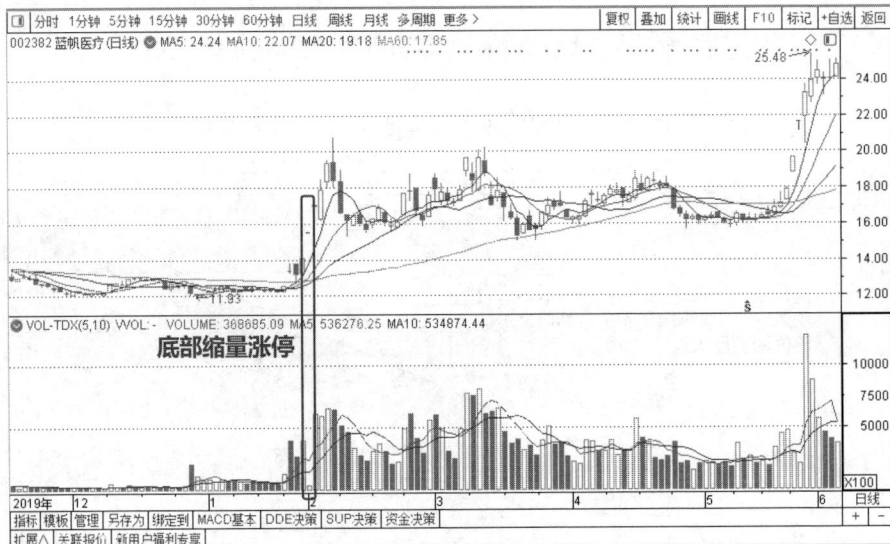

要点剖析

缩量涨停表现为一开盘就涨停，在K线表现出一字涨停，是主力资金强劲的体现。反映出绝大多数持有者对此股无强烈的抛售意向，此股便可在无较大抛压的情况下涨停，相对成交量就少一些，相对的抛压小，上涨阻力小有利于股价的上扬。

实例分析 大北农（002385）低位缩量涨停买进

大北农2019年5月至2020年1月的K线走势如下图所示。

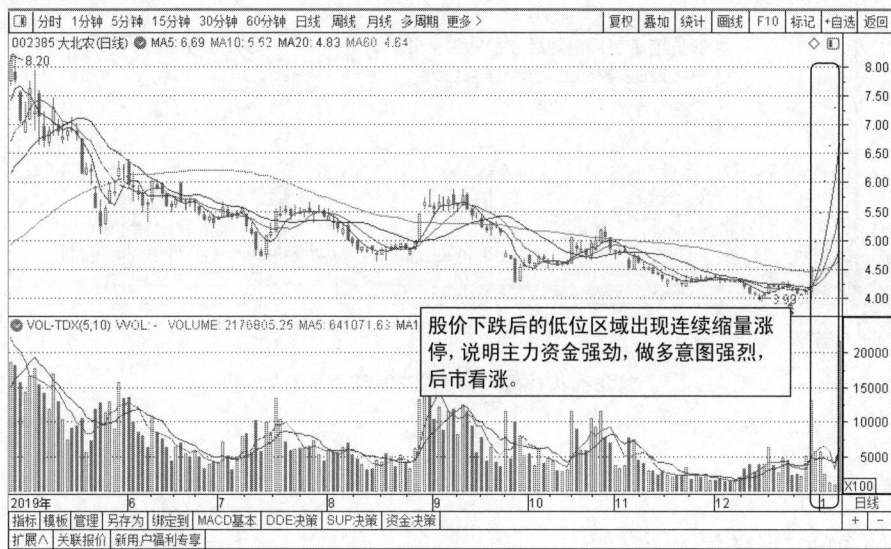

图　大北农2019年5月至2020年1月的K线走势

从上图可以看到，该股处于下跌行情中，股价从8.20元位置开始下滑，跌至4.20元附近时，股价止跌横盘运行。12月31日、1月2日、1月3日、1月6日、1月7日、1月8日K线连续收出一字涨停线，与此同时成交量表现缩量。

低位区域中的连续缩量涨停，说明主力资金强劲，做多意图强烈，后市看涨。股民可以在股价回调的低点时买进待涨。

大北农2019年12月至2020年8月的K线走势如下图所示。

从下图可以看到，低位缩量涨停出现后该股趋势转入上升趋势中，股价大幅向上攀升。如果股民在缩量涨停后的回调低位6.00元附近买进，当股价涨至12.77元时，可以获得112%的涨幅收益。

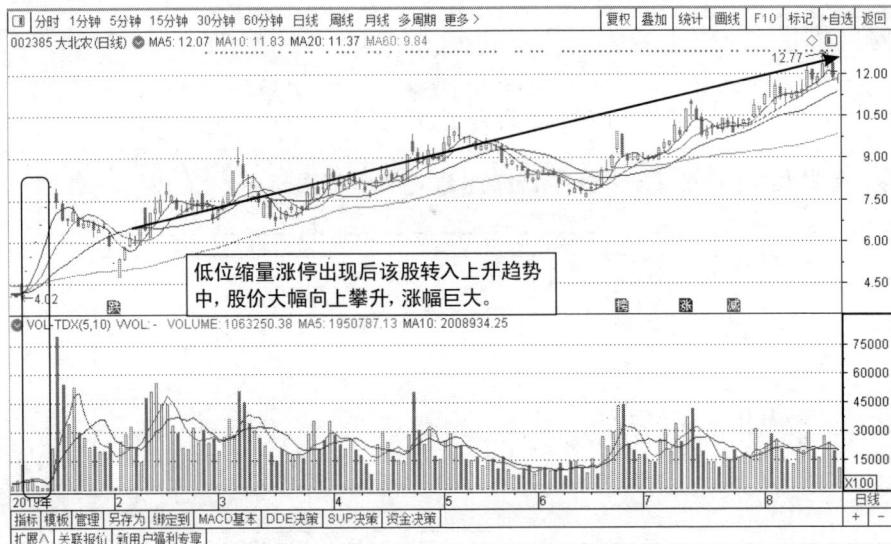

图　大北农2019年12月至2020年8月的K线走势

No.065
低位放量缩量再放量

低位放量缩量再放量是指股价下跌后的低位区域成交量先是放量，随后表现缩量，当成交量再次放量时为股民买入该股的好机会。

这是因为股价经过长期下跌后，在低位区域如果成交量表现放量，说明有实力强劲的主力机构介入，放量后的缩量是主力为了后市拉升在洗盘清理浮筹。当成交量再次放量时则说明洗盘结束，股价拉升在即，此时为股民介入的好机会。

补充提示 *低位缩量*

低位缩量是指股价处于一个底部区域，成交量相较于前些交易日出现明显的萎缩现象。

一图展示

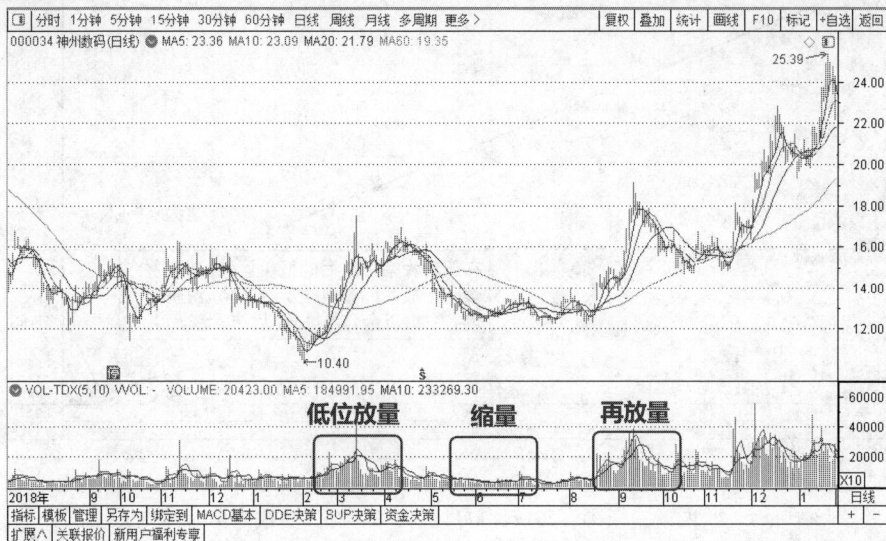

要点剖析

利用成交量低位放量缩量再放量的特点做买入操作时要注意以下几点。

◆ 股价需要经过长期下跌，且跌幅较深。

◆ 股价下跌底部区域波动逐渐减少，常收出小阴线或小阳线。

◆ 短期均线和中期均线开始向上拐头，长期均线有走平向上的趋势，说明该股的下跌趋势即将转变。

实例分析 **中信国安（000839）低位放量缩量再放量买入**

中信国安2017年11月至2019年2月的K线走势如下图所示。

从下图可以看到，该股处于下跌趋势中，股价从14.19元开始下跌，跌至2.76元后止跌横盘运行，跌幅达到80.5%，跌幅较大。

2018年11月至2019年2月，股价在3.00元附近横盘运行期间，成交量表现出放量—缩量—放量，说明场内有主力资金介入，股价后市看涨。股民应该在成交量再次放大时买入。

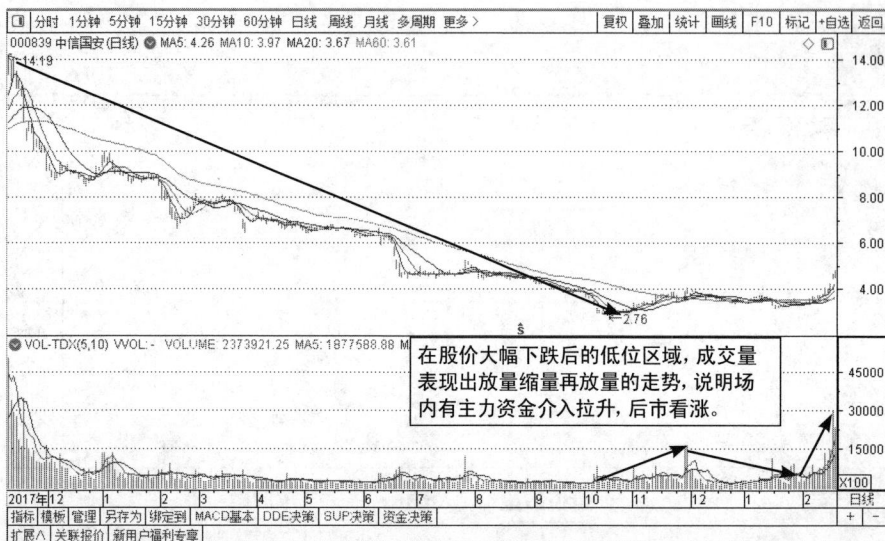

在股价大幅下跌后的低位区域,成交量表现出放量缩量再放量的走势,说明场内有主力资金介入拉升,后市看涨。

图　中信国安2017年11月至2019年2月的K线走势

中信国安2018年10月至2019年3月的K线走势如下图所示。

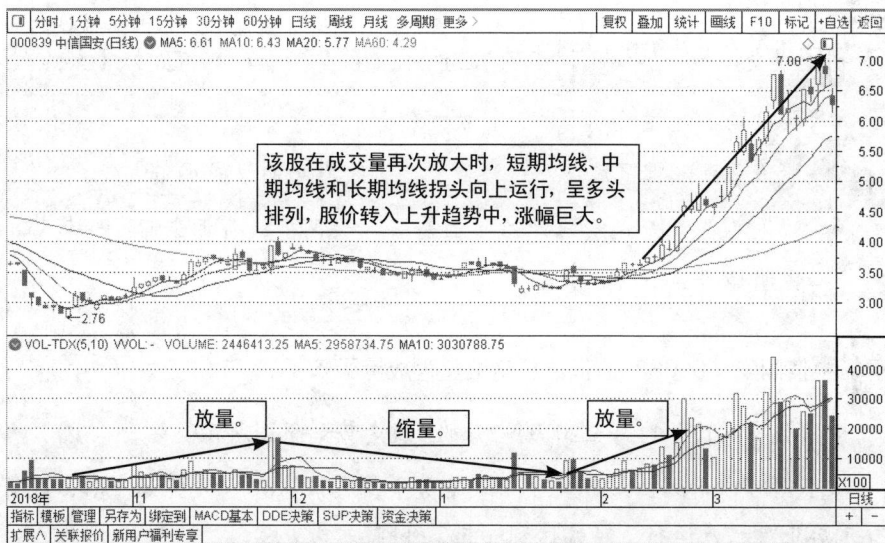

该股在成交量再次放大时,短期均线、中期均线和长期均线拐头向上运行,呈多头排列,股价转入上升趋势中,涨幅巨大。

放量。　　　　　缩量。　　　　　放量。

图　中信国安2018年10月至2019年3月的K线走势

从上图可以看到,该股在成交量再次放大时,短期均线、中期均线和长期均线拐头向上运行，呈多头排列，股价转入上升趋势中。如果股民在成交量再次放量时的3.50元附近买进，当股价涨至7.08元时，可以获得102.3%的涨幅收益。

No.066
底部巨量大阴线抄底

股价大幅下跌后的底部区域出现巨量大阴线往往意味着空方最后的宣泄，可能是主力借机打压，也有可能是散户因为恐慌情绪而出现的抛盘。

个股在底部运行，此时手中持有筹码的股民多为套牢者，一旦盘内出现巨量大阴线就会让他们产生股价深不见底的错觉，由此造成恐慌性抛盘。但有的主力正是利用股民的这种心理，在底部刻意制造巨量大阴线，为后期吸筹做准备。因此，底部巨量大阴线非但不是股价继续下跌的信号，反而是捕捉主力动态的信号，一旦出现，股民可以抄底，等待后期拉升。

一图展示

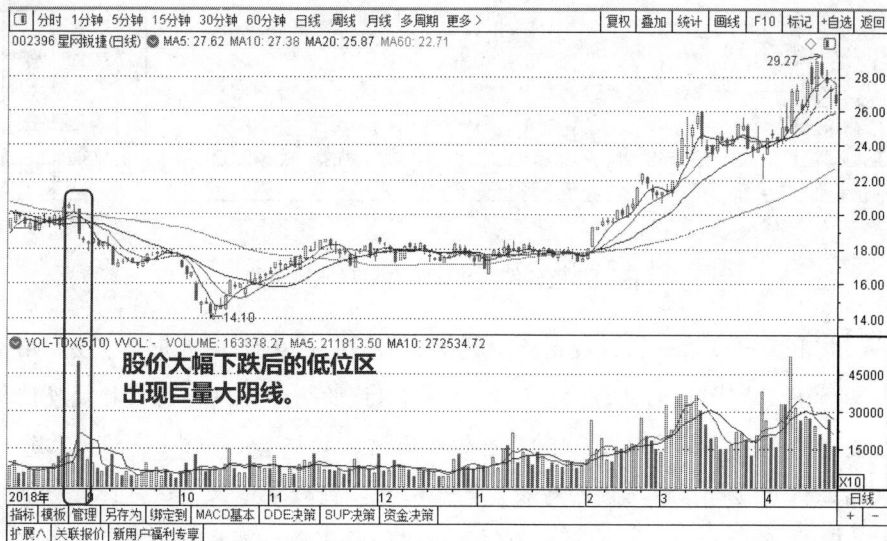

股价大幅下跌后的低位区出现巨量大阴线。

要点剖析

底部巨量大阴线通常具备以下特征。

◆ 底部巨量大阴线通常由一根或多根长阴线组成。

◆ 该根大阴线不仅实体较长，而且跌幅也较大，一般都在6%以上，目的是制造恐慌气氛。

◆ 底部巨量大阴线出现后，股价止跌回升时为股民的买入机会。

实例分析 双象股份（002395）低位巨量大阴线买进

双象股份2018年5～11月的K线走势如下图所示。

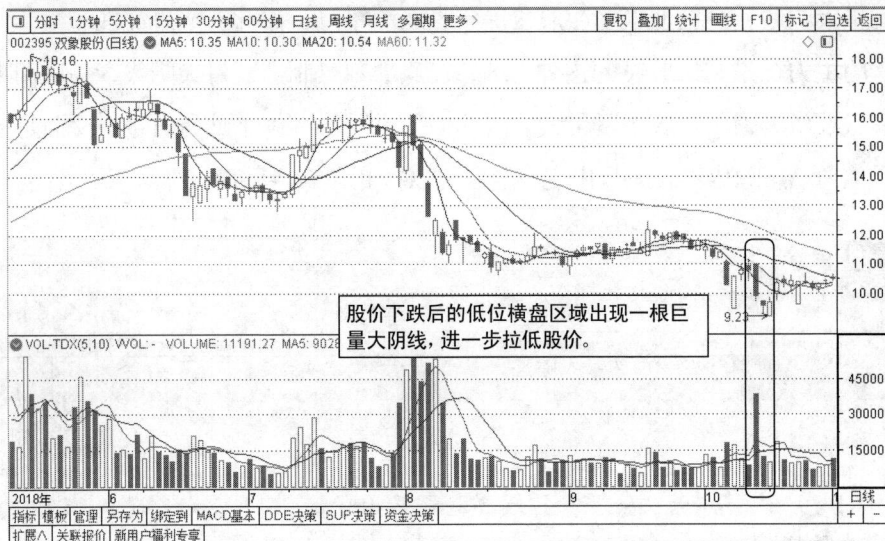

图 双象股份2018年5～11月的K线走势

从上图可以看到，该股处于下跌走势中，股价从18.18元开始下跌，跌至11.00元价位线附近后止跌横盘。10月11日K线收出一根跌停阴线打破股价横盘走势的平衡，股价跌至10.50元价位线附近，紧接着K线收出一根大阳线止跌向上拉升股价，使场内的持股者开始幻想。但好景不长，10月17日一根跌幅为8.17%的巨量大阴线出现，使得股价进一步下跌，跌至9.50元附近。

10月19日股价低开高走，收出一根中阳线，股价止跌小幅回升，短期均线拐头向上，中期均线走平。这说明主力的大阴线震荡洗盘已经结束，后市该股将转入上涨行情中，股民可以在此位置抄底介入。

双象股份2018年10月至2019年6月的K线走势如下图所示。

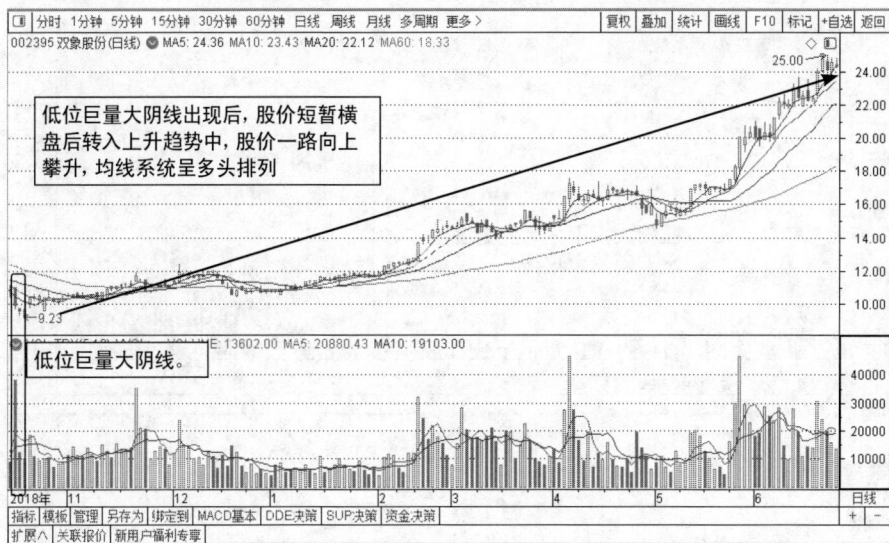

图 双象股份2018年10月至2019年6月的K线走势

从上图可以看到，该股在10.00元价位线上短暂横盘后转入上升趋势中，股价一路向上攀升，均线系统呈多头排列。由此可见，前期股价低位区域中的巨量大阴线为主力震荡洗盘的手段，目的在于清理盘内浮筹，拉升股价。如果股民在10.00元位置抄底介入，当股价上涨至25.00元时，可以获得150%的涨幅收益。

No.067
底部巨量大阳线抄底

底部巨量大阳线抄底是指股价在下跌后的低位区域出现巨量大阳线，表示多方突然爆发，股价有触底回升的迹象，此时股民可以适量抄底。

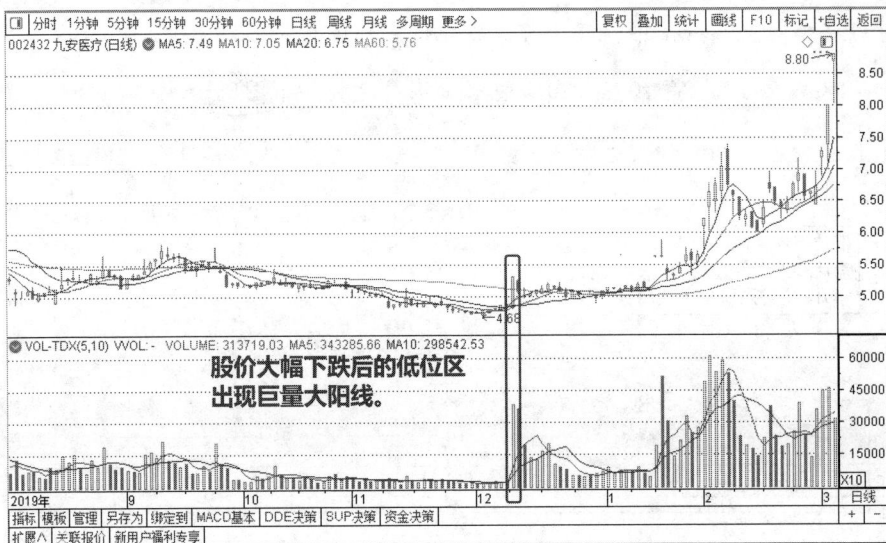

股价大幅下跌后的低位区
出现巨量大阳线。

**要点
剖析**

利用底部巨量大阳线抄底时要注意以下几点。

◆ 出现底部巨量大阳线之前，股价需要在底部经过较长时间的盘整，
此时大阳线的看涨信号更强，后市的上涨空间也更大。

◆ 巨量大阳线的实体越长，看涨的信号也越强。

◆ 如果大阳线没有形成上下影线，为光头光脚大阳线，通常后市会出
现比较大的上涨空间。

◆ 如果巨量大阳线一举击穿多根均线，则看涨信号更强。

**实例
分析** 以岭药业（002603）低位巨量大阳线买进

以岭药业2018年5月至2020年1月的K线走势如下图所示。

从下图可以看到，该股处于下跌行情中，股价从17.55元高位处向下滑
落，跌至9.91元后止跌横盘运行一段时间后回升。但此次回升并没持续太

久，股价涨至14元附近后止涨再次下落，跌至10元价位线后止跌回升，然后在11～12元区间做窄幅运动。

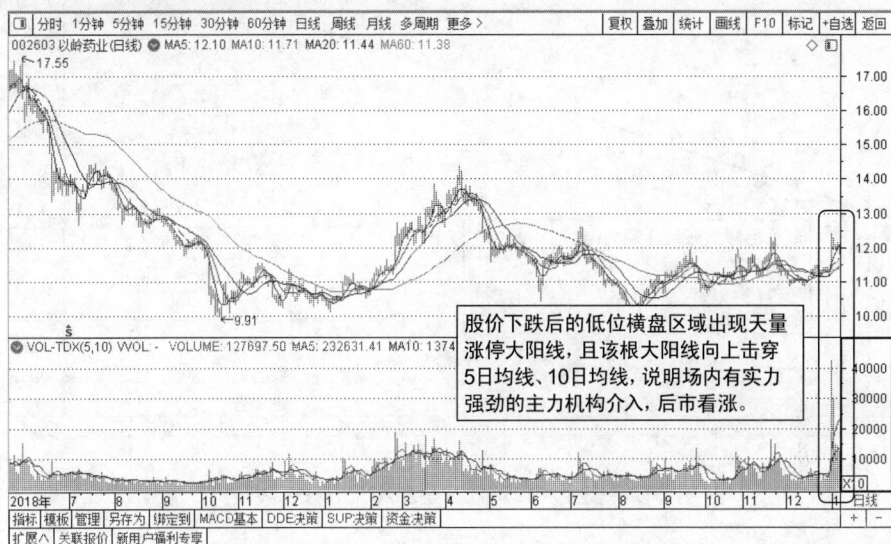

图　以岭药业2018年5月至2020年1月的K线走势

2019年12月31日，K线收出一根天量涨停大阳线，且该大阳线向上击穿5日均线、10日均线，使其纷纷拐头向上运行，此时成交量向上大幅突破5日成交量均线和10日成交量均线。

这说明场内有实力强劲的主力机构介入，该股的趋势即将发生转变，有回升的迹象，股民可以在大阳线附近抄底买进。

以岭药业2019年12月至2020年4月的K线走势如下图所示。

从下图可以看到，底部巨量大阳线出现后，该股均线由之前的缠绕运行逐渐发散开来，向上运行，股价转入上升趋势中，股价一路向上攀升，涨势明显，涨幅巨大。

如果股民在巨量大阳线出现后的12.00元附近买进该股，当股价上涨至41.69元时，可以得到247%的涨幅收益。

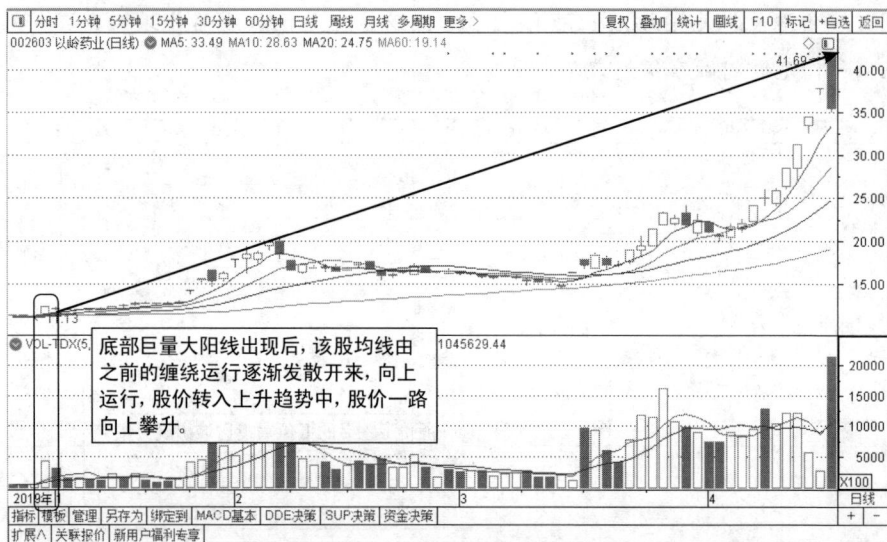

底部巨量大阳线出现后，该股均线由之前的缠绕运行逐渐发散开来，向上运行，股价转入上升趋势中，股价一路向上攀升。

图　以岭药业2019年12月至2020年4月的K线走势

第 **7** 章
技术抄底入门

借助常见技术指标分析

技术指标分析是炒股技术面分析中的一个重要内容，股民有必要仔细学习并掌握常见技术指标的使用方法。技术指标是由价格、成交量和涨跌股只数等数据的计算得到的，技术指标有很多，本章将重点介绍其中比较常用的一些技术指标。

No.068 MACD指标的意义

No.069 DIF和DEA在0轴上方并向上运行

No.070 MACD的黄金交叉

No.071 红柱线持续放大

No.072 MACD与股价底背离抄底

No.073 认识KDJ随机指标

No.074 KDJ超卖区买入

No.075 KDJ金叉买入信号

......

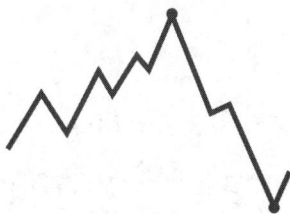

7.1 MACD 指标抄底信号分析

MACD 称为异同移动平均线，是股民炒股分析中比较常用的一个技术指标，受到广大股民的喜爱与信赖，素有"指标之王"的美称。

No.068
MACD指标的意义

MACD 指标主要由两线一柱组成，分别为快线 DIF、慢线 DEA 和柱状线 MACD。两线一柱在相同行情下会形成不同的走势，反映出不同的投资信号。

一图展示

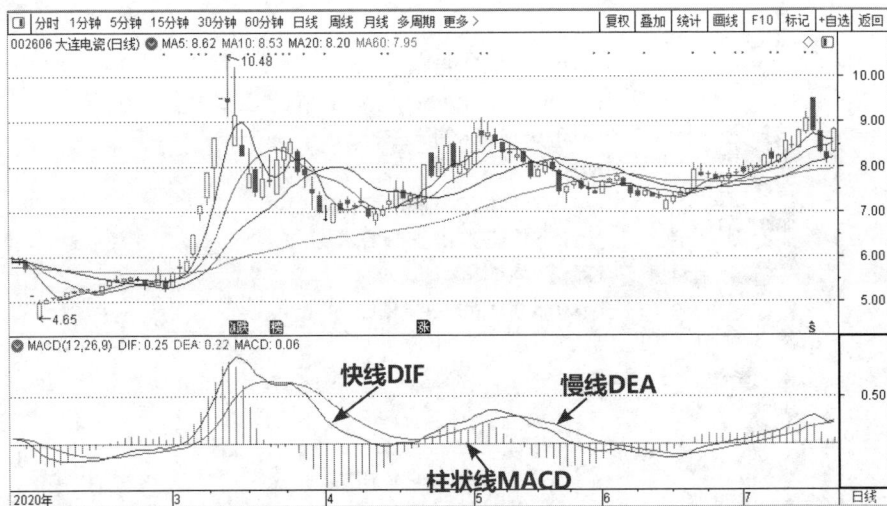

要点剖析

其中快线 DIF、慢线 DEA 和柱状线 MACD 的意义分别如下。

◆ **快线DIF**：DIF是指12日指数平均数与26日指数平均数的差值。我国早期股市中一周有6个交易日，两周则为12个交易日，一个月则为26

个交易日。因为DIF取值间隔时间较短，图形波动比较快，所以又称为快线。

◆ **慢线DEA**：DEA是在DIF的基础上运用EMA的算法得到的结果，因其取值的间隔时间稍长，图形波动较为平缓，所以称为慢线。

◆ **柱状线MACD**：柱状线MACD是根据DIF减去DEA的差值再乘以2得到的数值绘制而成的。在行情软件中以柱状线的形式显示，处于0轴上方为红色柱状线，说明此时市场中多头占据优势；处于0轴下方为绿色柱状线，说明此时市场内空头占据优势。

No.069
DIF和DEA在0轴上方并向上运行

DIF 曲线和 DEA 曲线同时运行在 0 轴上方，表示当前市场为多头市场。如果此时 DIF 和 DEA 均向上运行，说明该股上升趋势未变，后市仍然看涨。

一图展示

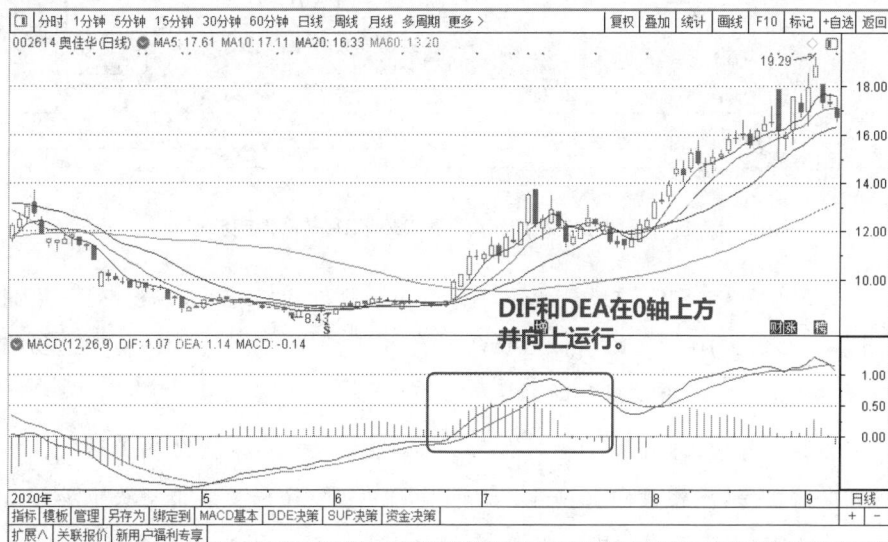

要点剖析

当 DIF 线和 DEA 线先后上穿 0 轴，这说明该股已经由空头市场转为多头市场，当 DEA 线上穿 0 轴时可以适量买进。在股价向上运行的过程中，DIF 线和 DEA 线保持在 0 轴上方运行，股价下跌，DIF 线和 DEA 线掉头向下，只要不向下穿破 0 轴就可以继续持有，此时很可能是上涨过程中的短期回调。

实例分析 克朋面业（002661）DIF和DEA在0轴上方并向上运行

克朋面业2019年4月至2020年2月的K线走势如下图所示。

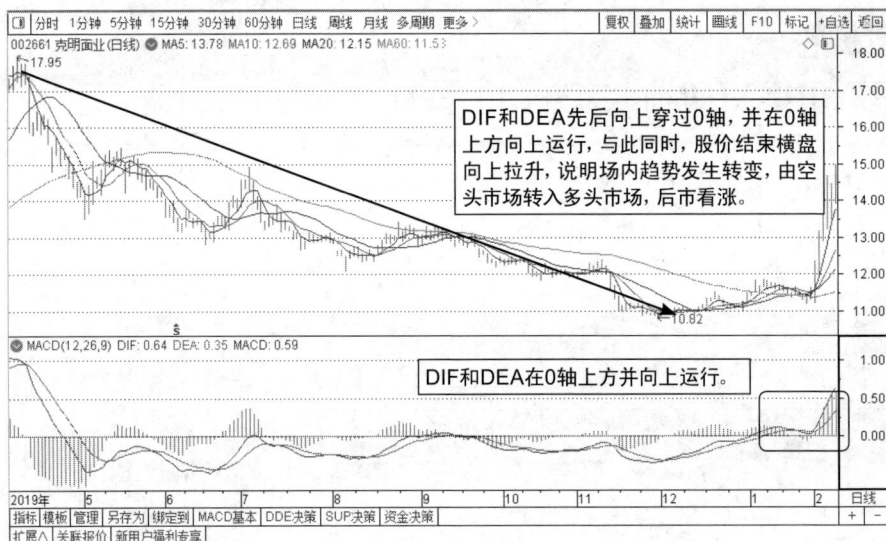

图　克朋面业2019年4月至2020年2月的K线走势

从上图可以看到，该股处于下跌行情中，股价从17.95元的高位处一路向下滑落，在创出10.82元的新低后止跌横盘运行。与此同时，DIF和DEA拐头向下，从0轴上方向下运行，随后保持在0轴下方。

2020年1月初，DIF和DEA先后向上穿过0轴，并在0轴上方向上运行，与此同时，股价结束横盘向上拉升，说明场内趋势发生转变，由空头市场转入多头市场，后市看涨。股民可以在DEA向上穿越0轴时买进，持股待涨。

克朋面业2019年12月至2020年8月的K线走势如下图所示。

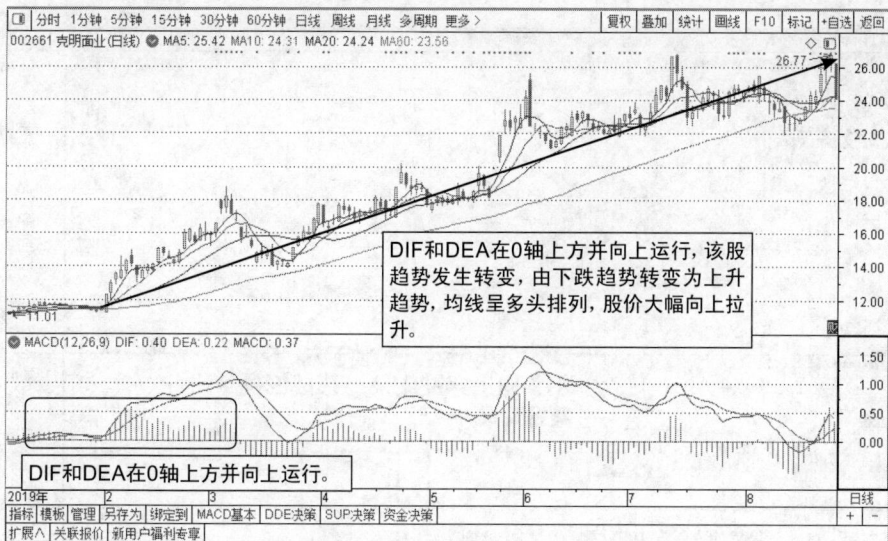

图　克朋面业2019年12月至2020年8月的K线走势

从上图可以看到，DIF和DEA在0轴上方并向上运行，该股趋势发生转变，由下跌趋势转变为上升趋势，均线呈多头排列，股价大幅向上拉升。如果股民在DEA上穿0轴时的12.00元附近买进，当股价上涨至26.77元时可以得到123%的涨幅收益。

No.070

MACD的黄金交叉

当DIF由下向上突破DEA形成的交叉为黄金交叉，是买入信号。当黄金交叉发生在0轴下方时，为低位黄金交叉，说明市场由弱转强，股价将止跌回升，股民可以放心买进。当黄金交叉发生在0轴上方，为高位黄金交叉，说明市场正处于强势行情中，后市可能还将持续向上发展，股民此时可以适量跟进，博短线上涨行情。

一图展示

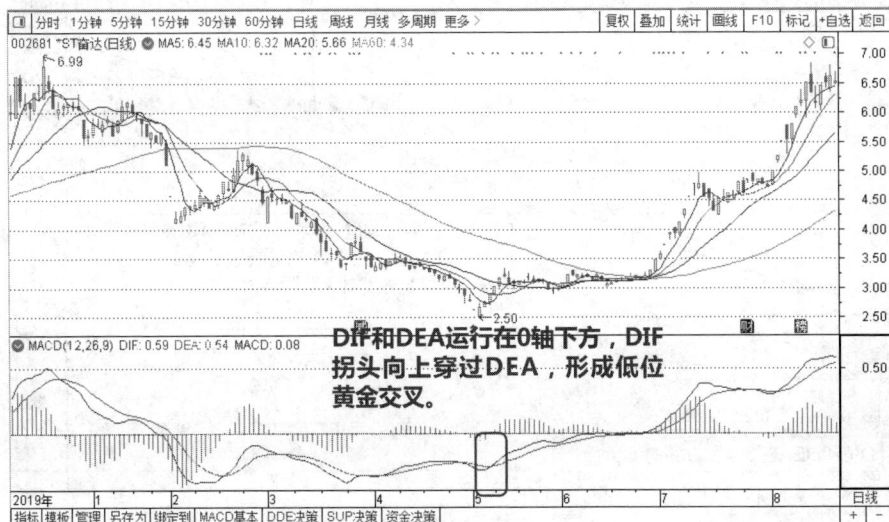

DIF和DEA运行在0轴下方，DIF拐头向上穿过DEA，形成低位黄金交叉。

要点剖析

低位黄金交叉是典型的买入信号，说明市场由弱转强，如果低位黄金交叉出现后，DIF 和 DEA 并没有快速向上穿破 0 轴，则后市上涨的可能性不大。

高位黄金交叉是行情继续强势上涨的信号，但如果高位金叉出现后，DIF 和 DEA 并没有出现明显向上的趋势，则应及时出逃，说明股价很可能在短时间内转入下跌行情。

实例分析 龙大肉食（002726）低位黄金交叉出现买进

龙大肉食2019年7月至2020年4月的K线走势如下图所示。

从下图可以看到，该股处于下跌趋势中，股价从13.90元高位处一路下跌，跌至7.00元价位线后止跌，小幅回升至8.00元附近。随后再次掉头下跌，但跌势渐缓，跌至7.00元价位线后止跌，并在该价位线上下波动。

此时，观察MACD发现DIF和DEA从0轴上方向下运行，穿过0轴并保持在0轴下方运行。3月底，DIF拐头向上穿过DEA，形成低位黄金交叉，紧接着DIF和DEA向上运行穿过0轴。

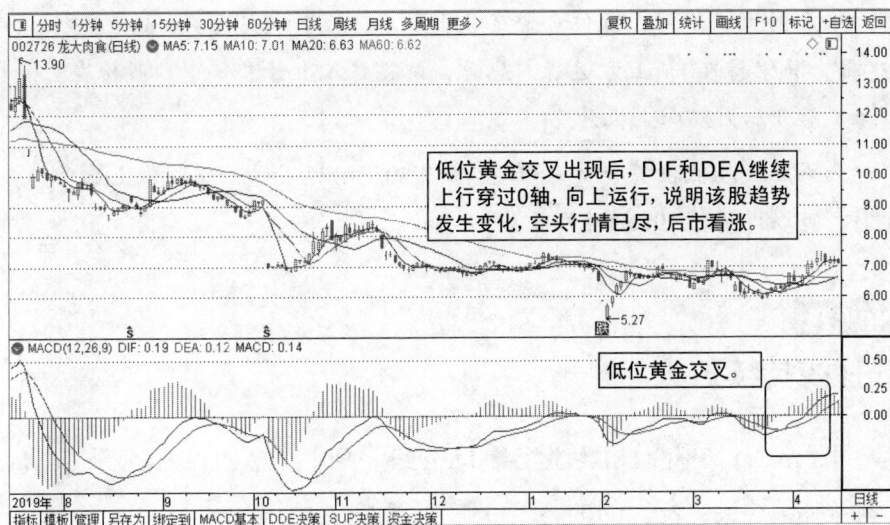

低位黄金交叉出现后，DIF和DEA继续上行穿过0轴，向上运行，说明该股趋势发生变化，空头行情已尽，后市看涨。

低位黄金交叉。

图　龙大肉食2019年7月至2020年4月的K线走势

由此可见，该股的趋势发生转变，由下跌趋势转入上升趋势中，后市看涨，此时为股民抄底的好机会。

龙大肉食2020年3～9月的K线走势如下图所示。

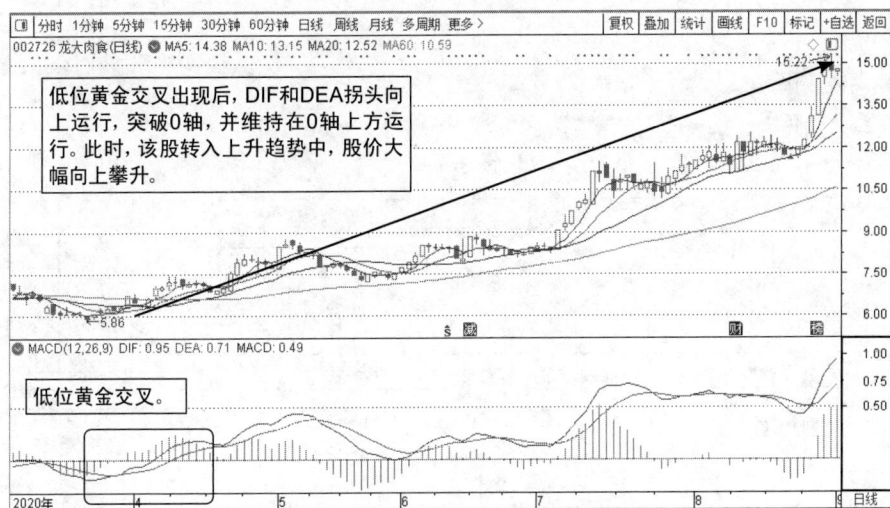

低位黄金交叉出现后，DIF和DEA拐头向上运行，突破0轴，并维持在0轴上方运行。此时，该股转入上升趋势中，股价大幅向上攀升。

低位黄金交叉。

图　龙大肉食2020年3～9月的K线走势

从上图可以看到，低位黄金交叉出现后，DIF和DEA拐头向上运行，突破0轴，并维持在0轴上方运行。此时，该股转入上升趋势中，股价在5.86元处触底后开始大幅向上拉升。

如果股民在低位黄金交叉出现后的7.50元附近买进，当股价上涨至15.22元时，可以得到102.9%的涨幅收益。

No.071
红柱线持续放大

当MACD指标的DIF线运行在DEA线上方时，MACD柱线显示为红色，红柱线持续放大，表示DIF曲线在向上远离DEA曲线。

一图展示

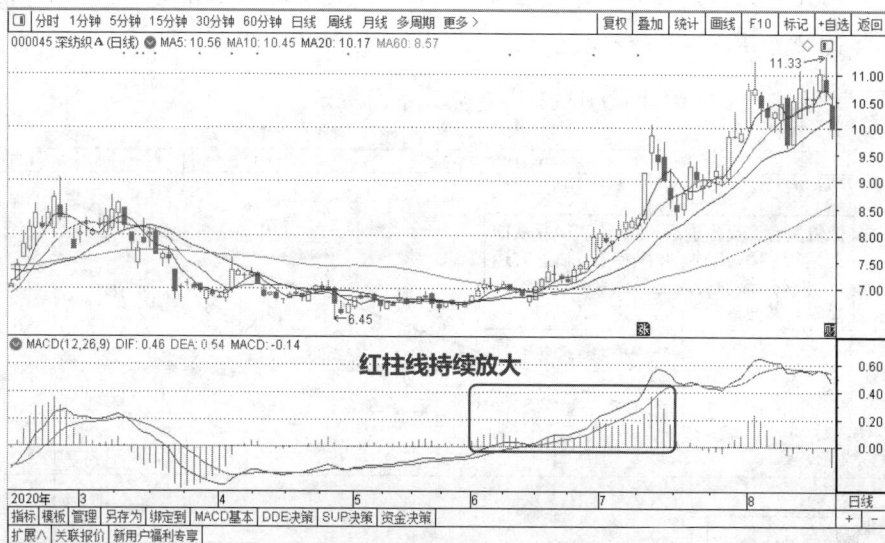

要点剖析

MACD的柱状线由绿转红，说明场内空头势力衰竭，多头占据优势，股价有止跌回升的趋势。当红柱线持续放大，说明股价上涨的动力强劲，后市继续看涨。但是当柱状线增大到一定程度时可能会发生逆转。

实例分析 天健集团（000090）红柱线持续放大

天健集团2019年4月至2020年4月的K线走势如下图所示。

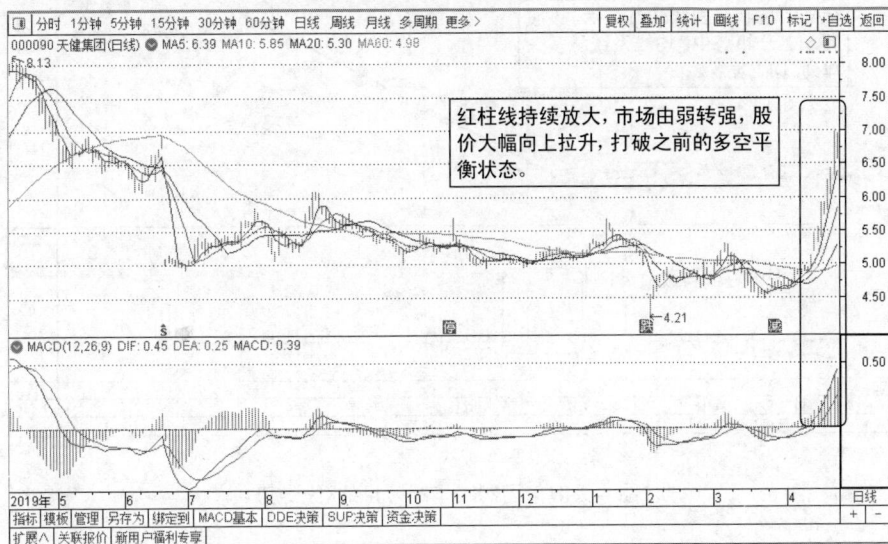

图　天健集团2019年4月至2020年4月的K线走势

从上图可以看到，该股处于下跌行情中，股价从8.13元一路下跌，跌至5.00元价位线后止跌，并在该价位线上下波动运行。与此同时，MACD红绿柱线一直在0轴上变换运行，说明多空双方实力均衡，市场处于平衡状态。

2020年4月初，MACD柱线由绿转红，且呈现出持续放大的趋势，与此同时，股价大幅向上拉升，打破之前的平衡局面。说明场内有实力强劲的主力机构入场拉升股价，后市看涨。股民可以在此位置积极买进。

天健集团2020年2~7月的K线走势如下图所示。

从下图可以看到，4月初MACD柱状线由绿转红之后，该股转入上升趋势中，均线系统呈多头排列，向上发展。股价从5.00元价位线附近向上攀升，涨至6.50元附近横盘调整一段时间后继续上涨，最高涨至9.83元。

如果股民在发现红柱线持续放大时的8.00元附近买进，当股价上涨至9.83元时可以得到22.9%的涨幅收益。

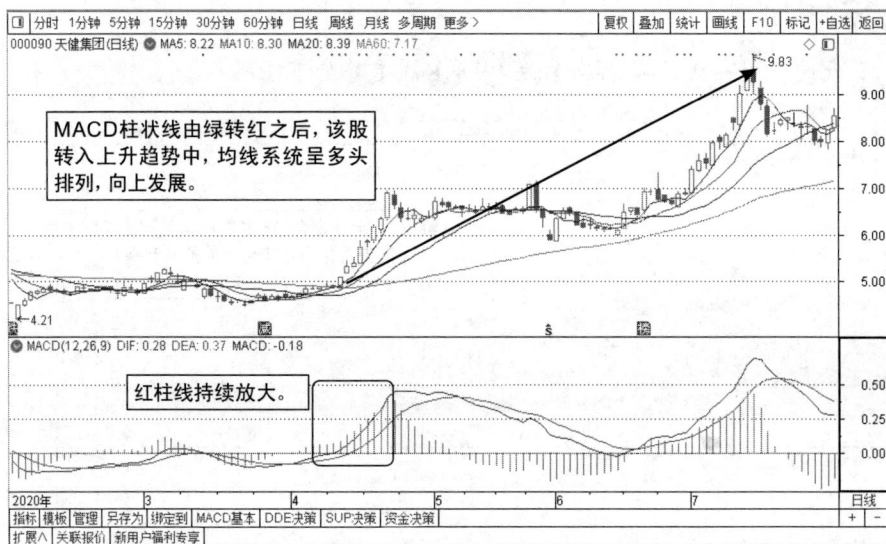

图　天健集团2020年2～7月的K线走势

No.072

MACD与股价底背离抄底

在股价大幅下跌后的低位区域，股价形成明显的两个低点，且后一低点明显低于前一低点，呈水平向下的趋势。与此同时，MACD 的 DIF 线拐头向上运行，形成两个低点，且后一低点明显高于前一低点，呈水平向上的趋势，由此形成 MACD 与股价的底背离现象。

MACD 与股价的底背离是典型的行情见底信号，预示着股价在低位可能反转向上的信号，表明股价短期内可能反弹向上，是短期买入股票的信号。因此，MACD 与股价的底背离是股民抄底的好机会，一旦发现，股民要果断积极买进入场。

一图展示

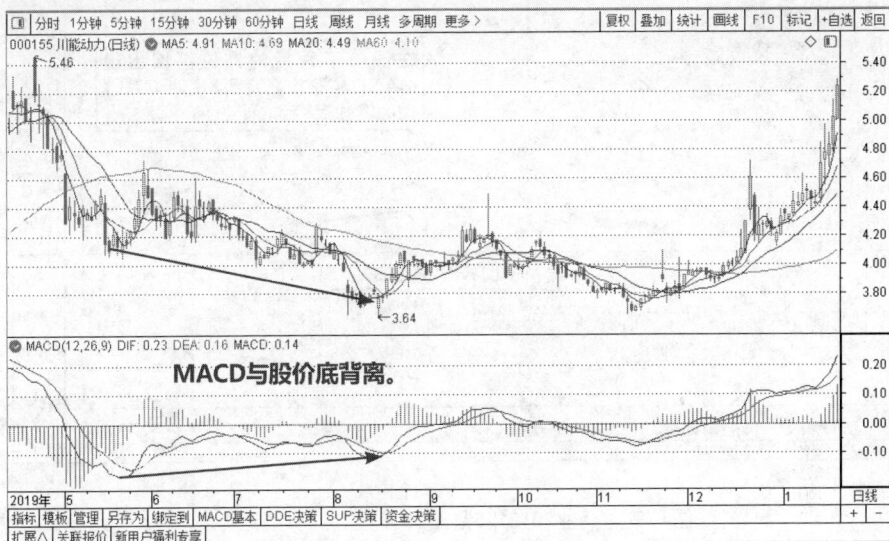

MACD与股价底背离。

要点剖析

在实战中，背离情况可能会出现二次底背离，甚至三次底背离，即股价和 DIF 线同一时间内创出 3 个或 3 个以上的低点，且低点连线呈背离。通常情况下，底背离次数越多，股价上涨的速度和幅度也就越大。

实例分析 贝达药业（300558）MACD与股价底背离抄底

贝达药业2018年5月至2019年2月的K线走势如下图所示。

从下图可以看到，该股处于下跌行情中，股价从72.65元高处向下滑落，跌至30.00元附近后止跌，小幅回升至40.00元附近后止涨再次下跌，创出27.02元的新低后止跌横盘，形成两个低点，且呈水平向下的趋势。

此时，MACD的DIF线在0轴下方拐头向上运行，形成两个低点，且后一低点明显高于前一低点，呈水平向上的趋势。由此，MACD与股价形成典型的底背离形态，说明该股的这一轮下跌行情即将结束，后市将迎来一波上涨行情，股民可以在此位置抄底买进。

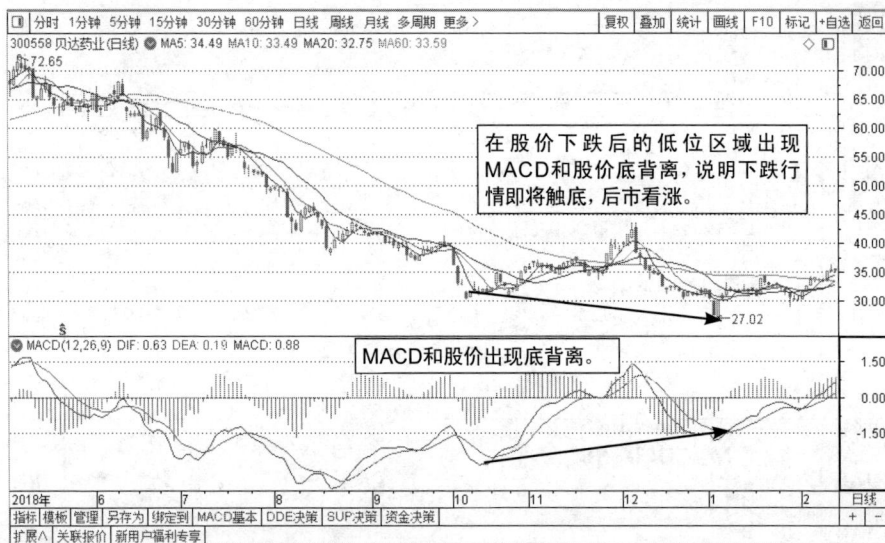

图　贝达药业2018年5月至2019年2月的K线走势

贝达药业2018年10月至2019年11月的K线走势如下图所示。

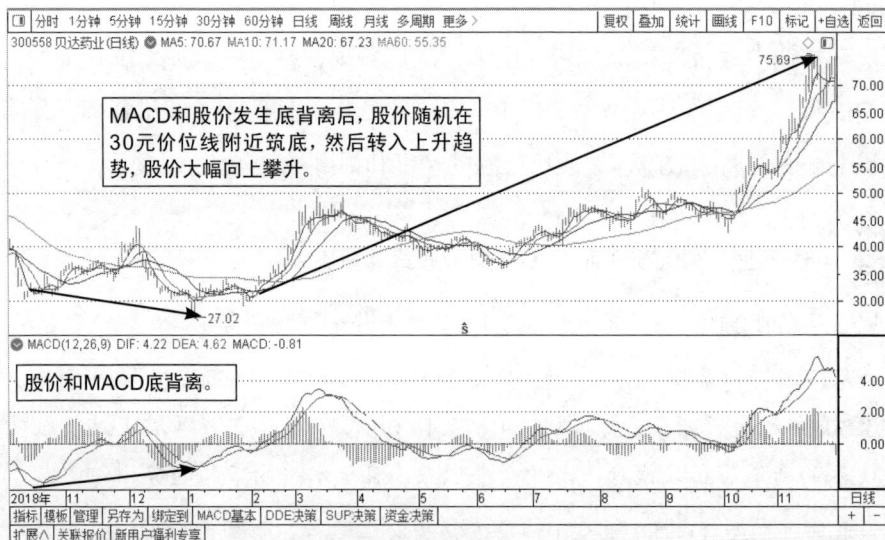

图　贝达药业2018年10月至2019年11月的K线走势

从上图可以看到，MACD和股价发生底背离后，股价随即在30.00元价位线附近筑底，然后转入上升趋势中，股价大幅向上攀升。如果股民在底背离出现时的30.00元附近抄底买进，当股价涨至75.69元时，可以获得152.3%的巨大涨幅收益。

7.2 KDJ 指标捕捉买入信号

KDJ 指标通过当日或最近几日的最高价、最低价以及收盘价等波动情况来反映价格趋势的强弱变化，它是股民判断买卖机会的常用指标之一。

No.073
认识KDJ随机指标

KDJ 指标又称为随机指标，是一种比较实用的技术分析指标。KDJ 指标由 K 线、D 线和 J 线 3 条曲线构成，3 条曲线各带一个参数，表示指标的周期。

一图展示

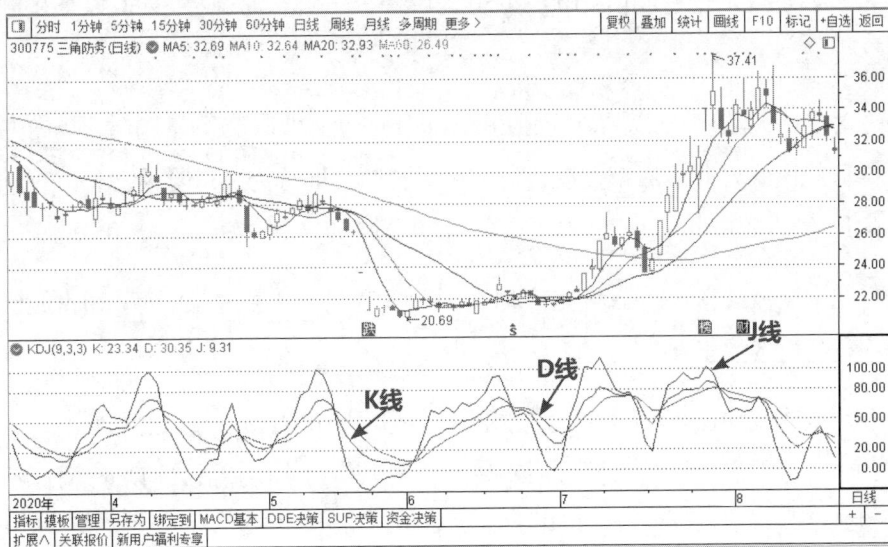

KDJ 指标的参数代表了其对股价反应的灵敏程度，一般的炒股软件默认采用 9，3，3。对于 K 线的参数常见的有 5、9、19、39 等，超短线股民一般采用 5 作为参数，可以快速捕捉重要信息。

另外，KDJ 中的 3 条曲线的意义有以下几个方面。

◆ K线是快速确认线，数值在90以上为超买，数值在10以下为超卖。

◆ D线是慢速主干线，数值在80以上为超买，数值在20以下为超卖。

◆ J线为方向敏感线，当J值大于90，特别是连续5天以上，股价至少会形成短期头部；反之J值小于10时，特别是连续数天以上，股价至少会形成短期底部。

No.074
KDJ超卖区买入

KDJ 指标又被称为超买超卖指标，反映的是多空双方的买卖力量对比。KD 的波动范围一般在 0 ~ 100，以 50 为中位，50 以上是强势区，50 以下是弱势区。

当 KD 波动在 80 以上时为强势区，即超买，说明买方力量剧增，场内的大部分股民看好此股后市发展，导致市场过热，而称为高风险区，后市有下跌的风险。

当 KD 波动在 50 线上下波动时，说明多空双方力量达到平衡，通常股价横盘运行时容易出现。

当 KD 波动在 20 以下时为弱势区，即超卖，说明场内卖方力量剧增，场内的大部分股民都不看好此股后市发展，所以纷纷卖出持股，市场冷清。超卖说明下跌行情难以继续，后市股价极有可能触底回升。

一图展示

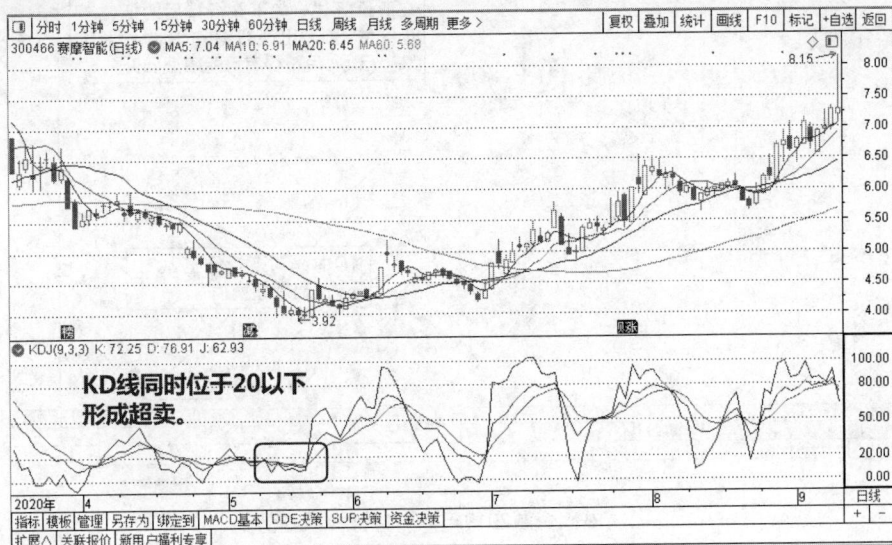

要点剖析

通常情况下，KDJ超卖有以下几个特征。

◆ 股价经过一段时间的下跌后，KDJ指标中的K线、D线和J线先后进入超卖区域，即20线下。

◆ 当KD线进入20线下区域，即超卖区，股价反弹回升的概率较大，股民可以适时抄底买进。

实例分析 中矿资源（002738）KDJ超卖信号出现抄底

中矿资源2019年4～12月的K线走势如下图所示。

从下图可以看到，该股处于下跌行情中，股价从20.99元的高位处向下滑落，跌至14.00元价位线后股价止跌横盘运行。此时观察KDJ指标发现，在股价急跌下滑的过程中，KDJ的KD曲线同时向下运行至20线下，出现超卖信号。结合股价横盘运行的情况，得出该股的空头势能已经衰竭殆尽，股价极有可能在14.00元附近筑底回升。因此，股民应该在此位置积极抄底买进。

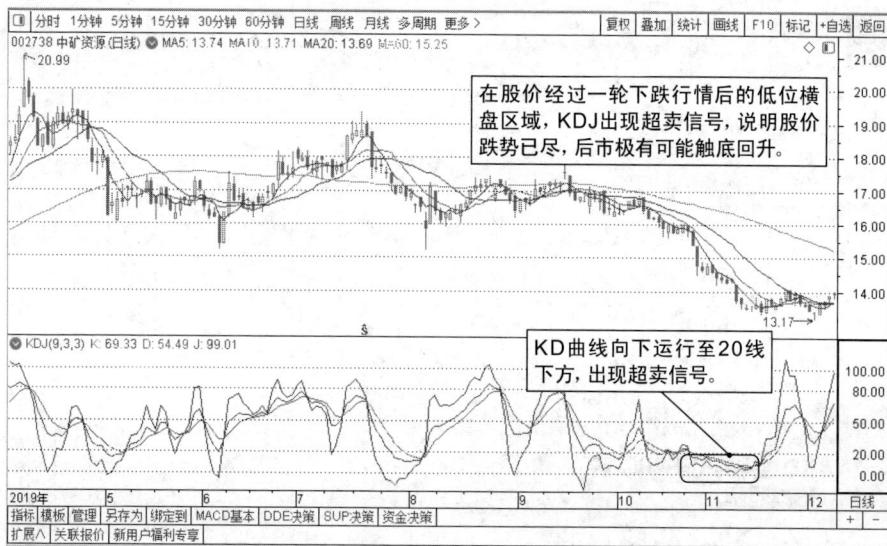

图　中矿资源2019年4～12月的K线走势

中矿资源2019年11月至2020年2月的K线走势如下图所示。

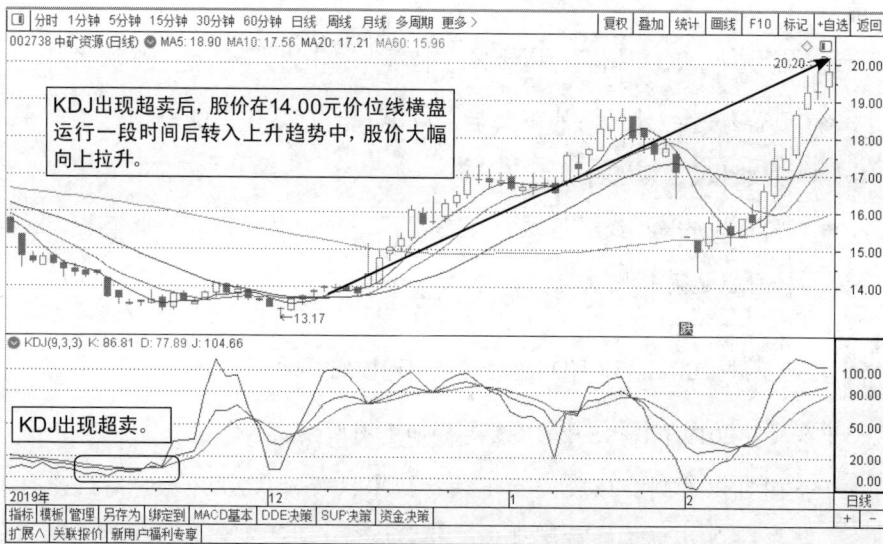

图　中矿资源2019年11月至2020年2月的K线走势

从上图可以看到，KDJ超卖信号出现后，股价在14.00元价位线横盘运行一段时间后转入上升趋势中，股价大幅向上拉升。如果股民在超卖信号出现时的14.00元附近买进，当股价上涨至20.20元时，可以获得44.3%的涨幅收益。

No.075
KDJ金叉买入信号

KDJ 金叉是指以 K 线从下向上与 D 线交叉为例，K 线上穿 D 线并形成有效的向上突破是金叉，为买入信号。

一图展示

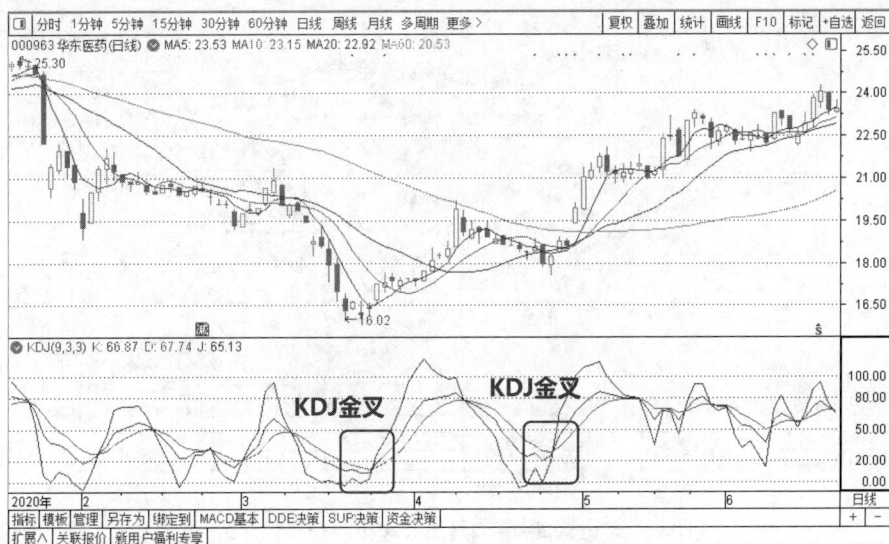

要点剖析

KDJ 金叉是一种明显的买入信号，但由于日线时间短，变化较快，所以 KDJ 经常出现金叉。为了避免这一情况，许多股民会使用周线和月线出现的 KDJ 金叉提高信号的准确程度。

股民使用日线 KDJ 金叉做买入判断时要注意以下几点。

◆ KDJ金叉出现时K线最好收于阳线，尤其是中、大阳线，成交量放大，其信号更准确。

◆ KDJ金叉如果发生在超卖区，K线收阳线，是非常强烈的买入信号。

◆ 50以上的KDJ金叉为强势金叉，股价快速上涨，KDJ金叉出现时，K线收阳线，金叉点离0轴越近越好。

实例分析 华东医药（000963）KDJ金叉抄底

华东医药2019年9月至2020年3月的K线走势如下图所示。

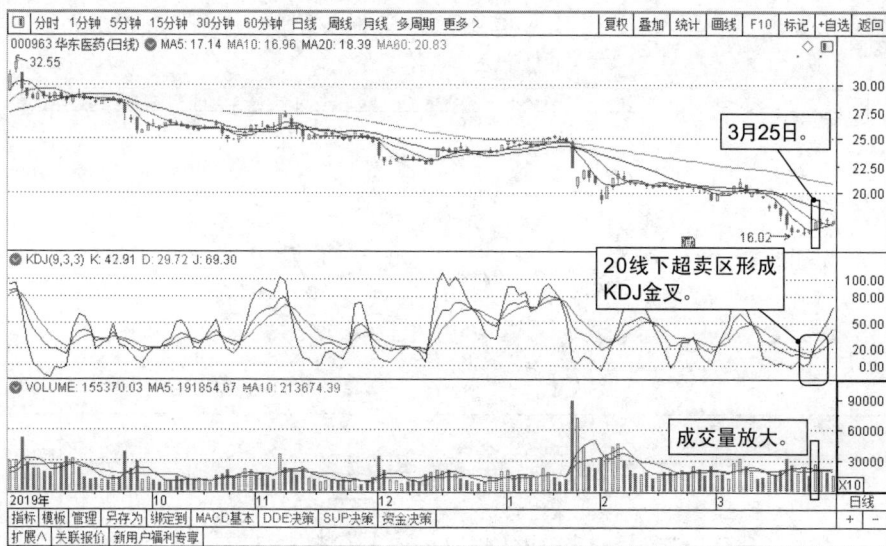

图　华东医药2019年9月至2020年3月的K线走势

从上图可以看到，该股处于下跌行情中，股价从32.55元的高处开始一路下跌，跌势稳定。2020年3月下旬，该股创出16.02元的新低后股价止跌小幅回升，短期均线拐头向上，有触底回升的迹象。

此时查看KDJ发现，在股价横盘时，3月25日，K线拐头由下上穿D线，形成黄金交叉，且黄金交叉出现在20线下超卖区，随后KDJ指标的3条曲线向上运行，说明该股的下跌行情即将转变。

我们进一步查看3月25日的K线走势，发现当日K线收出一根涨幅5.31%的放量大阳线，说明确实有主力资金入场拉升股价，后市看涨。此时为股民抄底买进的大好机会。

华东医药2020年3～7月的K线走势如下图所示。

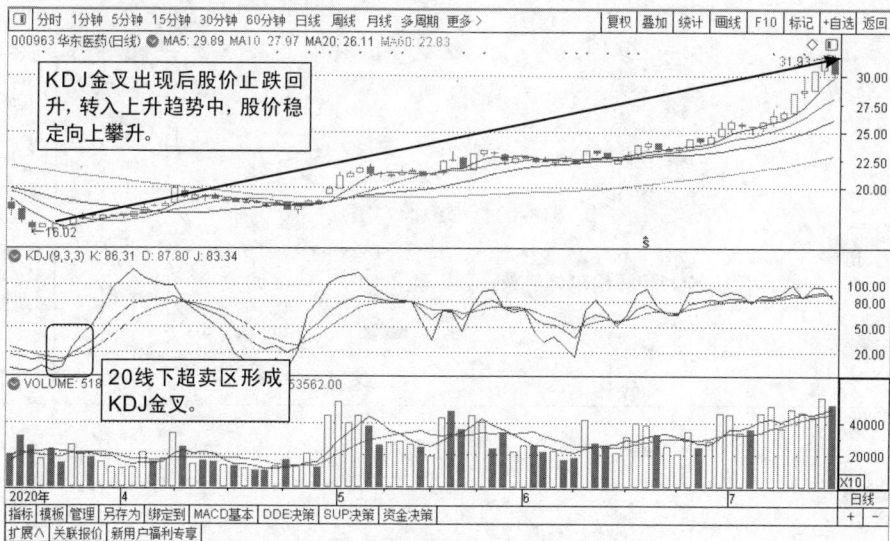

图 华东医药2020年3～7月的K线走势

从上图可以看到，KDJ金叉出现后股价止跌回升，转入上升趋势中，股价稳定向上攀升。如果股民在16.50元附近抄底买进，当股价上涨至31.93元时可以获得93.5%的涨幅收益。

No.076
KDJ和股价底部背离转势

在股价下跌后的低位区域，K线图上的股价走势一谷比一谷低，股价在向下跌，而KDJ曲线图上的KDJ指标的走势是在低位一底比一底高，称为底背离现象。

底背离现象一般是股价将在低位反转的信号，表明股价中短期内即将上涨，是买入信号。

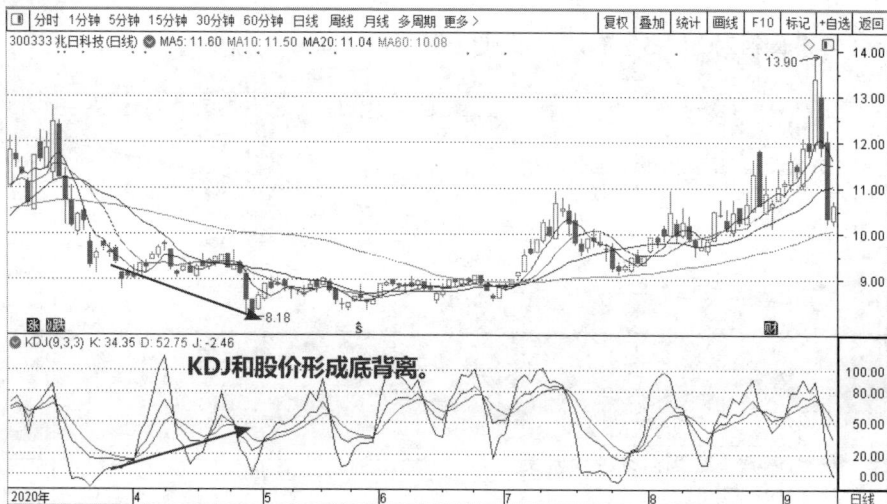

利用KDJ和股价底背离抄底时要注意以下几点。

◆ 如果底背离出现时K线的位置越低,则该形态的看涨信号就越强。

◆ 如果底背离过程中,成交量持续萎缩,底背离完成受成交量影响迅
速放大,说明市场中的多空力量发生转变,空头市场转为多头市
场,该形态的看涨信号更为强烈。

**实例
分析** **御银股份(002177)KDJ和股价底背离抄底**

御银股份2019年10月至2020年7月的K线走势如下图所示。

从下图可以看到,该股处于下跌趋势中,K线中的股价一波一波向下运
行,跌至4.50元价位线附近后跌势渐缓,创下4.03元的新低后股价止跌,有回
升迹象。

观察KDJ发现,在股价下跌的底部区域,KDJ指标曲线运行方向没有下
跌反而向上运行,与股价形成底部背离,这是典型的底部反转信号,说明后
市行情即将发生转变,股民可以在此位置趁机抄底。

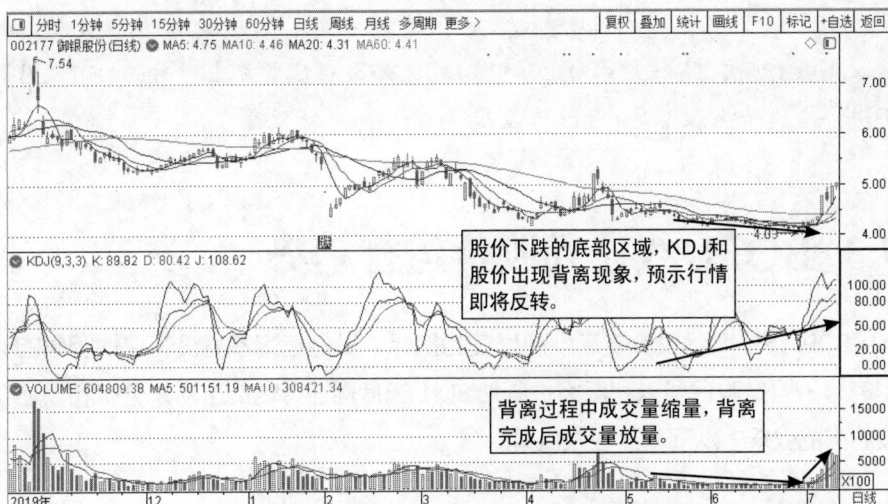

股价下跌的底部区域,KDJ和股价出现背离现象,预示行情即将反转。

背离过程中成交量缩量,背离完成后成交量放量。

图 御银股份2019年10月至2020年7月的K线走势

进一步查看成交量发现,KDJ和股价发生底背离时成交量表现持续萎缩,但底背离完成后成交量迅速放大。由此可见,确实有实力强劲的主力入场,多头占据优势,后市看涨。

御银股份2020年3～8月的K线走势如下图所示。

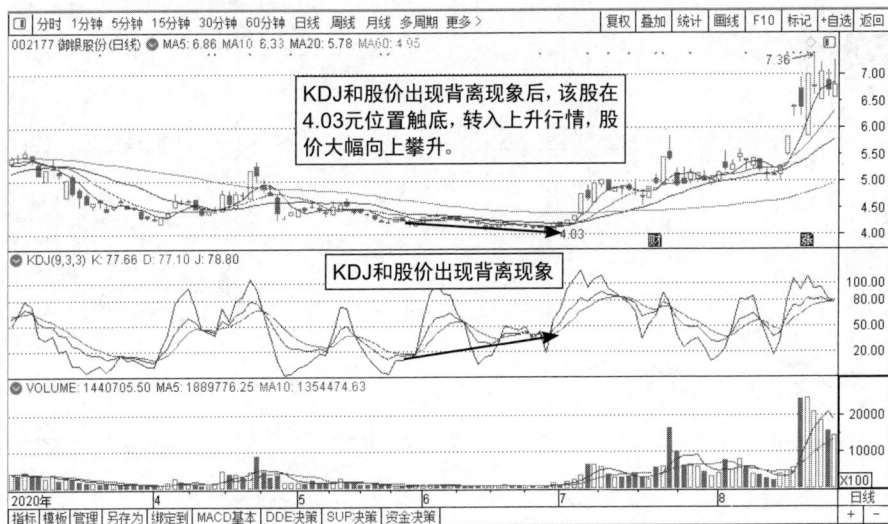

KDJ和股价出现背离现象后,该股在4.03元位置触底,转入上升行情,股价大幅向上攀升。

KDJ和股价出现背离现象

图 御银股份2020年3～8月的K线走势

从上图可以看到，KDJ和股价底背离出现后，该股在4.03元位置触底，转入上升行情，股价大幅向上攀升。股民如果在底背离出现时的4.50元附近买进，当股价上涨至7.36元就可以获得63.6%的涨幅收益。

7.3 BOLL 线研判股价运行趋势

BOLL 线是揭示股价震荡剧烈程度的指标，虽然指标本身没有提供明确的买卖信号，但是股民可以利用股价所处 BOLL 线指标通道内的位置来分析和预估该股后市的强弱，从而找到抄底位置。

No.077
BOLL指标的基本认识

BOLL 指标，即布林线指标，属于一种路径指标类型，该指标由 3 条曲线组成，从上到下分别是上轨线（UB）、中轨线（BOLL）和下轨线（LB），3 条曲线组成一个股价通道。

一图展示

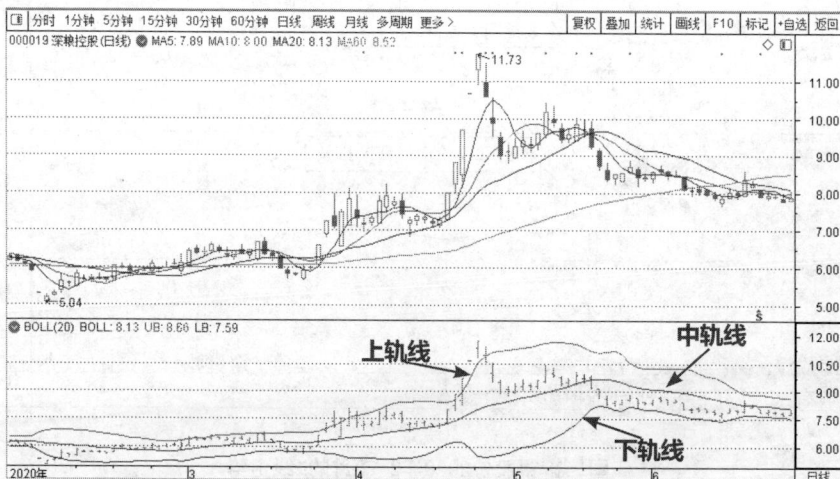

要点剖析

BOLL 指标的 3 条曲线构成了一个股价运行的通道，股价绝大多数时间都在这个通道内运行。如果股价脱离运行通道，说明该股行情处于极端状态。BOLL 指标的上轨线对股价有阻力作用，下轨线对股价有支撑作用，因此，3 条轨线的运动方向对股价的未来发展有着很大的参考作用。

◆ 当布林线的上、中、下轨线同时向上运行时，表明股价强势特征非常明显，股价短期内将继续上涨，股民应该坚决持股待涨或者逢低买入。

◆ 当布林线的上、中、下轨线同时向下运行时，表明股价的弱势特征非常明显，股价短期内将继续下跌，股民应该坚决持币观望或逢高卖出。

◆ 当股价向上突破布林线上轨线时为卖出信号；当股价向下跌破布林线下轨线时为买入信号。

◆ 股价从中轨线以下向上突破中轨线时适当加码；股价从中轨线以上向下穿破中轨线时则需适量减仓。

No.078
布林线开口形喇叭抄底

开口形喇叭是一种显示市场短线大幅向上突破的形态。股价经过长时间的底部整理后，布林线的上轨线和下轨线逐渐收紧，上下轨线之间的距离逐渐缩小，随后成交量突然放量，股价出现急速飙升。与此同时，布林线上轨线也向上飙升，下轨线加速下行，由此形成一个类似大喇叭的特殊形态。

开口形喇叭形态通常形成于股价经过长时间的低位横盘筑底后，突然向上攀升时，说明场内的多头实力强劲，空头实力衰竭，因此股价短期内将出现一波上涨行情。股民一旦发现开口形喇叭形态应该积极抄底买进。

补充提示 *布林线指标的"喇叭口"*

布林线喇叭口是其独特的行情研判方法,即根据布林线上轨线和下轨线向外扩张或相互靠拢的形态来判断喇叭的形状。布林线指标的喇叭口通常分为开口形喇叭、收口形喇叭和紧口形喇叭3种类型。

其中开口形喇叭通常出现在股价短期内大幅上涨行情初期;收口形喇叭通常出现在股价大幅下跌行情的初期;紧口形喇叭通常出现在股价大幅下跌的末期。

一图展示

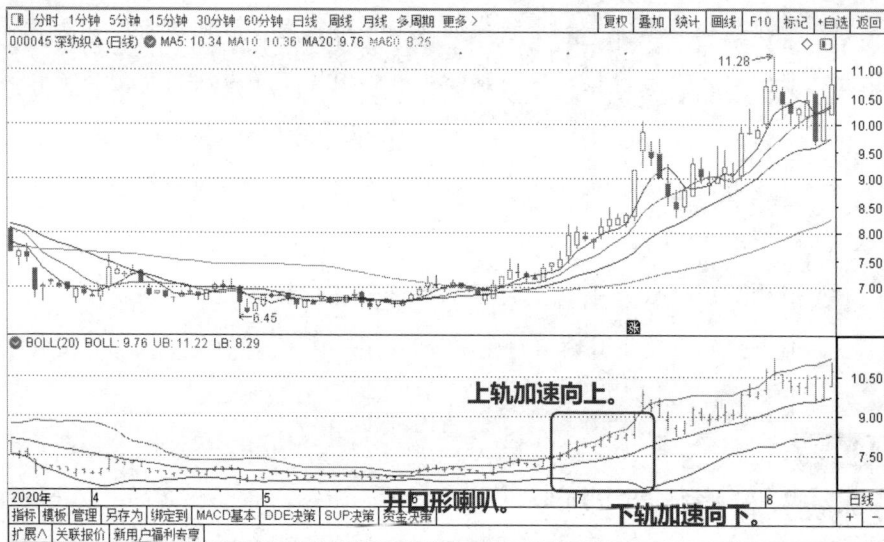

要点剖析

开口形喇叭形态的形成需要具备以下3个基本条件。

◆ 股价需要经过长时间的中低位横盘整理,其中整理的时间越长,上下轨线之间的距离越短,未来的上涨幅度越大。

◆ 布林线指标出现开口时需要有明显放大的成交量作为支撑。

◆ 股价强势回调时不能有效跌破中轨线。

实例分析 鄂武商A（000501）布林线开口形喇叭实战

鄂武商A 2019年12月至2020年6月的K线走势如下图所示。

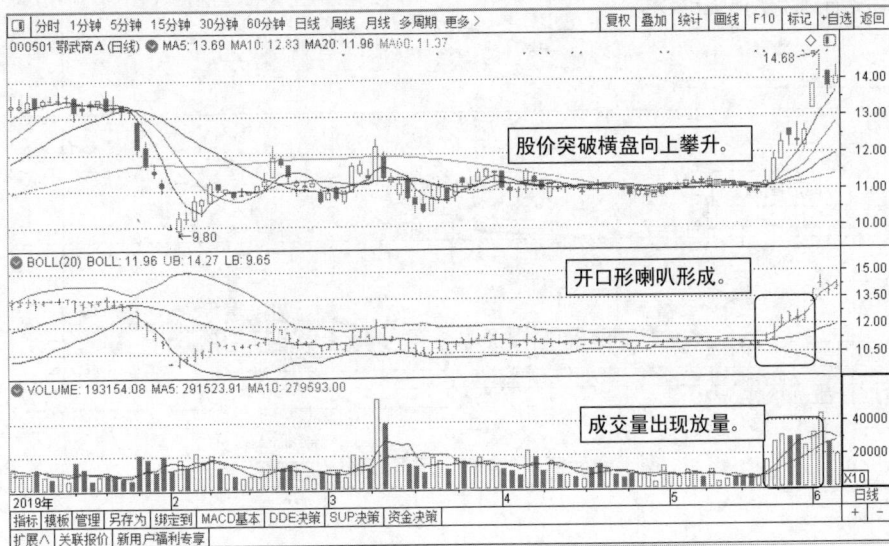

图 鄂武商A 2019年12月至2020年6月的K线走势

从上图可以看到，该股经历了一波下跌行情，股价创出9.80元的新低后止跌，小幅回升至11.00元价位线上，随后在该价位线上开启了长达3个多月的横盘走势。

2020年5月下旬，成交量突然放量，股价向上攀升，运行至均线上方。此时观察BOLL线指标发现，股价向上运行突破上轨线，上轨线加速向上，下轨线加速向下，形成开口形喇叭形态。说明有主力机构入场，意图拉升股价，多头实力强劲，后市即将迎来一波上涨行情，股民可以在股价回调时趁机买进。

鄂武商A 2020年5～8月的K线走势如下图所示。

从下图可以看到，开口形喇叭出现后，该股转入上涨趋势中，均线系统呈多头排列向上运行，股价大幅向上攀升。如果股价在回调时13.50元附近买进，当股价上涨至27.58元时可以获得104.3%的涨幅收益。

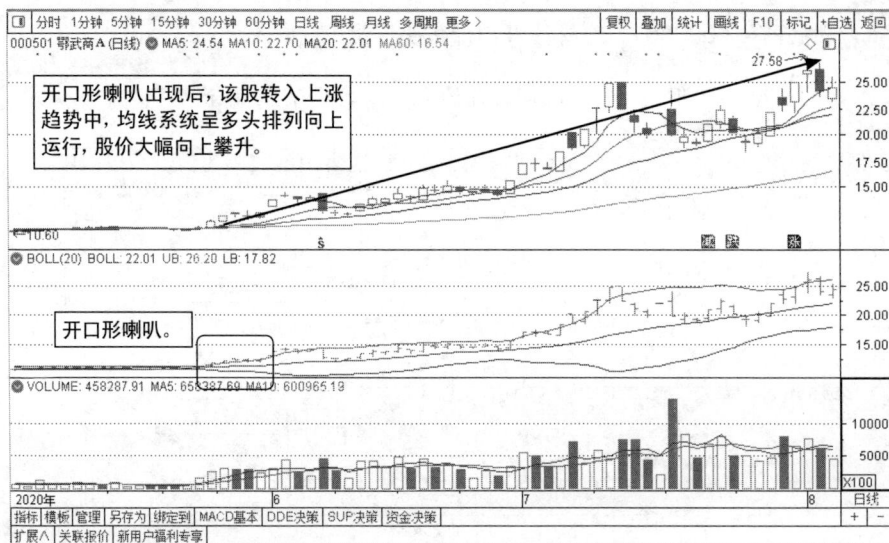

图　鄂武商A 2020年5月至8月的K线走势

No.079

布林线紧口形喇叭抄底

　　紧口形喇叭出现在股价大幅下跌的后期，布林线的上下轨线逐渐向中轨线靠拢，上下轨之间的距离越来越窄，成交量缩量，股价在低位反复震荡，此时布林线上轨线向下运行，下轨线向上运行，形成一个紧口的喇叭形态。

　　紧口形喇叭口是一种预示股价即将长期盘整筑底的形态，形成于股价经过长期大幅下跌后。布林线的上下轨线逐渐靠拢，说明场内的多空双方达到平衡，即将出现横盘。

　　股民一旦发现布林线指标出现紧口形喇叭形态，可以观望等待，直到盘内出现明显的上涨信号再买进。当然，激进的股民也可以在此位置少量建仓抄底。

一图展示

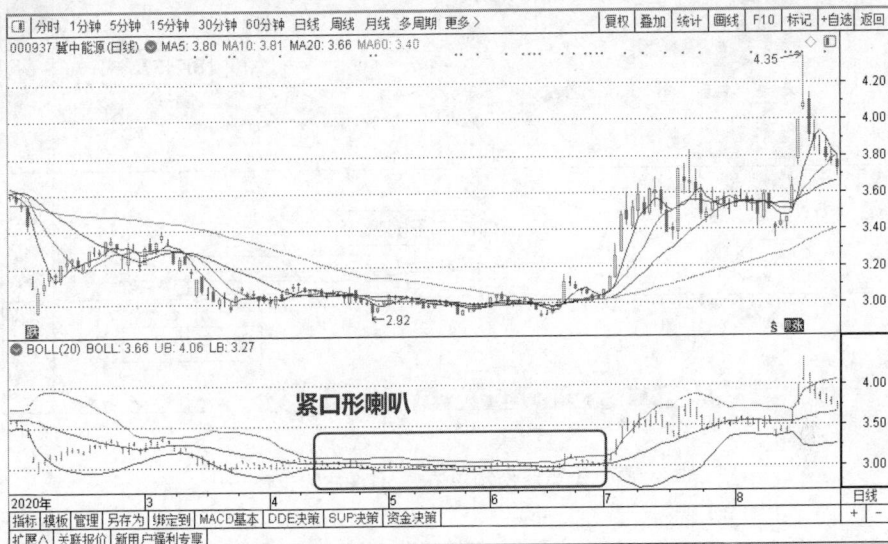

要点剖析

紧口形喇叭形成需要满足以下两个条件：一是股价需要经过较长时间的大幅下跌，成交量极度萎缩；二是上下轨线之间的距离越来越小。

实例分析 **大为股份（002213）紧口形喇叭抄底**

大为股份2019年4～8月的K线走势如下图所示。

从下图可以看到，该股经过一轮下跌行情，将股价拉低至8元价位线附近后止跌，横盘运行，成交量表现出极度缩量。此时，查看布林线指标发现布林线的上下轨线逐渐向中轨线靠拢，形成紧口形喇叭形态。

由此可见，该股的这一轮下跌行情已经结束，股价跌无可跌，盘内多空达到平衡，股价即将横盘触底。股民可以在此位置低位抄底买进。

8月15日开始，K线连续收出4根阳线，成交量表现放量，股价由下上穿上轨线，说明场内的多空平衡被打破，有主力资金入场，后市看涨。稳健的股民可以在此位置抄底买进。

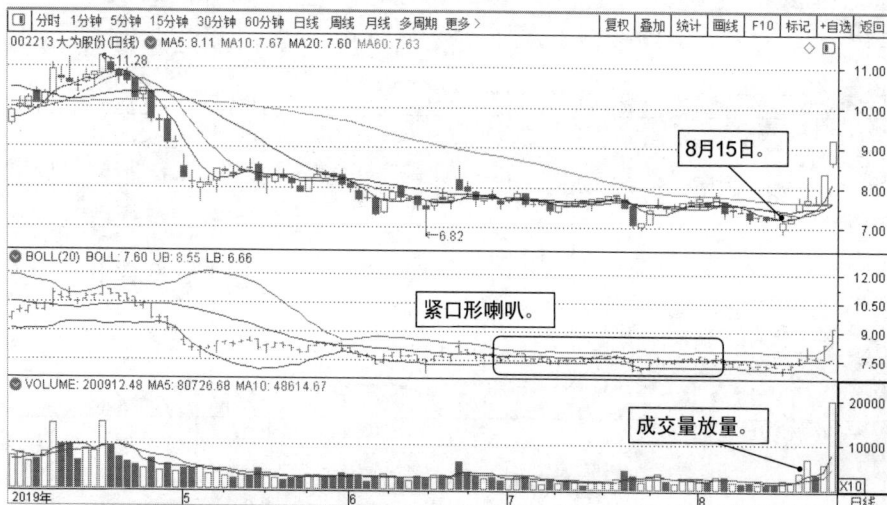

图 大为股份2019年4～8月的K线走势

大为股份2019年8月至2020年6月的K线走势如下图所示。

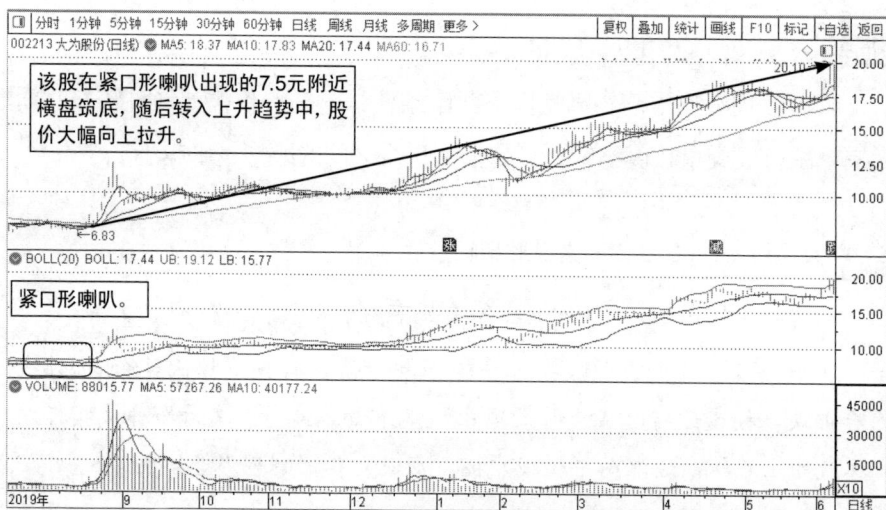

图 大为股份2019年8月至2020年6月的K线走势

从上图可以看到，该股在紧口形喇叭出现的7.50元附近横盘筑底，随后转入上升趋势中，股价大幅向上拉升。如果股民在股价横盘位置买进，当股价上涨至20.10元时，可获得168%的涨幅收益。

第**8**章

技术抄底进阶

读懂筹码分布找买点

　　筹码分布是股民寻找中长线投资机会的利器，通过筹码的分布情况股民可以快速有效地判断该股的行情性质和行情趋势，还可以识别主力的建仓和派发操作意图，从而精准找到买入点。

No.080　筹码分布图的基本信息掌握

No.081　筹码低位密集

No.082　筹码高位密集

No.083　筹码低位锁定

No.084　双峰形态的筹码分布

No.085　放量突破低位单峰密集

No.086　上峰消失低位新峰

No.087　向上突破高位单峰密集

......

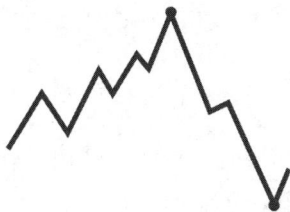

8.1 认识筹码分布图形态

筹码分布情况分析是近年来比较热门的一项技术分析，在炒股实战中能够帮助股民了解筹码的变动情况，从而精准找到买入点。

No.080

筹码分布图的基本信息掌握

筹码分布图是对筹码在特定时期内分布情况的一个直观展示。筹码分布图包括两个部分，上方的图表展示和下方数据展示。

一图展示

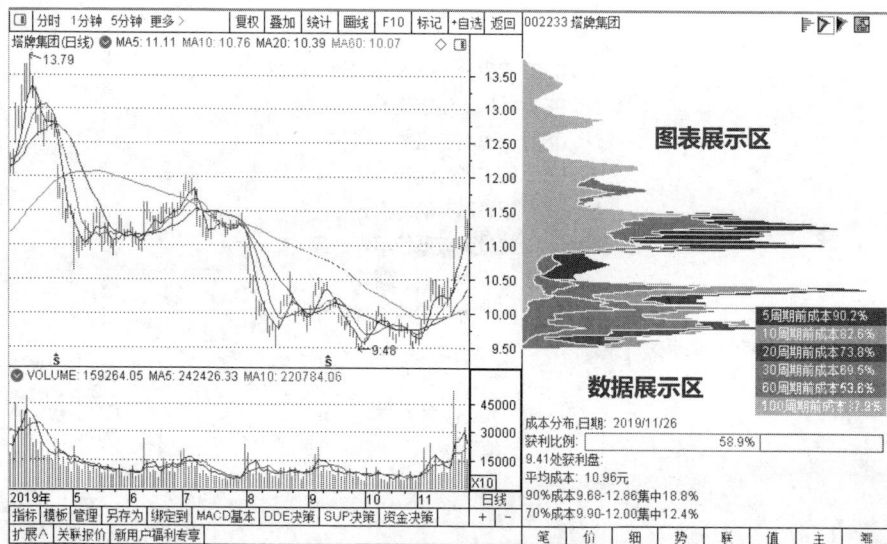

要点剖析

上图为通达信软件中的筹码分布图。通达信软件默认情况下显示的是远期筹码分布，以不同的颜色代表不同的筹码分布。各个颜色代表的时间周期在图表右下角做了解释。另外，在筹码分布图中还可以看到一些黑色柱线，表示当日新产生的筹码分布情况。

在数据展示区中可以看到多种数据，这些数据对筹码分析具有十分重要的意义。

◆ **获利比例**：以当前价位（指鼠标光标停留处的K线价位）为基准，市场中获利盘的比例。获利比例越小，说明市场中处于亏损状态的股民越多；反之，则说明市场中大多数股民处于盈利状态。

◆ **获利盘**：以当前价位（指鼠标光标停留处的K线价位）卖出，可以获利的股票数量。这里主要是指该数据占该股总流通股本的比例。

◆ **平均成本**：在当前价位下，该股持有筹码的平均买入成本。

◆ **90%成本**：不同持股成本的股民中，90%的筹码所集中的价格区间，也代表着大多数股民的持股成本。

◆ **集中**：筹码在某个价格区间的密集程度，它能够反映出股民的持股成本在哪个价位区间。

补充提示 *展开筹码分布图*

　　基本上所有的炒股软件都有筹码分布图，股民在K线走势页面中单击右下角"筹"按钮，就能展开筹码分布图，查看当前的筹码分布情况。

No.081

筹码低位密集

　　筹码分布图的实战分析主要是通过查看筹码分布情况来实现的，所以股民有必要掌握筹码分布的基本形态。筹码低位密集指股价经过较长时间的大幅下跌后，在一个相对低位区域，成交量放大，使得上方的筹码大量转移在此位置，形成筹码低位密集的状态。

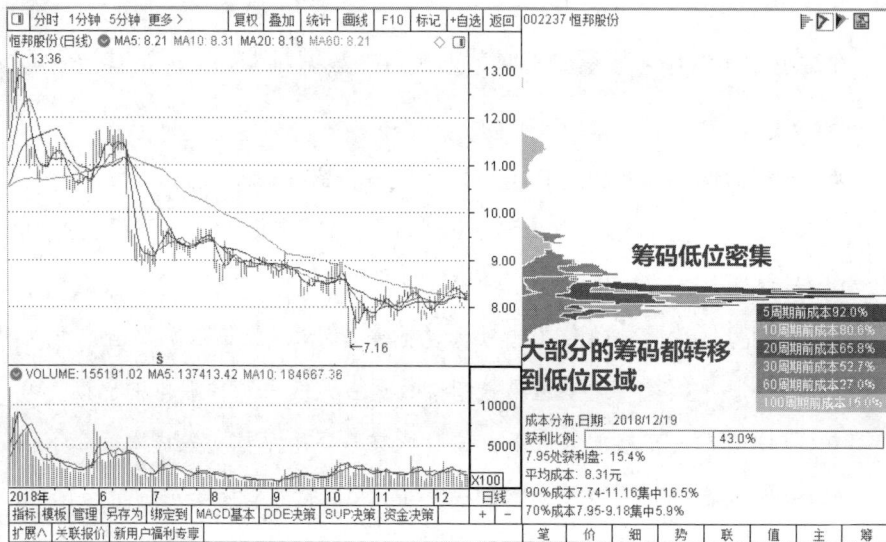

筹码低位密集说明随着股价的持续下跌，前期高位被套的筹码在下跌趋势中的反弹或低位无法继续坚持而割肉出局，使得筹码从高位区域向低位区域大规模转移，从而形成低位密集的状态。

No.082

筹码高位密集

筹码高位密集形态与低位密集相反，是指股价经过一段时间的上涨后达到相对高位并持续一段时间，成交量明显大幅增加，使得大量筹码向高位区聚集，从而形成密集的筹码状态。

筹码的高位密集很有可能是主力出货的迹象，这些高位的筹码是低位筹码向上转移的形态，说明在市场上发生或正在发生大量的获利了结行为。

一图展示

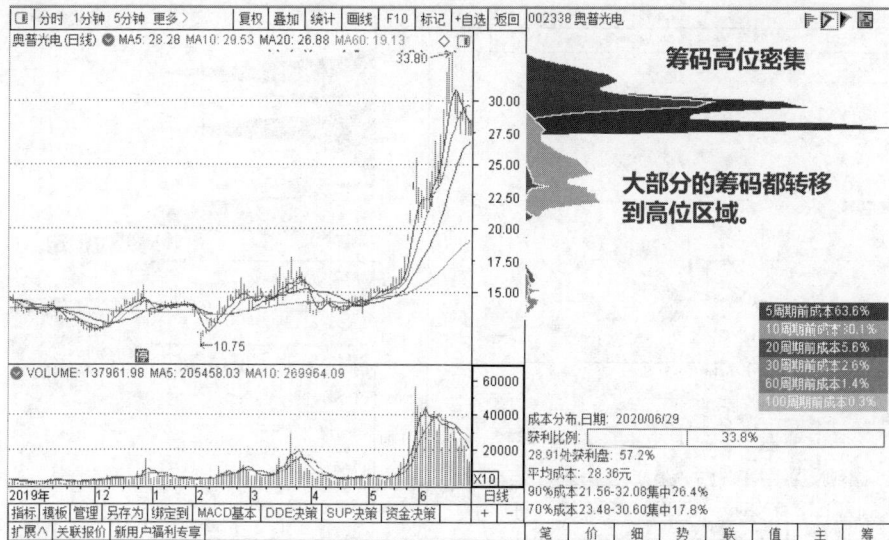

要点剖析

高位密集的形态说明该股经历了前期的大涨，低位筹码较大，已在高位逐渐获利了结。股价之所以迅速涨高，一定是主力拉抬的结果；而主力之所以肯拉抬这些股票，一定是它拥有大量的低位筹码；但此时这些低位的筹码在高位消失，显示主力正在大规模出货。

No.083

筹码低位锁定

筹码低位锁定是指随着股价的持续上涨，筹码仍然在低位区域堆积，保持低位密集的形态，这是主力入驻该股的重要标志。主力在低位区域大量吸筹导致，股民应该重点关注这一筹码形态。

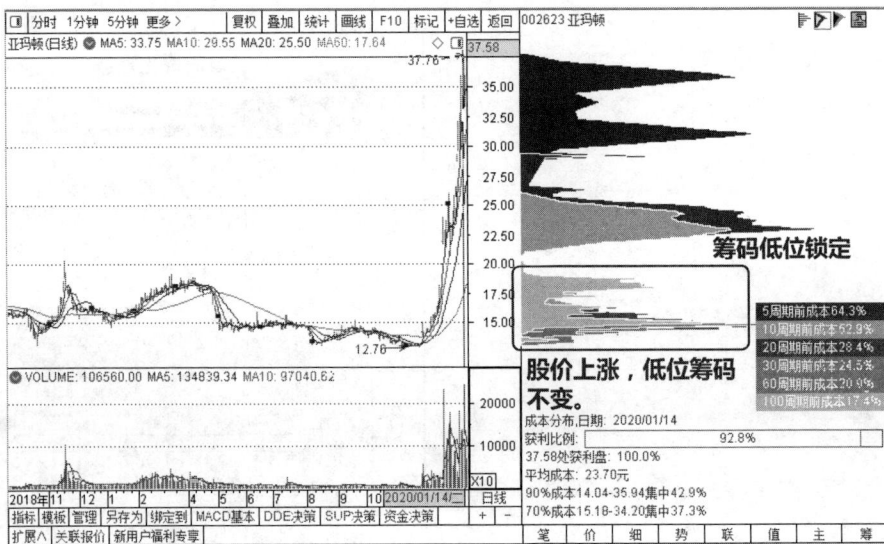

一图展示

成本分布.日期: 2020/01/14
获利比例: 92.8%
37.58处获利盘: 100.0%
平均成本: 23.70元
90%成本14.04-35.94集中42.9%
70%成本15.18-34.20集中37.3%

筹码低位锁定

5周期前成本64.3%
10周期前成本52.9%
20周期前成本28.4%
30周期前成本24.5%
60周期前成本20.9%
100周期前成本17.4%

股价上涨，低位筹码不变。

要点剖析

　　低位筹码未变是庄股的一大特点，股民在实战中一旦判断有庄家在低位锁定筹码，此时一定要注意持股待涨，不要快进快出，防止踏空走势。

No.084
双峰形态的筹码分布

　　双峰形态的筹码分布是指在筹码分布图上的筹码柱形成两个明显的密集山峰，其中筹码成本处于高位区的密集峰称为"高位峰"，而筹码成本处于低位区的密集峰称为"低位峰"，两个峰之间的低谷，称为双峰峡谷或者缺口。

　　双峰形态的筹码表明当前市场筹码主要分为低位筹码和高位筹码两大类。这两类筹码面对相同的市场走势，因为成本不同，所以筹码持有者对市场的看法也有差异。

一图
展示

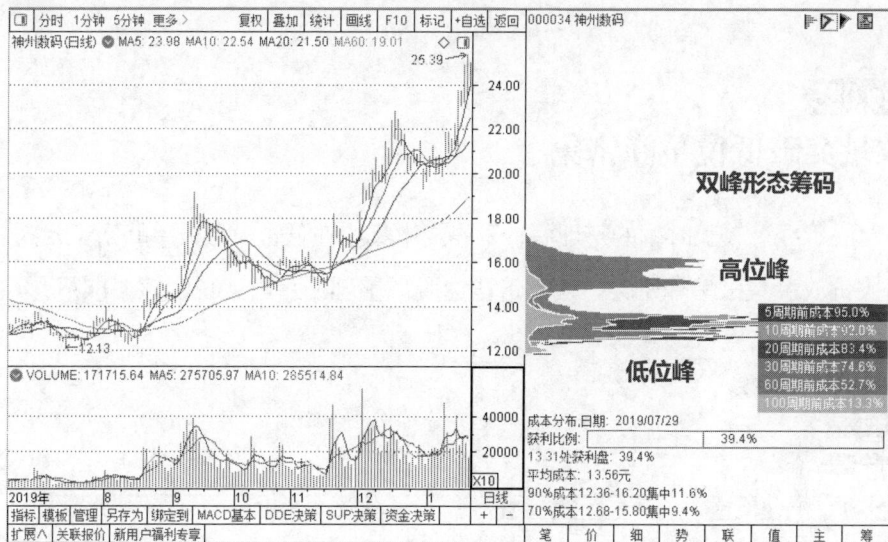

要点
剖析

双峰形态的筹码分布出现在股价上涨的不同阶段，具有不同的市场意义。

◆ **上涨初期**：如果在股价上涨初期出现双峰形态，说明股价虽然上涨动力十足，但是上方的阻力较强，一旦股价出现快速上涨，上方的筹码很有可能大量跑出，致使股价上涨受挫，甚至出现下跌。

◆ **上涨一段时间后**：如果股价上涨行情持续一段时间后，筹码分布出现双峰形态，此时股民要注意横盘整理走势或下跌走势的出现，如果随后低位峰的筹码快速减少，高位峰的筹码快速增加，应先出局观望。

8.2 借助筹码形态抄底

对筹码分布的相关知识有了一些基础的了解之后，我们就可以考虑在实战中如何使用筹码分布，借助筹码分布的形态做抄底操作，从而精准地抓住股价的一波上涨行情。

No.085
放量突破低位单峰密集

股价经过较长时间的整理后，筹码成本集中在低位，形成单峰密集状态。当股价放量突破单峰密集，使股价快速脱离整理平台时，说明该股即将开启一轮上涨行情。

一图展示

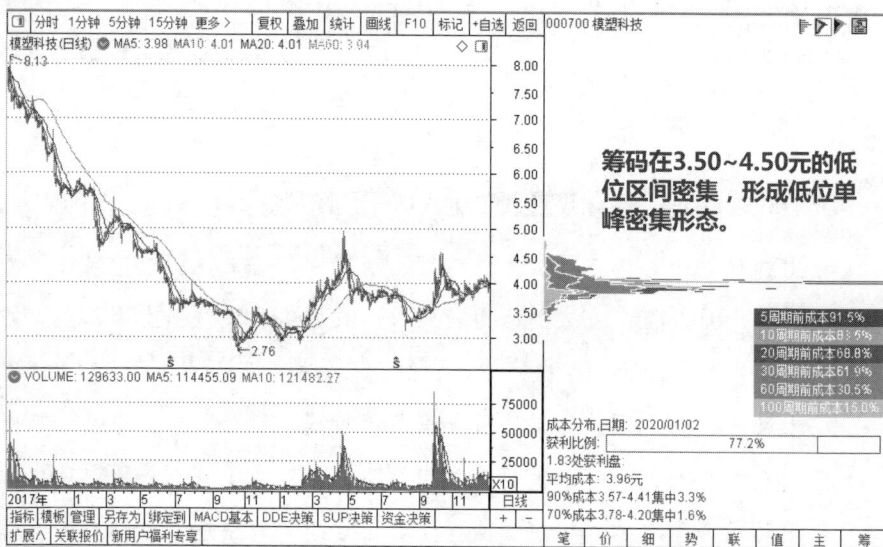

筹码在3.50~4.50元的低位区间密集，形成低位单峰密集形态。

要点剖析

利用低位单峰密集的筹码分布形态抄底时要注意以下几点。

◆ 单峰的密集程度越大，筹码换手就越充分，股价上攻行情的力度也就越大。

◆ 单峰低位高度密集意味着股价的上升空间被彻底打开。

◆ 低位单峰密集形成的时间越长，其可靠性越强。

◆ 突破时必须有大的成交量确认。

◆ 股价突破，并有效地穿越密集峰，并创出近期新高。

实例分析 贝瑞基因（000710）筹码低位单峰密集抄底

贝瑞基因2018年5月至2019年10月的K线走势如下图所示。

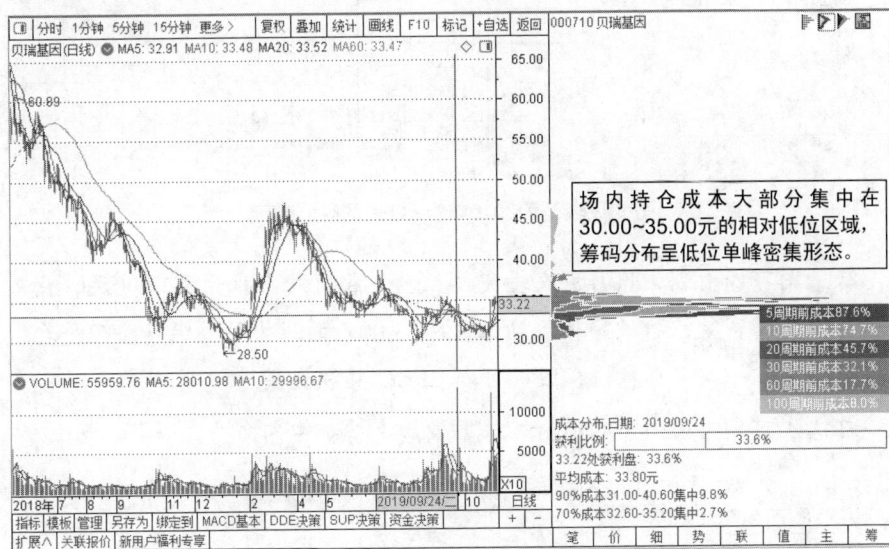

图 贝瑞基因2018年5月至2019年10月的K线走势

从上图可以看到，该股处于下跌行情中，股价从60.89元的高位区域开始下跌，创下28.50元的新低后止跌回升。股价涨至45.00元后止涨再次下跌，随后在30.00～35.00元区间做窄幅横盘波动。

随着股价的下跌，筹码逐渐下移至30.00～35.00元的低位区域，形成低位单峰密集状态，说明场内大部分人的持仓成本都集中在这个价位区间，如果后市股价能够有效突破这个价位区间，则行情反转的可能性很大，因此，此处的低位筹码密集区可视为行情触底的信号。

贝瑞基因2019年2～11月的K线走势如下图所示。

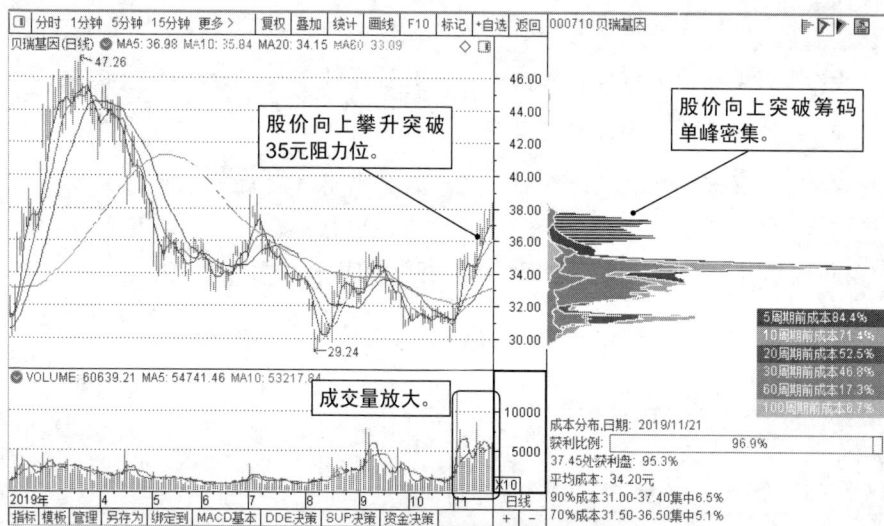

图　贝瑞基因2019年2～11月的K线走势

从上图可以看到，11月成交量突然放量，股价向上拉升至38.00元，突破筹码低位单峰密集，打破箱体运动上边缘35.00元的压力位，脱离整理平台，后市即将迎来一波上涨行情，股民可以在此位置积极买进抄底。

贝瑞基因2019年10月至2020年7月的K线走势如下图所示。

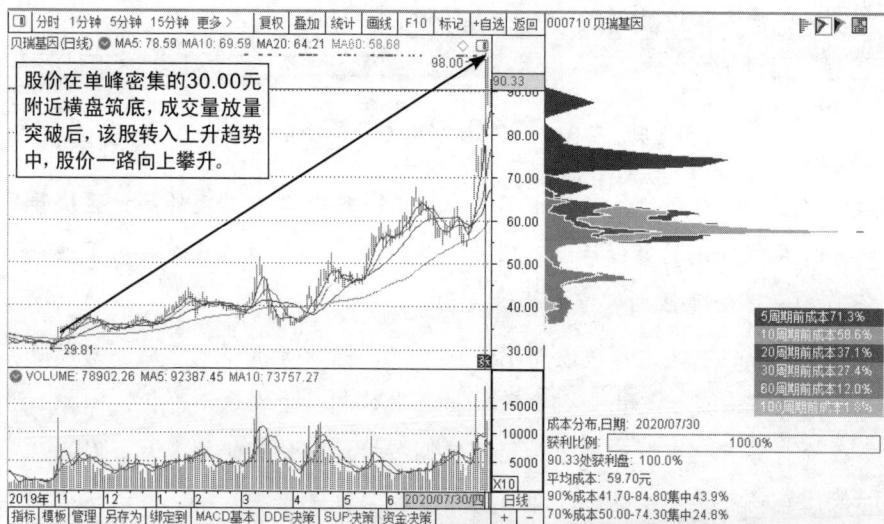

图　贝瑞基因2019年10月至2020年7月的K线走势

从上图可以看到，股价在单峰密集的30.00元附近横盘筑底，成交量放量突破后，该股转入上升趋势中，随后股价一路向上攀升，涨幅巨大。如果股民在成交量放量突破时的36.00元附近买进，当股价上涨至98.00元时可获得172.2%的涨幅收益。

No.086
上峰消失低位新峰

上峰消失低位新峰是指高位区的密集单峰被消耗，并在低位区域形成新的单峰或多峰密集，说明股价止跌企稳，一旦股价开始向上突破，股民就可以积极跟进。

一图展示

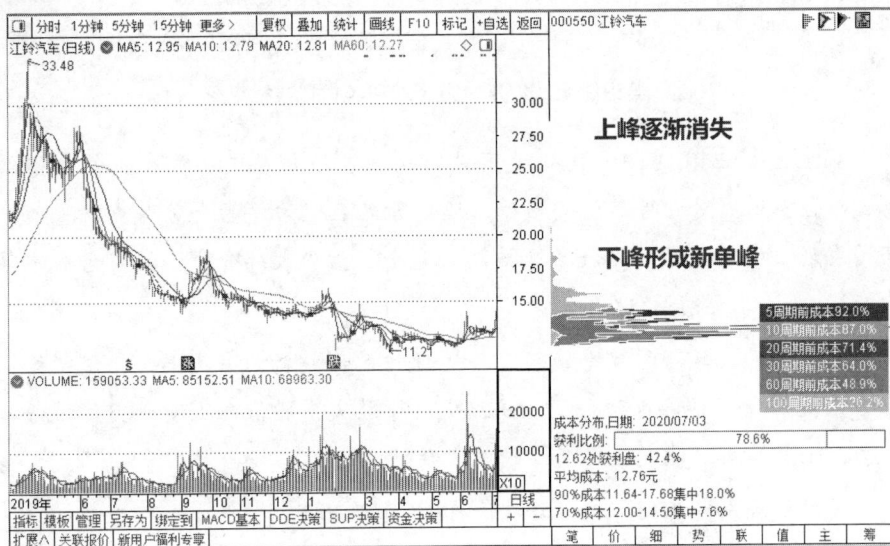

要点剖析

上峰消失低位新峰的关键在于，上峰需要被完全充分消耗，并在低位区域形成新峰，否则不会出现新一轮行情。

实例分析 美锦能源（000723）上峰消失低位新峰买进

美锦能源2017年11月至2019年1月的K线走势如下图所示。

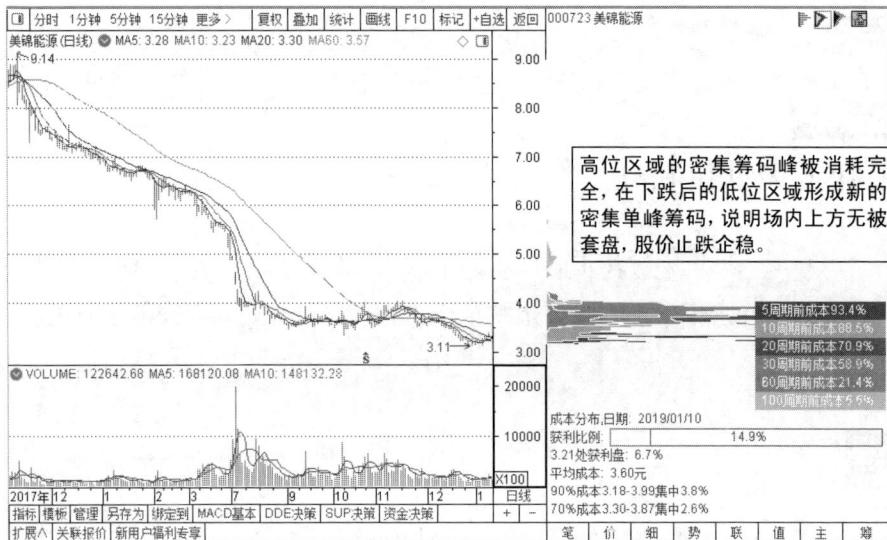

图 美锦能源2017年11月至2019年1月的K线走势

从上图可以看到，该股处于下跌行情中，股价从9.89元高位处向下滑落，跌至3.50元附近时，跌势渐缓，股价开始表现为横盘走势。查看筹码分布图发现，高位区域的密集单峰被消耗完全，盘内大部分股民的持仓成本集中在3.00～4.00元的低位区间。

高位上的密集峰被完全消耗，下方低位区形成新的密集单峰，说明场内上方无被套盘，股价止跌企稳。一旦成交量放大，股价向上有效突破该筹码区间，则行情有可能发生转变，进入上升行情。

美锦能源2018年1月至2019年1月的K线走势如下图所示。

从下图可以看到，2019年1月下旬成交量突然放量，股价向上拉升至4.50元附近，有效突破低位密集的3.00～4.00元筹码区间，说明场内有新的主力资金入场，后市看涨，股民可以在此位置积极买进。

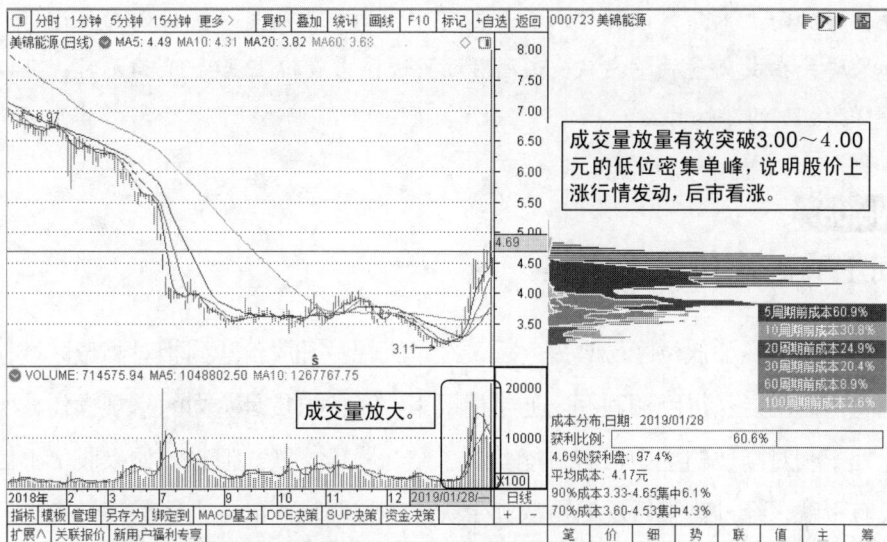

成交量放量有效突破3.00~4.00元的低位密集单峰,说明股价上涨行情发动,后市看涨。

成交量放大。

图 美锦能源2018年1月至2019年1月的K线走势

美锦能源2018年12月至2019年4月的K线走势如下图所示。

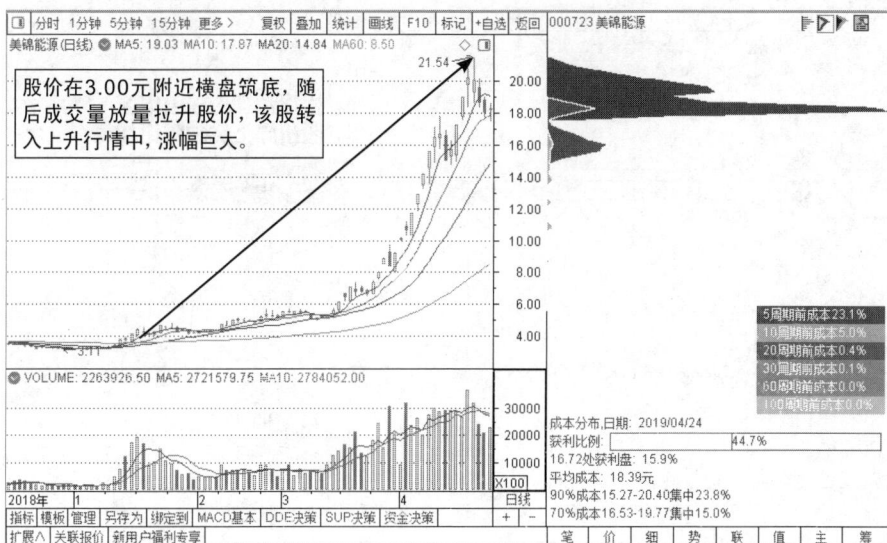

股价在3.00元附近横盘筑底,随后成交量放量拉升股价,该股转入上升行情中,涨幅巨大。

图 美锦能源2018年12月至2019年4月的K线走势

从上图可以看到,该股在3.00元附近横盘筑底,1月下旬成交量突然放量，股价向上攀升，该股转入上升趋势中，均线系统呈多头排列向上运行。如果股民在成交量放量突破4.50元附近买进，当股价上涨至21.54元时，可以获得378.7%的涨幅收益。

No.087
向上突破高位单峰密集

主力在底部低位区域吸筹之后，经过大幅拉升股价达到相对高位区域，底仓筹码已经获得巨额利润。通常情况下，高位出货是主力的常规操作，所以处于相对高位的主力很有可能获利了结，股价下跌。但是，如果股价不但没有下跌，经过盘整后反而再次向上突破，说明场内的主力筹码还没离场，后市股价将继续上涨，股民可以及时跟进。

一图展示

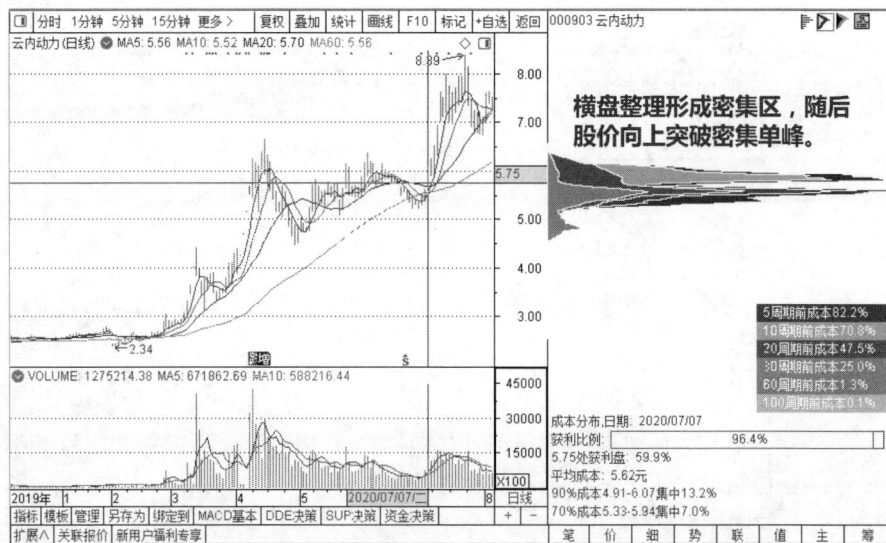

横盘整理形成密集区，随后股价向上突破密集单峰。

要点剖析

根据向上突破高位单峰密集的筹码形态继续追涨是一种比较激进的投资

决策，出于对资金安全的考虑，只有当主力持续控盘，继续向上拉升的意图明确了之后，股民才能大胆跟进。因为股价高位是一个危险区域，应该谨慎操作。

实例分析 思源电气（002028）股价向上突破单峰密集买进追涨

思源电气2019年8月至2020年7月的K线走势如下图所示。

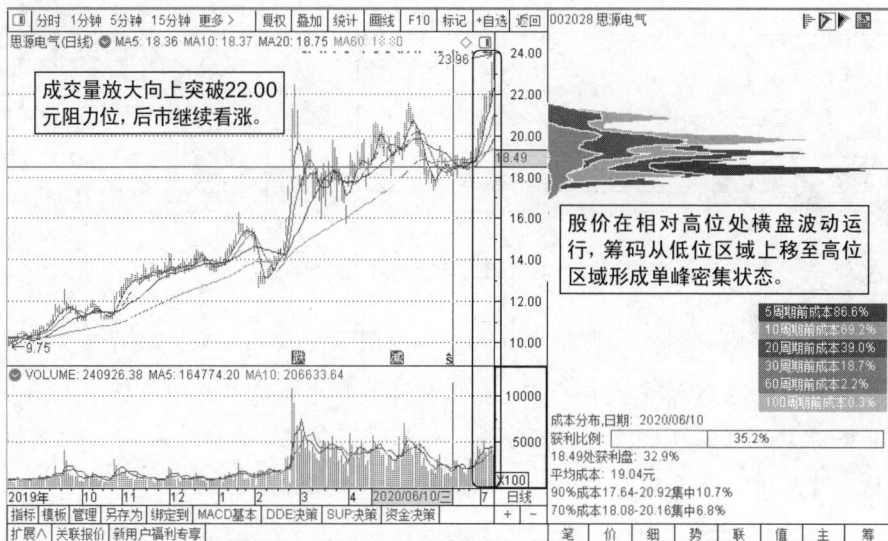

图 思源电气2019年8月至2020年7月的K线走势

从上图可以看到，该股处于上升行情中，股价从9.75元的低位处上涨至22.00元附近止涨横盘，股价在18.00～22.00元波动运行，涨幅达到125.6%，股价运行至相对高位处。

与此同时，筹码也从低位区域向上转移至18.00～22.00元的高位区，形成单峰密集状态，说明下方买进的底仓筹码已经获得巨额利润，主力有出货嫌疑。但是7月初，成交量再次放量，股价向上攀升，有效突破22.00元阻力位，说明场内主力并未离场，还在拉升股价，股民可以在此位置跟进买入。

思源电气2020年2～8月的K线走势如下图所示。

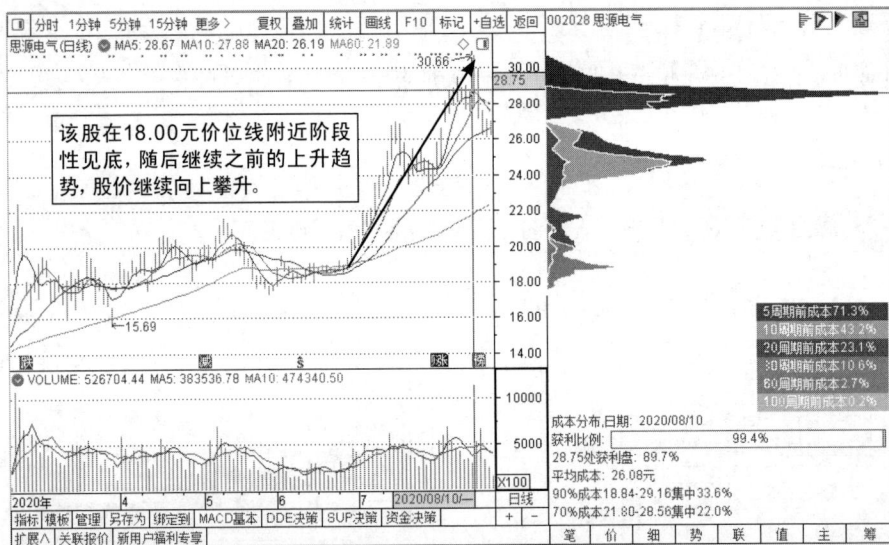

图 思源电气2020年2~8月的K线走势

从上图可以看到，该股在18.00元价位线附近阶段性见底，随后继续之前的上升趋势，股价继续向上攀升。这说明之前的止涨横盘波动为股价上涨过程中的洗盘，目的在于清洗场内浮筹。如果股民在股价向上突破22.00元附近买进，当股价上涨至30.66元时，可以获得39.4%的涨幅收益。

No.088
洗盘回归后单峰密集

当低位单峰密集形成后，股价跌穿单峰密集，随后又回升向上突破原单峰密集，是新一轮上攻行情的开始。

股价经过较长时间整理筹码形成低位单峰密集，随后庄家打压股价，使其跌穿单峰密集，但回调的幅度通常不大，一般在20%左右。且回调时，原密集峰没有减小的迹象，成交缩量，当洗盘回调后回升至原单密集峰处，成交量放量突破原单密集峰，此时是股民介入买进的大好机会。

一图展示

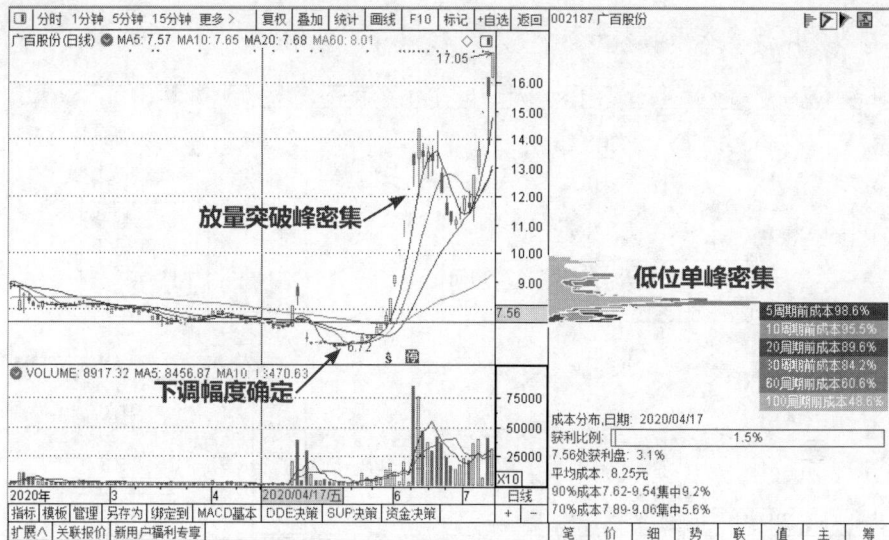

要点剖析

要判断股价下跌是真实的下跌行情，还是主力的洗盘行为，需要结合成交量来看。如果是真实的下跌行情，那么这种缩量下跌很难使主力顺利出局。另外，在筹码分布图上，股价下跌时原单峰密集并没有被明显消耗，且下跌的底部没有形成明显的、新的峰密集，所以可以判断此时的下跌应该是主力的洗盘行为。洗盘的主要任务是清除跟风盘，为后市拉升做准备。

实例分析 ST仁智（002629）洗盘回归后单峰密集抄底

ST仁智2019年4～12月的K线走势如下图所示。

从下图可以看到，该股处于下跌行情中，股价从5.64元的相对高位处向下滑落，跌幅较大。股价跌至2.00元价位线附近时止跌，横盘运行。此时经过较长时间的整理，筹码形成低位密集单峰形态，聚集在2.00～2.50元区间。

但股价并没有放量上涨，向上突破股价。反而在9月下旬，K线连续收阴，股价下跌，创出1.40元的新低后止跌，成交量缩量。随后股价向上回

升，有效突破2.00元阻力位，成交量放量突破原单峰密集。这说明前期的缩
量下跌为主力洗盘行为，而此时的放量拉升证实主力洗盘结束，后市看涨。
此时为股民抄底入场的大好机会。

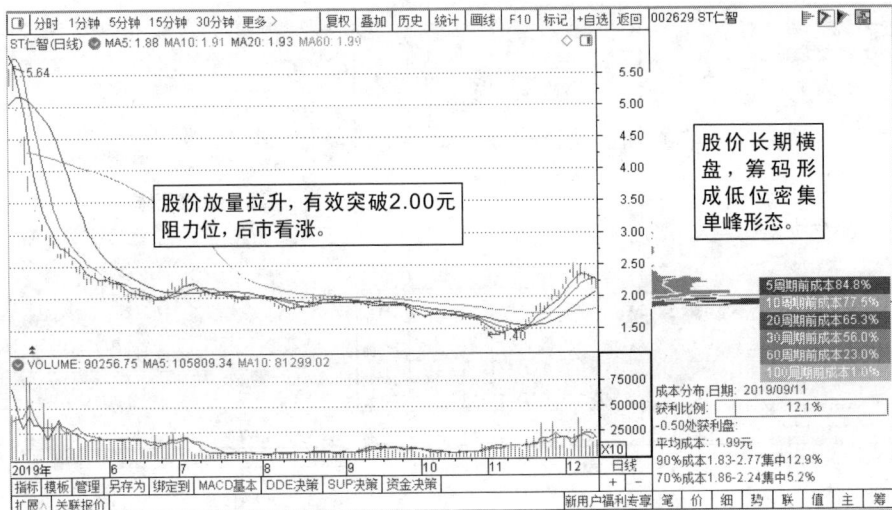

图　ST仁智2019年4～12月的K线走势

ST仁智2019年8月至2020年4月的K线走势如下图所示。

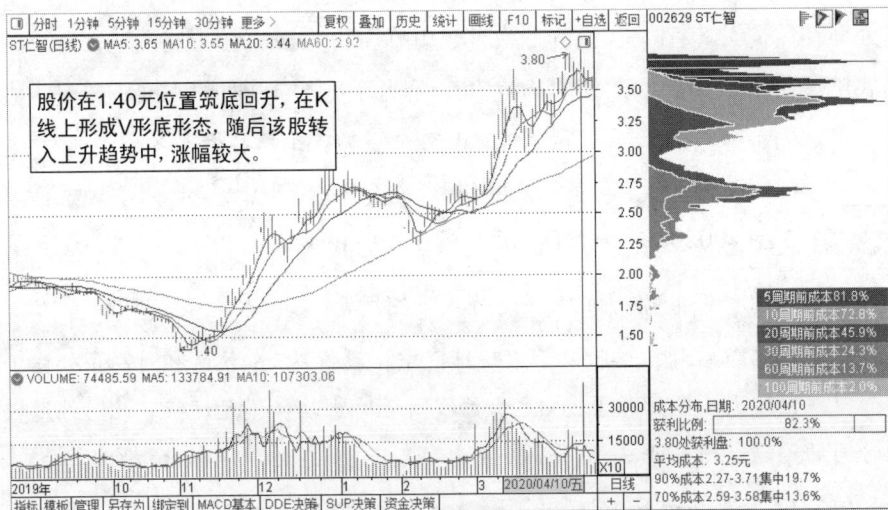

图　ST仁智2019年8月至2020年4月的K线走势

从上图可以看到，股价在1.40元位置筑底回升，在K线上形成V形底形态，随后该股转入上升趋势中，涨幅较大。如果股民在放量突破前期阻力2.00元附近买进，当股价上涨至3.80元时可以获得90%的涨幅收益。

No.089
洗盘后再度密集筹码

筹码的基础形态是当股价在低位与高位区域时都会形成密集单峰，当股价处于中间阶段时会呈现出发散的状态。但是还有一种筹码状态，它是洗盘之后再度密集筹码，说明该股在洗盘之后筹码变得更集中，多峰密集变成单峰密集，整理之后股价将再次启动。洗盘后，筹码形成密集的单峰为股民的买进位置。

一图展示

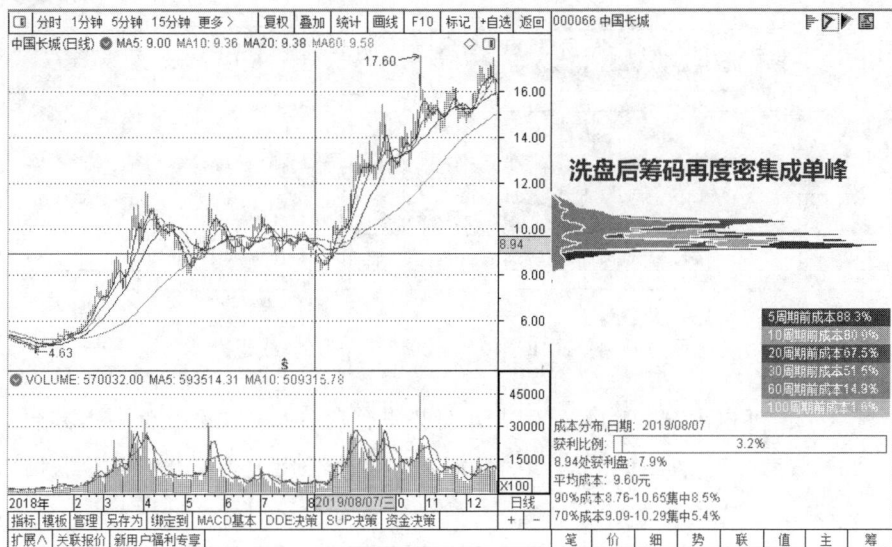

洗盘后筹码再度密集成单峰

要点剖析

筹码在低位区第一次形成密集单峰后开始了一波小幅上攻行情，当股价上涨至小行情顶部时，第一次低位密集峰仍然大量存在。随着主力的洗盘行为，筹码再次形成密集单峰。当股价向上突破第二次密集峰时股民可以积极买进。

该筹码形态的要点在于，第一次筹码峰形成后股价上攻，股价运行至中间阶段顶部时，低位区筹码依旧存在，由此说明股价极有可能迎来第二波上涨。

实例分析 新希望（000876）洗盘后再度密集突破买进

新希望2018年10月至2019年10月的K线走势如下图所示。

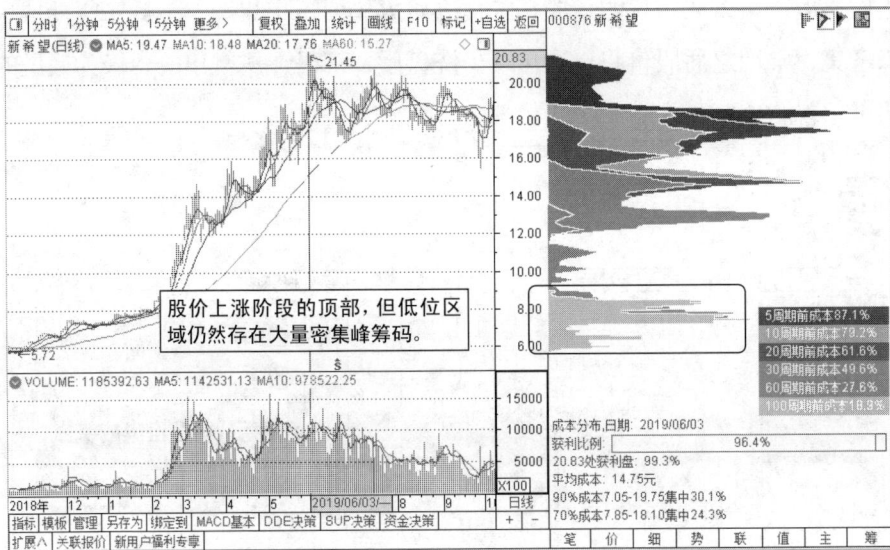

图　新希望2018年10月至2019年10月的K线走势

从上图可以看到，该股处于上升趋势中，股价从5.72元低位向上攀升，涨至21.45元后股价止涨横盘，在18.00～20.00元区间波动。此时股价涨幅已达到275%，是否意味着股价见顶，后市转跌呢？

我们查看筹码发现，在股价横盘的低位区域筹码在6.00～8.00元区间密集成单峰，股价向上拉升突破密集区间，进入上涨行情。但是当股价涨至最高21.45元时，低位6.00～8.00元仍有大量的低位密集筹码，说明场内主力并没有离场打算，此时的止涨为上涨途中的洗盘调整，结束后股价将继续上涨。

新希望2019年3月至2020年2月的K线走势如下图所示。

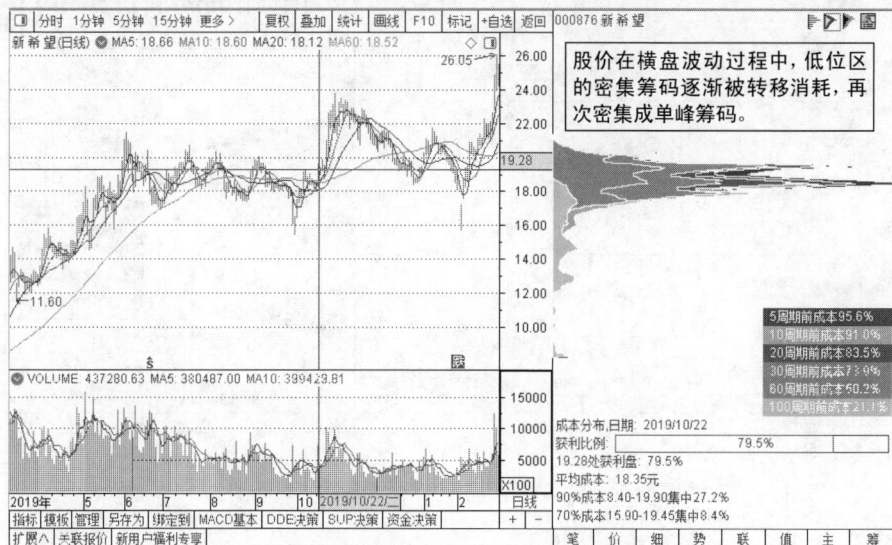

图 新希望2019年3月至2020年2月的K线走势

从上图可以看到，股价在波动运行的过程中，低位区的密集筹码逐渐被转移消耗，再次在18.00～22.00元区间密集成单峰。说明股价在洗盘过程中，主力清理场内浮筹，收集筹码。在股价向上突破筹码密集单峰时，股民可以积极买进追涨。

2020年2月下旬，成交量放量，股价大幅向上拉升突破筹码密集峰，有效突破22.00元阻力位，均线拐头向上。说明洗盘结束，该股即将迎来一波上涨行情，股民可以在此位置买进，持股待涨。

新希望2019年7月至2020年4月的K线走势如下图所示。

从下图可以看到，2月下旬成交量放量突破密集单峰筹码后，股价继续上涨，涨幅较大。如果股民在成交量放量突破时的24.00元附近买进，当股价上涨至35.55元时，可以获得48.1%的涨幅收益。

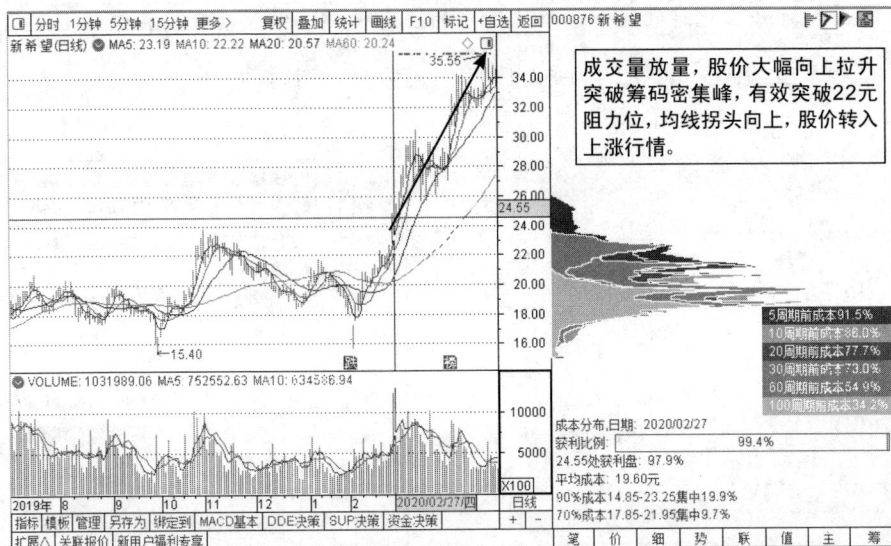

图　新希望2019年7月至2020年4月的K线走势

第9章
技术抄底进阶

股价运行趋势研判

在股市炒股常常会听到"顺势者昌，逆势者亡"这样的话，其中的"势"就是股价运行趋势。股价运行并非无迹可循，观察股价的波动轨迹可以发现，股价遵循一定的运行趋势，如果股民能够准确研判股价运行趋势就可以做出更精准的投资决策。

No.090 如何画趋势线

No.091 股价回落至上升趋势线

No.092 股价向上突破下降趋势线

No.093 八浪基本形态认识

No.094 抓住浪1起涨点

No.095 利用浪2调整寻找起涨点

No.096 借助浪3主升浪买入

No.097 牛市行情中的抄底

......

9.1 通过趋势线找准底部

我们知道股价会遵循一定的运行趋势，但如何找到股价的运行趋势呢？这里我们介绍一种股价运行趋势判断工具——趋势线。

No.090
如何画趋势线

前面介绍过股市行情分为上升趋势、下降趋势和水平趋势。趋势线也分为上升趋势线、下降趋势线和水平趋势线。上升趋势线是股价上涨途中大部分底点的连线，能够对股价起到支撑作用；下降趋势线是股价下降途中大部分顶点的连线，能够对股价起到阻力作用；水平趋势线则分别将顶点和底点以直线连接，形成震荡区间。

一图展示

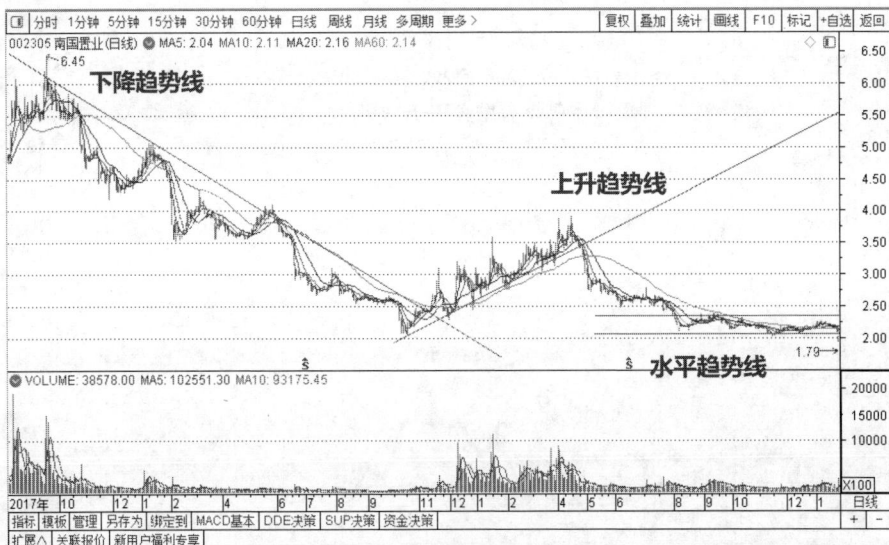

要点剖析

绘制趋势线时要注意以下两个方面。

◆ 趋势由不同级别的大小趋势组成，时间周期越长，趋势线的有效性越强。根据时间周期可以分为短期趋势线、中期趋势线和长期趋势线。因此，在绘制趋势线时要注意当前的趋势线的周期性。

◆ 趋势线连接顶点或底点的触点越多，时间越长，趋势线的有效性就越强。2个底点或顶点就可以画出一条有效的趋势线，但至少需要3个顶点或者底点才能确认。另外，这条直线延续的时间越长，越具有有效性。

No.091

股价回落至上升趋势线

上升趋势线对股价具有支撑作用，利用这点，股民准确绘制出趋势线后，当股价上升阶段回调时，回落至上升趋势线处，并获得支撑时，可以积极买进。

一图展示

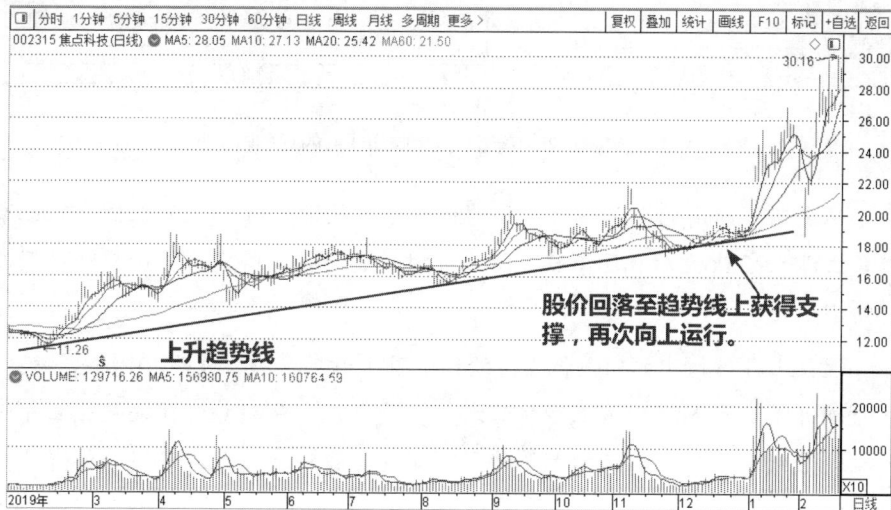

股价回落至趋势线上获得支撑，再次向上运行。

上升趋势线

要点剖析

利用股价回落至上升趋势线处买进的关键在于股民能够准确绘制出正确的上升趋势线。如果绘制的上升趋势线错误，则不能很好地表现这段趋势，从而错误研判行情。因此，这段趋势中，落在趋势线上的底点越多，则这条趋势线就越准确。

实例分析 广联达（002410）回落至上升趋势线上买进

广联达2016年5月至2019年1月的K线走势如下图所示。

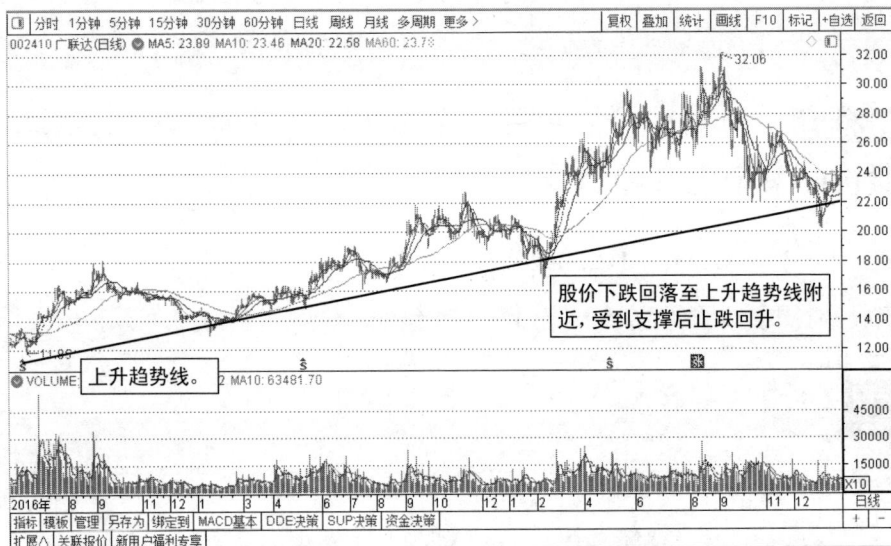

图　广联达2016年5月至2019年1月的K线走势

从上图可以看到，该股处于上升行情中，股价从11.85元的低位处向上攀升，上涨至32.06元后止涨下跌，那么此时该股行情是否发生转变，转入下跌行情中了呢？

连接上升行情中的回调低点，绘制一条上升趋势线，发现2019年1月股价的下跌并没有有效跌破该上升趋势线，而是触及上升趋势线，跌破后立即回升至趋势线上方，并继续向上攀升。由此说明股价在上升趋势线处获得了支撑，该趋势线仍然有效，后市继续看涨。股民可以在股价触及趋势线回升时抄底。

广联达2018年10月至2020年7月的K线走势如下图所示。

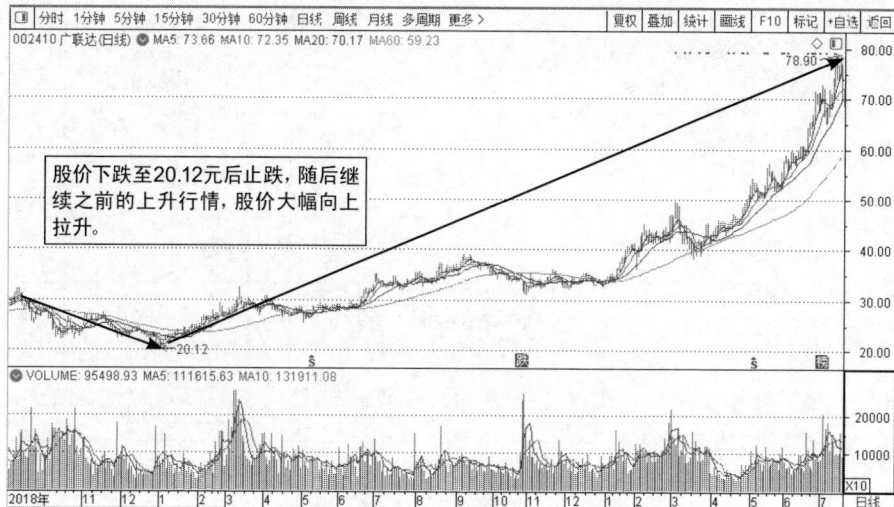

图　广联达2018年10月至2020年7月的K线走势

从上图可以看到，2018年10月股价下跌至20.12元后止跌，随后继续之前的上升行情，股价大幅向上拉升。由此可见，2018年10月的下跌为股价上升过程中的回调，该股的上升行情并未发生改变。如果股民在股价回落至上升趋势线，受到支撑时的22.00元附近买进，当股价上涨至78.90元时，可获得258.6%的涨幅收益。

No.092

股价向上突破下降趋势线

下降趋势线对股价具有阻力作用，在下跌趋势中，股价在下降趋势线的下方运行。如果成交量放量，股价向上有效突破下降趋势线，说明下降趋势线失效，此轮下跌行情已经结束，后市即将迎来上涨。股价放量突破时就是股民抄底买进的好机会。

一图展示

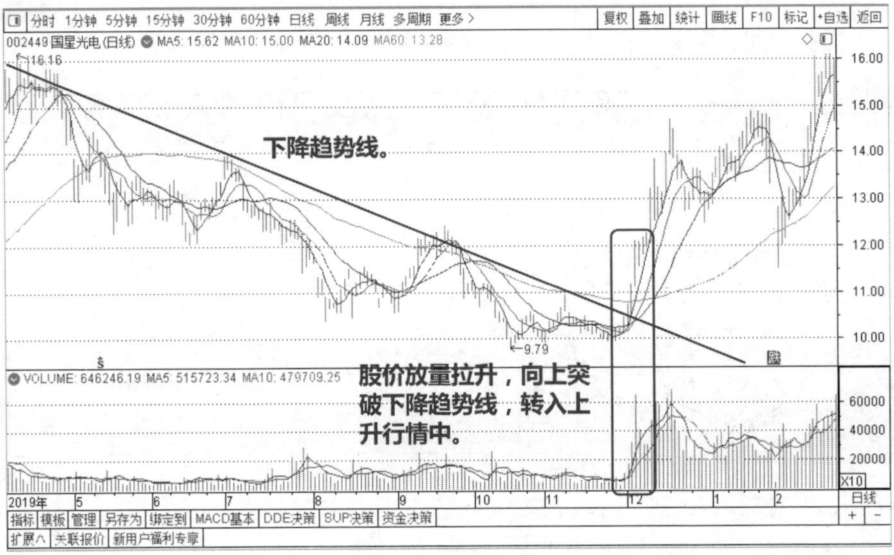

要点剖析

　　股价向上突破下降趋势线是比较可靠的抄底信号，股民买进的关键在于判断股价向上突破时是否为有效突破。首先，股价上穿趋势线时当日收盘价应高于趋势线价位，且突破后股价在接下来的几个交易日内持续上涨，远离趋势线。其次，股价向上突破时必须伴随成交量放大配合，没有成交量作为支撑，很可能为假突破。

实例分析　华信新材（300717）股价向上突破下降趋势线抄底分析

　　华信新材2019年7月至2020年7月的K线走势如下图所示。

　　从下图可以看到，该股处于下跌行情中，股价从18.69元的相对高位处开始下跌，跌至14.00元价位线附近后跌势渐缓，出现上升趋势，行情是否开始转变了呢？

　　连接股价下跌过程中的顶点绘制下降趋势线，发现下降趋势线对股价起到压制作用，股价多次反弹至趋势线附近时受阻拐头向下运行。2020年

7月初，股价放量向上拉升突破下降趋势线，且突破后股价继续向上。由此可见，下降趋势线失效，市场行情发生转变，该股转入上升行情中，后市看涨，股民可以在确认突破有效之后抄底买进。

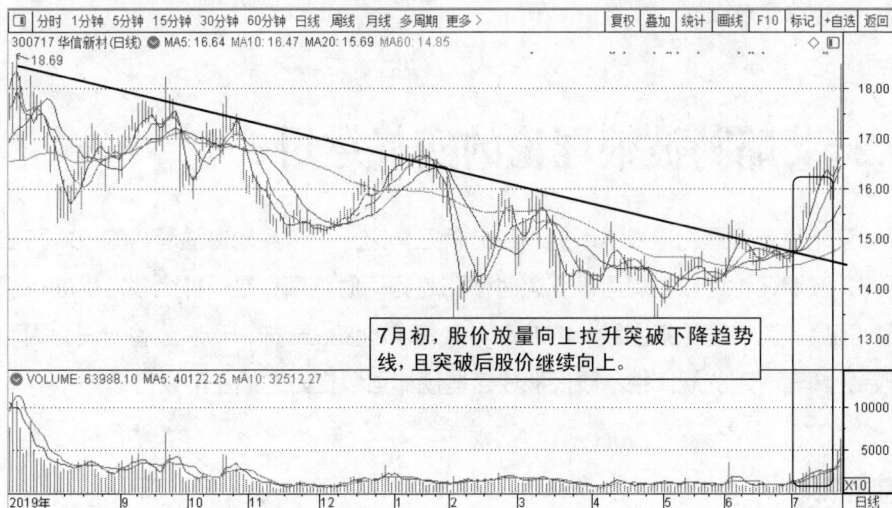

图 华信新材2019年7月至2020年7月的K线走势

华信新材2020年3～9月的K线走势如下图所示。

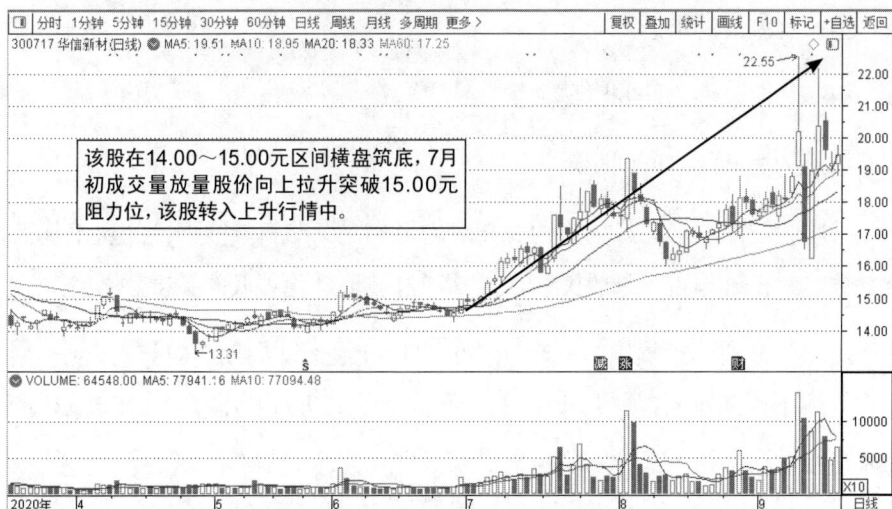

图 华信新材2020年3～9月的K线走势

从上图可以看到，该股在14.00～15.00元区间横盘筑底，7月初成交量放量，股价向上拉升突破15.00元阻力位，该股转入上升行情中。股民如果在股价向上突破下降趋势线时的15.00元附近买进，当股价上涨至22.55元时可以获得50%的涨幅收益。

9.2 艾略特波浪理论的实战运用

艾略特波浪理论是最常用的趋势分析工具之一，与其他追随趋势的技术方法不同，波浪理论可以在趋势确立之时预测趋势何时结束，是一种比较准确的行情研判工具。波浪理论指出股价的波动与大海中的波浪一样，一浪跟着一浪，周而复始，具有一定的规律性，股民抓住这些规律可以更好地抓住市场行情。

No.093

八浪基本形态认识

艾略特波浪理论主要包括以下 3 个部分。

第一为波浪的形态。

第二为浪与浪之间的比例关系。

第三为浪间的时间间距。

其中，波浪的形态最为重要。波浪的形态是艾略特波浪理论的立论基础，所以数浪的正确与否，是股民能否成功通过波浪理论抄底的关键。

艾略特波浪理论提出，一个完整的股价波浪运动周期中应该包含股价上升和股价下跌两个阶段，其中上升阶段的波浪运动为上升五浪，下跌阶段中的波浪运动为下跌三浪，它们组成了波浪理论的八浪基本形态。

在上升五浪中，第 1 浪、第 3 浪和第 5 浪为推动浪，第 2 浪和第 4 浪为上升波浪中的调整浪。

- **第1浪**：浪1通常出现在长期下跌或者盘整行情的末期，成交量和股价稍有增长，但缺乏买气，通常属于营造底部形态的第一部分，它一般是五浪中涨幅最小的一浪。

- **第2浪**：浪2是调整浪，其调整幅度一般相当大，常覆盖第1浪上升空间的大部分或者全部。一般在第2浪中价格不再创新低，价格下跌后很快回升。

- **第3浪**：浪3往往是最大、最具爆发力的一浪，其持续的时间与上涨幅度通常是最长的。市场信心开始恢复，成交量大幅上升，股价常出现明显的突破信号。

- **第4浪**：浪4回调往往是市场后继乏力的预兆，但通常浪4的底点不会低于浪1的顶点。浪4的构造与浪2不同，如浪2以简单的形态出现，浪4则以复杂的形态出现。

- **第5浪**：浪5的涨势通常小于浪3，有可能出现其高点低于第3浪高点的失败情况。

下跌三浪更为复杂，由浪A、浪B和浪C组成，其中浪A和浪C为下跌走势，浪B为反弹走势。

- **浪A**：浪A时市场中的大部分持股人认为上升行情尚未结束，此时为股价上涨途中的一个回调。但实际上，浪5往往已经给出股价见顶的信号，如顶背离等形态。因为市场比较乐观，所以有时会出现比较平缓的下跌走势。

- **浪B**：浪B往往是股民出逃的机会，但往往也会形成多头陷阱，让市场内的持股人以为该股开启了一段新的上涨行情。

- **浪C**：浪C是下跌幅度最大、跌势最深、破坏力最强的下跌浪，且其持续时间较长。

补充提示 *次一级波浪*

在艾略特波浪理论中，波浪是循环的，且波中还有波，浪中还有浪。因此每个波浪可以分成数个中波浪，而每个中波浪又分为许多小波浪，且每个波浪都有各自的符号来标识，以示区别。一个完整的股市循环一共分为 144 个小波浪。

一图展示

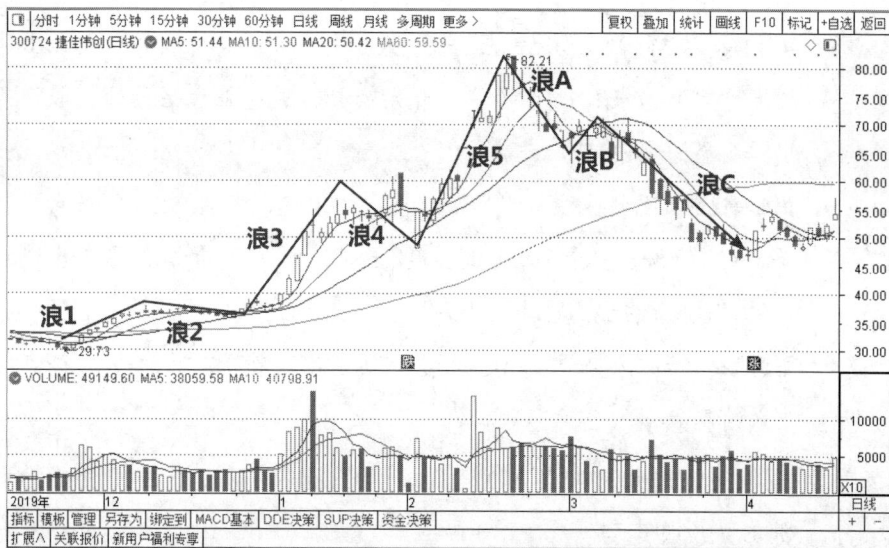

要点剖析

看起来艾略特波浪理论似乎很好理解和运用，但因为波浪有循环，大波浪中有小波浪，使数浪变得更复杂，也更难以把握。所以在实际运用艾略特波浪理论时股民应该结合其他工具使用，这样得到的结果更加精准。

No.094

抓住浪1起涨点

浪 1 是上升五浪中的第一浪，也是整个上涨趋势的起始浪，因此股民应该重视浪 1，抓住起涨点。

抓住浪 1 的关键在于找到浪 C，波浪是循环的，想要找到浪 1 的开始，必然要先找到前一轮波浪的结束。因此，股民需要正确判断浪 A、浪 B 和浪 C 的发生，并确定浪 C 的结束。当成交量温和放量，股价逐渐摆脱前期弱势状态时，说明浪 1 即将到来。

一图展示

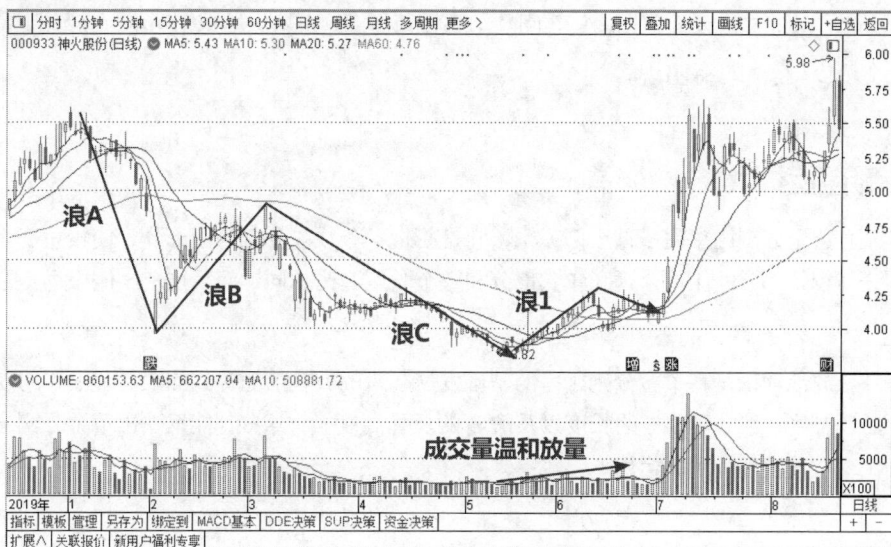

要点剖析

浪 1 是上涨走势的起点，也是前期下跌走势的终点，具有以下 3 个特点。

◆ 市场中的上升动能较弱。由于前期的大幅下跌，市场低迷，所以成交量虽然有所放大，但仍然比较低，股价上升缓慢，涨幅通常也不高。

◆ 市场中的大部分人对股价后市持悲观态度，认为此时的上涨为下跌途中的反弹，因此人气不高，关注度较低。

◆ 股价上升一旦突破重要阻力位，并在上方站稳，基本就可以确定浪1
形成，股民可以趁机买进。

需要注意的是，其实真正的浪C结束位置是无法准确判断的，只有当走
势走出来后才知道。但是我们根据黄金分割比率可以判断浪C结束的大概位
置。例如，浪A与浪C等长，或者浪C在浪A的161.8%的位置。当股价下
跌到这些位置后，浪C就可能结束。

但是，此时还需要配合其他指标进行判定，从而提高预判的准确性，例如，
结合K线形态，股价在浪C结束位置附近K线出现底部反转形态则说明浪
C结束，浪1即将出现。

补充提示　黄金分割比率

黄金分割比率是一种比例关系，它是指把一条线段分割为两部分，使较短部
分与较长部分的比值永远和较长部分和整个长度之比相同，而且这个比值永远是
0.618。

波浪理论是在黄金分割比率的基础发展起来的，在前面提到的浪2和浪4的
回调幅度，浪3和浪5的长度以及浪B的反弹高度等，这些都能反映出黄金分割
比率在波浪理论中的运用。

实例分析　格力电器（000651）找到浪1起涨点买进

格力电器2018年2月至2019年2月的K线走势如下图所示。

从下图可以看到，该股经历一波下跌行情，股价从58.70元高位处快速下
滑，跌至44.08元后止跌，反弹至50.00元附近后再次下跌，跌至35.35元后，
股价止跌回升，成交量温和放量，此时是否说明前一轮下跌行情结束，浪1
出现了呢？

首先我们需要判断35.35元位置是否为浪C的结束位置。从下图可以看
到，浪A跌势迅猛，而浪B反弹不力，所以浪C出现延长的可能性极大。通过
粗略地计算可以得到以下结果。

浪A跌幅：（58.7−45）÷58.7=23.3%

23.3%×161.8%=37.7%

浪C结束位置：（52−X）÷52=37.7%，X≈30.4

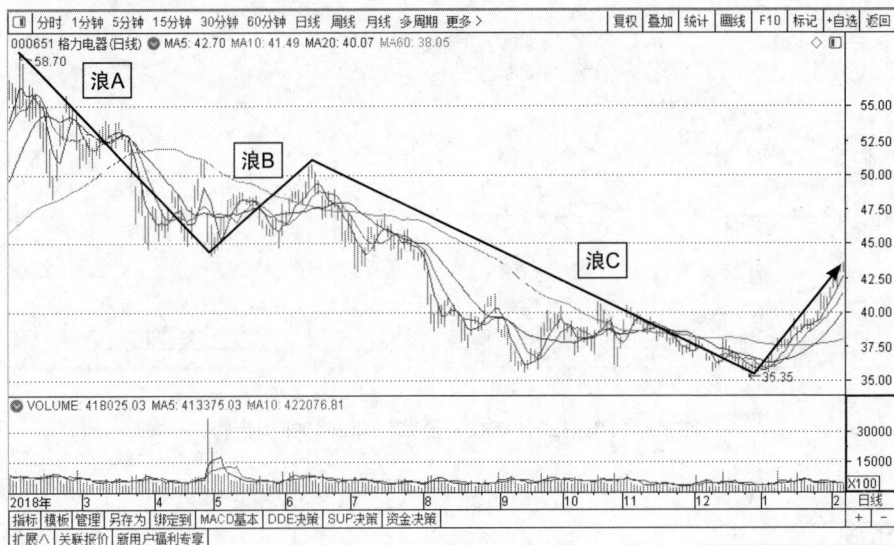

图　格力电器2018年2月至2019年2月的K线走势

根据计算结果可知，浪C应该在32.40元附近结束，但是我们查看K线走势发现，股价下跌至35.00元附近时获得支撑，横盘运行，反复筑底，成交量表现极度萎缩，跌无可跌，说明浪C结束。激进的股民可以在此位置抄底买进。

2019年成交量温和放大，股价出现稳定的小幅上涨行情，说明浪1起始浪出现，追求稳健的股民可以在股价突破40.00元阻力位买进。

格力电器2018年12月至2020年2月的K线走势如下图所示。

从下图可以看到，该股果然在35.35元触底，随后转入新一轮上升浪行情中，股价稳定向上攀升，涨幅较大。

如果股民在股价向上突破40.00元位置时买进，当股价上涨至70.56元时可得到76.4%的涨幅收益。

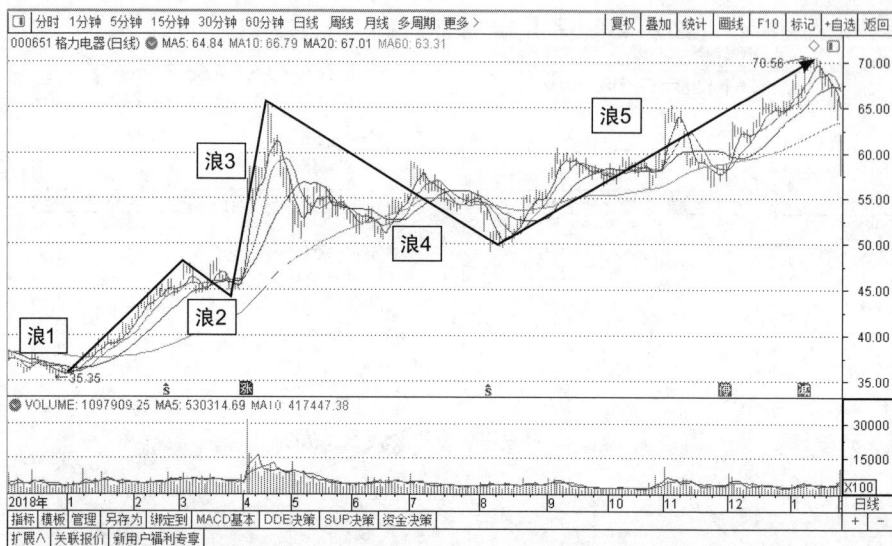

图　格力电器2018年12月至2020年2月的K线走势

No.095
利用浪2调整寻找起涨点

浪1走出一波上涨行情后，股价不可能一直稳定上涨，在市场获利盘、平仓盘和解套盘的共同打压下，股价会短期向下调整，这个调整就是浪2。浪2可以清洗浮筹，为股价继续上涨创造有利条件。

浪2的特征包括以下几个方面。

◆ 浪2回踩是对浪1上涨的修正（浪1是推动浪，不可能一直上涨），同时为浪3放巨量上涨储蓄动量。

◆ 浪2往往是主力机构洗盘的表现，目的是为后市获取更多的廉价筹码。

◆ 浪2是上升五浪中的第一个调整浪。

◆ 浪2回调结束位置通常有3处，第一处回调到浪1的38.2%或61.8%处（这个数跟黄金分割比率有关），第二处是回调到浪1次一级1～4浪处（或小4浪处）；第三处是回调到接近浪1底部的位置，但不会跌破浪1底部，是回调幅度最大的情况，也是主力机构洗盘最充分的情况。这种情况要是没有来得及躲避，就会损失惨重。

一图展示

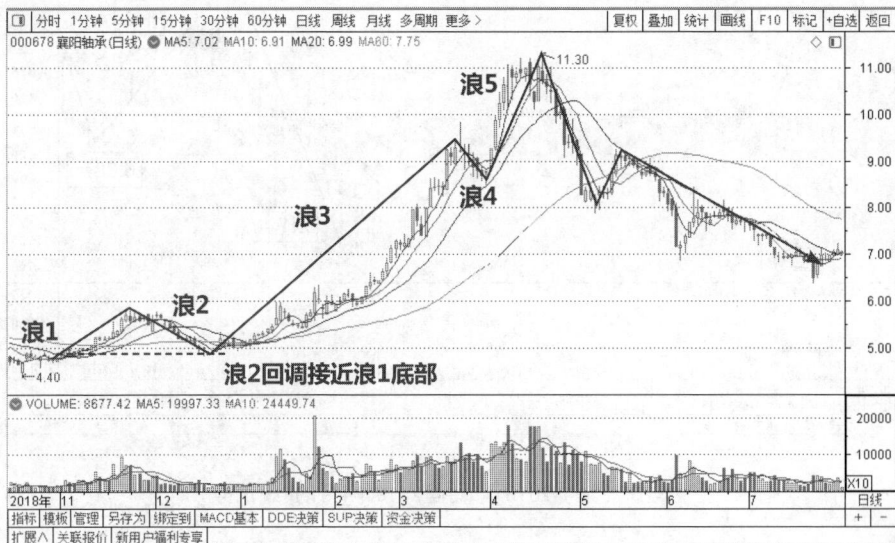

要点剖析

从前面的介绍我们知道，浪2的结束位置有4种情况，其中需要特别注意的是最后一种，即浪2回调接近浪1底部。这种回调属于深度回调，如果跌破浪1底部则属于无效的调整，即不存在浪2，也就表明目前的行情属于下跌行情的末期，市场中没有或少数人卖出股票。

实例分析 东北证券（000686）浪2回调底部买进

东北证券2018年5月至2019年1月的K线走势如下图所示。

从下图可以看到，该股股价在5.03元的底部开始回升，均线系统拐头向上，该股转入上升趋势中，成交量放大。当股价上涨至浪1顶部7.64元后止涨下跌，转入浪2回调中。在浪2的回调整理中，该股几乎全部以阴线的方式单浪下跌拉低股价，在创出6.08元的低价后企稳回升。此时是否意味着浪2回调结束呢？

图　东北证券2018年5月至2019年1月的K线走势

根据黄金分割比率，浪1上涨幅度的61.8%为：（7.64-5.03）×0.618=1.613，7.64-1.613=6.027，接近浪2回调的实际价格6.08元，由此可见，可以确定此时浪2的止跌企稳实际就是浪2回调结束，回调底部形成，随后将进入浪3的上升通道，股民可以选择关注该股，在随后逢低吸纳积极买入做多。

No.096

借助浪3主升浪买入

从波浪规律可以知道浪3不是最短的一浪，而且往往是最值得期待的波浪，上涨幅度最大、持续时间最长，也被称为主升浪。因此在整个上升阶段，浪3是最值得股民期待的，投资者只要抓住浪3，就能获利。

进入浪3的个股具有以下特点。

◆ 个股前期已经有了一定幅度的上涨，但上涨比较谨慎，走势温和。

◆ 个股所处的位置并不低，有的是一段时期以来的最高位置。

◆ 在进入浪3之前，股价可能会出现横盘整理阶段，有的是小幅波动，有的则呈三角形走势。

◆ 浪3初期成交量放出巨量，而后期成交量逐步萎缩。

一图展示

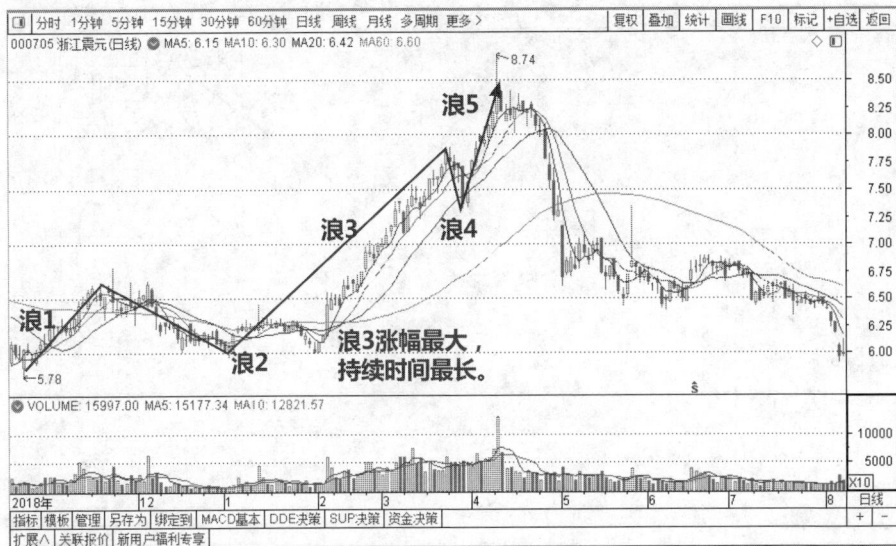

要点剖析

当我们确认了浪2底部之后，如果均线拐头向上呈现急涨走势，股民可以在浪2底部，浪3起涨点积极买进。但如果浪2结束后，股价小幅上涨随后下跌横盘，进入复杂形态，可以利用"天眼地量"法来抓住主升行情。其方法如下。

◆ 用5日、20日平均线K线图，是因为5日代表一周交易日，20日代表一月交易日，寻找那些5日均线轻微跌破20日均线，形成一个很小的"天眼"形态。

◆ "天眼"区域的日K线的成交量表现萎缩，称为"地量"。成交量萎缩，说明在股价下跌的过程中开"天眼"的个股下跌动量减弱。

◆ 地量是主力高度控盘拉升前整理时出现的，也会间断性出现，主力震仓洗盘的末期也必然出现。

实例分析 国元证券（000728）天眼地量抓住浪3

国元证券2018年10月至2019年4月的K线走势如下图所示。

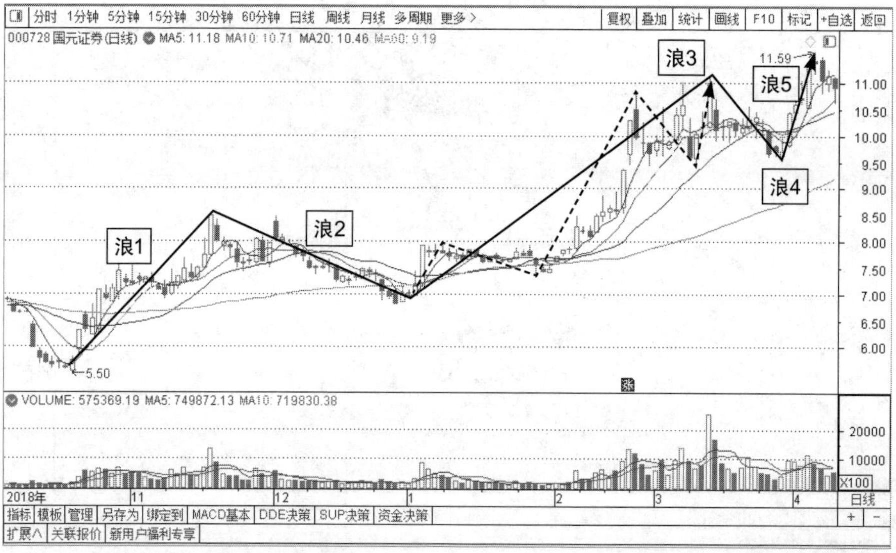

图　国元证券2018年10月至2019年4月的K线走势

从上图可以看到，该股在这一阶段展开一轮清晰的五浪上涨行情。浪3的上涨幅度很有诱惑性。

观察浪3的走势可以发现，浪3发生了延长，由次一级的五浪形成，拉高股价。整个浪3从7.00元上涨至11.00元，涨幅达到57.10%。那么股民应该如何把握住浪3的这次上涨呢？

国元证券2018年10月至2019年2月的K线走势如下图所示。

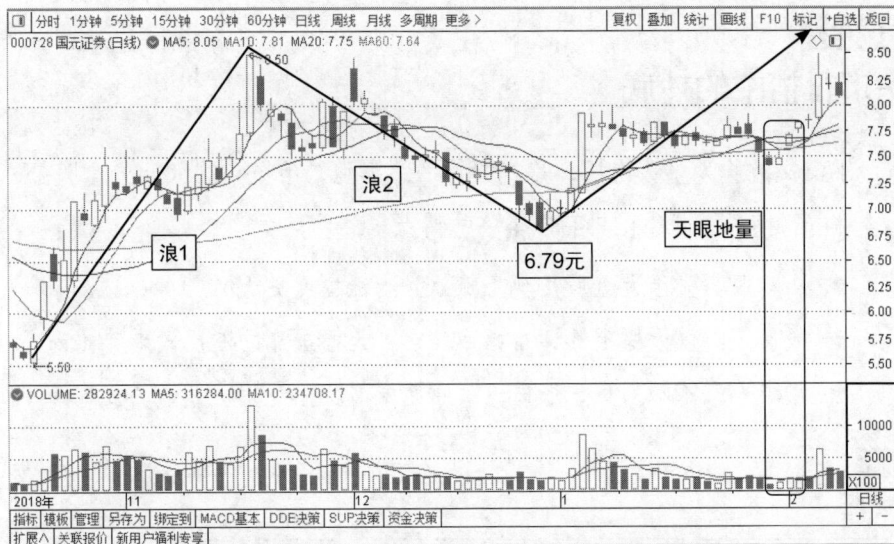

图　国元证券2018年10月至2019年2月的K线走势

从上图可以看到，该股从5.50元开始进入浪1起涨浪，股价上涨至8.50元后止涨下跌转入调整浪2，股价跌至6.79元，即浪1的61.8%附近止跌回升，说明该股转入浪3主升浪中。

但浪3并没有直接大幅向上攀升，股价小幅上涨至8.00元附近后止涨横盘运行，成交量缩量，此时不是股民最好的买入机会。1月底5日均线拐头向下，下穿20日均线，随后又快速上穿20日均线，形成一个小天眼，观察天眼区间的成交量发现，成交量地量，说明横盘结束，主力即将大幅拉升股价，此时为股民买入的最好时机。

9.3　不同市场行情下的抄底策略

市场按照股价的变化情况可以分为牛市和熊市，牛市是预料股市行情看涨，前景乐观的专门术语，熊市是预料股市行情看跌，前景悲观的专门术语。当股民处于不同的股票市场中时会有不同的操盘策略。

No.097

牛市行情中的抄底

牛市又被称为多头市场，是指股指一路上涨，市场中的大部分个股都一路上涨的行情。因此牛市具有以下一些特点。

◆ 小盘股会先于大盘股出现上涨，且上涨幅度更大。

◆ 股价不断以大幅上涨，小幅回档，再大幅上涨的波段式走势推高。

◆ 场内人气不断聚集，股民追高意愿强烈。

一图展示

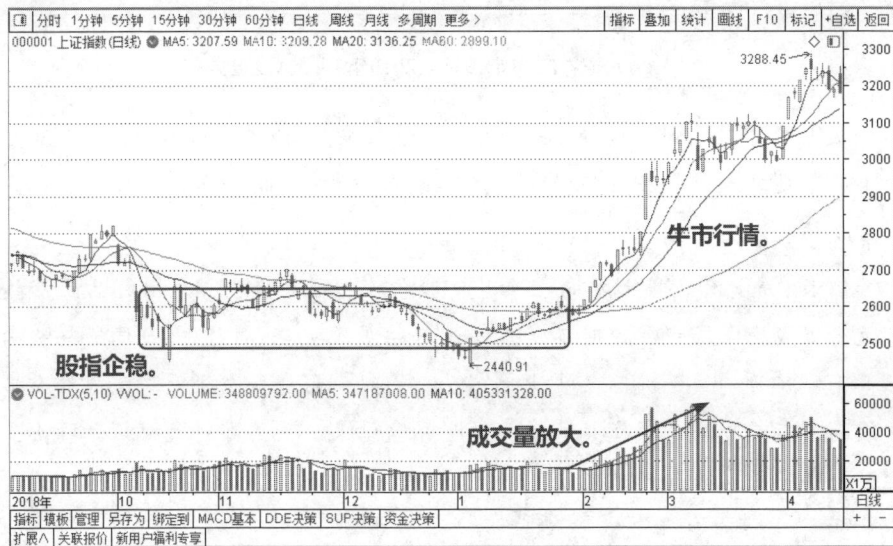

要点剖析

在牛市行情中，股民要敢于持续看多，克服"恐高"，摒弃一涨就卖的思维方式，一旦行情得以确定，在消息面、资金面没有发生根本改变之前，行情不会轻易发生改变。

另外，在操作过程中应以中线持股为主，不宜频繁换股，也不宜短线操作。

因为主流品种通常会走出持续上涨的行情，一旦过早卖出便很难再次买回。

实例分析 神州数码（000034）牛市行情下抄底操作

深证成指2018年1月至2019年2月的K线走势如下图所示。

图 深证成指2018年1月至2019年2月的K线走势

从上图可以看到，深证成指前期表现为下跌颓势，指数从11 633.46点开始下滑，跌势较重，跌幅较深。当指数跌至7 500点时止跌企稳，并在7 500点上下波动，横盘运行。2019年2月，成交量出现明显放大迹象，指数转入上涨走势，均线由缠绕横行转为发散向上运行，呈现多头排列，说明行情转好，市场呈现出牛市行情。

在牛市行情的前提下，我们寻找个股发现神州科技从2016年11月开始表现出下跌行情，股价受到下降趋势线的压制，从34.10元的高位处一路下滑，跌至14.00元价位线附近后止跌，随后在12.00~16.00元区间做窄幅波动。神州科技2016年11月至2019年3月的K线走势如下图所示。

2019年1月下旬，K线连续收阴股价进一步下跌，创下10.40元的新低后，止跌回升由下向上突破下降趋势线，且突破后K线继续连续收阳，稳稳站在下降趋势线上方，说明下降趋势线被有效突破，行情发生转变。

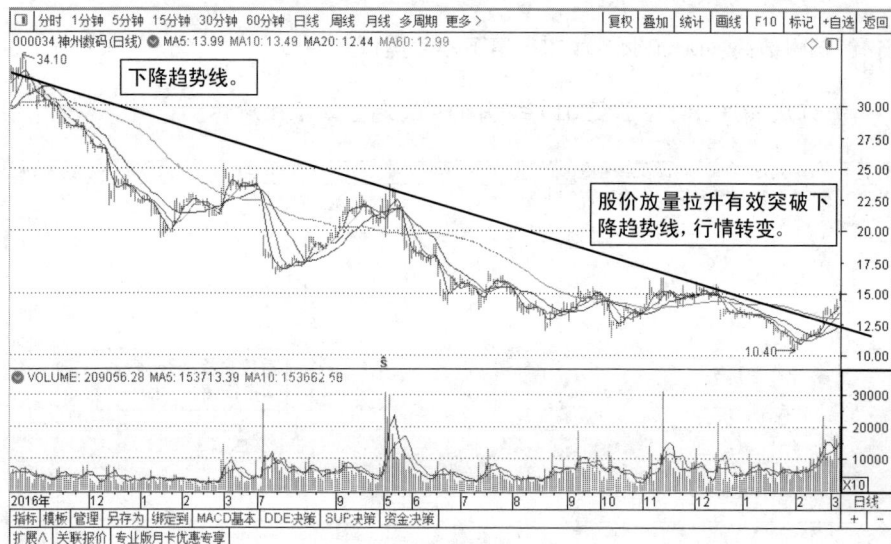

图　神州科技2016年11月至2019年3月的K线走势

另外，均线纷纷拐头向上运行，成交量出现明显放量，结合牛市行情，说明场内大部分股民对该股的后市走势看好，人气聚集，后市即将迎来一波上涨行情。

但此时并非股民最好的买入点，前期股价长期横盘波动，16.00元价位线形成一个强有力的阻力位，对于稳健的股民而言，应该在股价有效突破16.00元价位线，出现明确的上涨行情后再积极买进。

神州科技2019年2月至2020年3月的K线走势如下图所示。

从下图可以看到，股价果然在10.40元触底，随后转入上升行情中。股价上涨至16.00元附近受到解套盘的打压，股价向下回调横盘。9月初再次放量上涨，有效突破16.00元阻力位后短暂调整，然后开始波动向上的行情。

如果股民在向上突破16.00元后的17.00元附近买进，当股价上涨至33.15元时可以获得95%的涨幅收益。

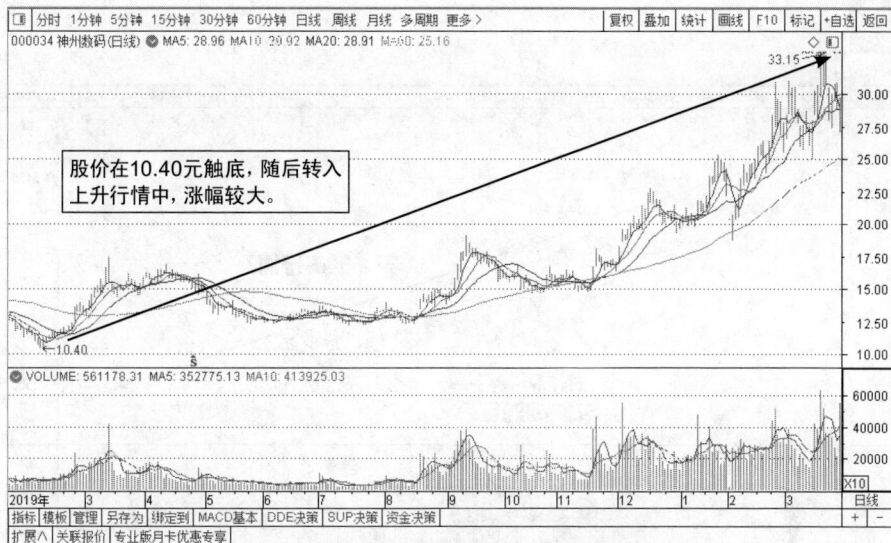

图　神州科技2019年2月至2020年3月的K线走势

No.098

熊市行情中的抄底

　　熊市又被称为空头市场，是指股指一路下跌，市场中的大部分个股都一路下跌的行情。熊市的特点主要包括以下几点。

◆ 大盘或股票不断创出新低，影响了股市的做多氛围，大部分股民持币观望。

◆ 熊市总体运行趋势不断下跌，虽有反弹，但一波比一波低，绝大多数人亏损。

◆ 熊市行情中，最先开始下跌的股票是一些出现利空消息的股票，然后是一些虽然没有利空但是受大盘下跌影响的股票，最后才是前期的强势个股。

◆ 股市当中成交量出现地量、没有领涨股票和板块也是熊市的一个特征，只要这个特征不改变，基本上熊市的趋势也不会改变。

一图展示

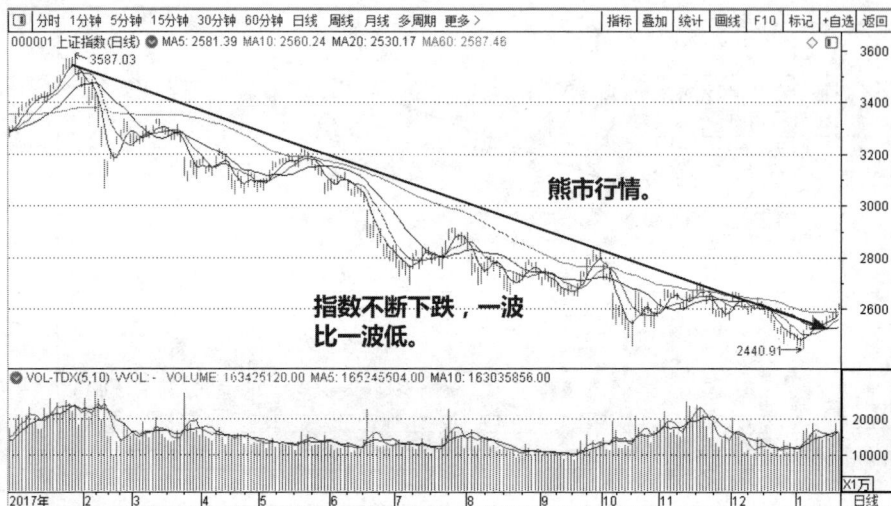

熊市行情。

指数不断下跌，一波
比一波低。

要点剖析

　　熊市行情中，虽然大部分股票下跌，但这些下跌的股票也能为股民提供
买进机会，即找准反弹底部，抢反弹。抢反弹时需要满足以下几个条件。

◆　需要保证趋势向上，这里的趋势是指阶段性短期趋势向上。

◆　股价从高点或整理平台下跌需要达到基本下跌幅度。

◆　股价要远离均线系统。

◆　底部出现止跌的K线组合形态。

◆　熊市抢反弹，以短线甚至是超短线为主。

补充提示　*熊市操盘注意事项*

　　趋势为王是永恒不变的定理。牛市做多，震荡市谨慎，熊市看跌永远都是正
确的决策。因此，熊市行情中抢反弹的风险非常大，若非经验丰富的股民不要轻
易尝试。

实例分析 创元科技（000551）熊市行情下抢反弹

深证成指2017年11月至2018年7月的K线走势如下图所示。

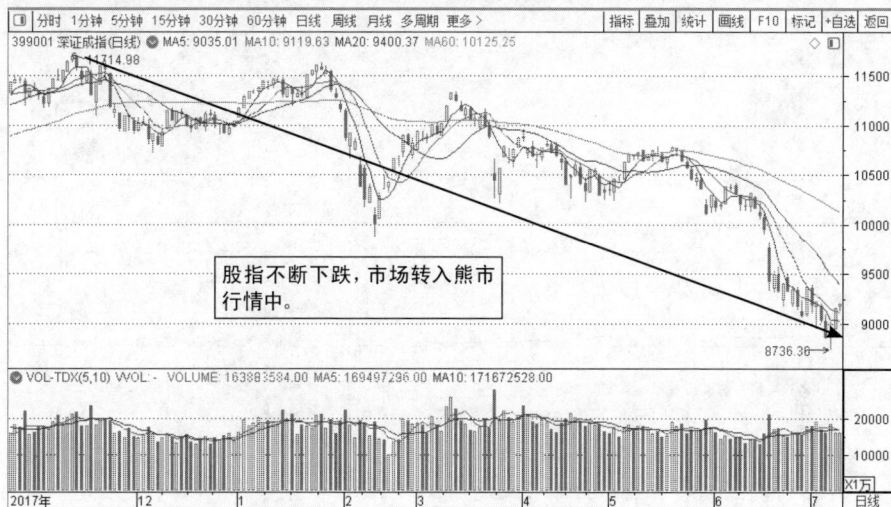

图 深证成指2017年11月至2018年7月的K线走势

从上图可以看到，深证成指在11 714.98点高位止涨下跌，横盘一段时间后转入下跌趋势中，跌势沉重，K线走势一波比一波低，市场转入熊市行情当中。

在熊市行情的前提下，我们寻找个股发现创元科技从2017年6月开始表现为下跌行情，股价从11.75元的相对高位一路下滑，跌至8.50元附近，小幅回升至9.50元，随后受到大盘行情的影响继续转入下跌走势中。均线系统向下运行，股价运行在均线下方。

创元科技2017年6月至2018年6月的K线走势如下图所示。

2018年6月，股价下跌至5.35元，跌幅达到54.5%，随后止跌在5.50元价位线上横盘。此时均线由纠缠运行转为发散向下运行，且短期均线出现拐头向上的迹象。股价在下跌过程中，逐渐远离均线。6月21日K线收出一根中阴线，紧接着第二天股价高开高走，K线收出一根小阳线，两天的K线形成阴孕阳组合，这种组合通常预示多头反击，后市看涨。综合前面的多种信号可以得出，股价可能在5.35元阶段性见底，后市即将迎来一波上涨行情，股民可以趁机在5.50元价位线附近买进。

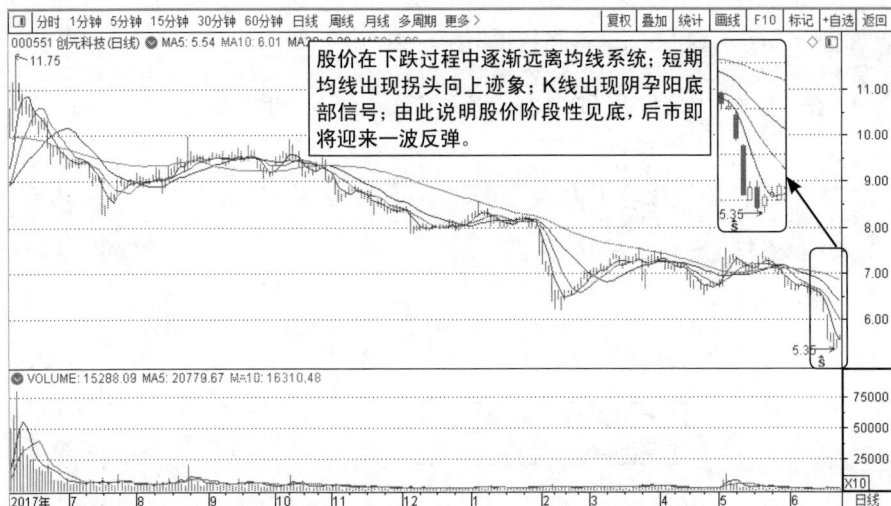

图　创元科技2017年6月至2018年6月的K线走势

创元科技2018年5～10月的K线走势如下图所示。

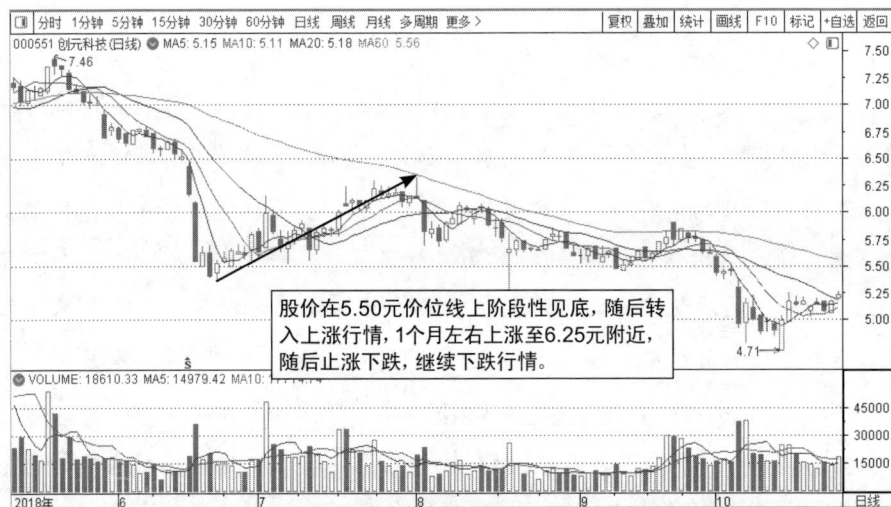

图　创元科技2018年5～10月的K线走势

从上图可以看到，果然股价在5.50元价位线上阶段性见底，随后转入上涨行情，1个月左右上涨至6.25元附近，随后止涨下跌，继续下跌行情。如果股民在5.50元附近买进，可以获得13.6%的涨幅收益。

第10章
技术抄底进阶

跟庄与胜庄策略

在股市行情变化中，庄家发挥了很大的作用，但很多的散户却"谈庄色变"，因为庄家往往是散户股市获益的拦路虎，只有找到正确的识庄、跟庄和胜庄的方法，才能真正地在股市中获益。

No.099　庄家的概念与类型

No.100　庄家的操盘过程

No.101　庄家横盘式建仓

No.102　庄家箱体式建仓

No.103　庄家下跌式建仓

No.104　庄家拉高式建仓

No.105　庄家打压式洗盘

No.106　庄家平台式洗盘

......

10.1 关于庄家你知道多少

股市淘金，股民有一个不得不提的对象，即庄家。紧跟庄家可以快速获取较大的收益，但如果没有及时发现庄家的出货意图，又很容易被套牢。有鉴于此，股民有必要对庄家做一个深入地了解。

No.099
庄家的概念与类型

庄家与散户是一个相对的概念，两者最大的区别在于资金量的大小，所以能够影响股市行情的大户投资者则为庄家。

一图展示

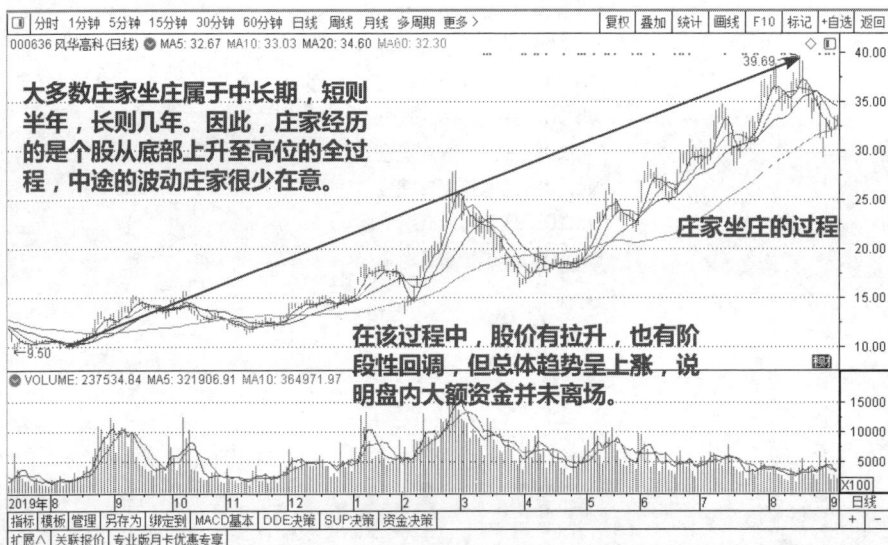

大多数庄家坐庄属于中长期，短则半年，长则几年。因此，庄家经历的是个股从底部上升至高位的全过程，中途的波动庄家很少在意。

庄家坐庄的过程

在该过程中，股价有拉升，也有阶段性回调，但总体趋势呈上涨，说明盘内大额资金并未离场。

要点剖析

股民掌握庄家动向之前，要了解庄家的分类，因为不同类型的庄家，其操盘手法存在不同。

根据操作时间长短划分可以将庄家分为短线庄家、中线庄家和长线庄家。短线庄家收集的筹码较少，通常在5%～10%，习惯采用快进快出的方法操盘，短期内获利；中线庄家收集的筹码在30%左右，收集筹码的时间长，容易在K线中留下痕迹，也是大部分散户跟庄的目标；长线庄家资金实力大，操作时间长，不会计较底部附近的价格小幅波动，在走势形态上能够明显看出吃货、洗盘、拉高和出货。

根据走势振幅的强弱划分可以将庄家分为强庄和弱庄。强庄指某一段时间内走势较强，或是该股预期升幅巨大；弱庄指缓慢推升，依靠不断洗盘来拉高股价。

根据股价走势与大盘的关系划分，可以将庄家分为顺市庄和逆市庄。顺市庄是指庄家控盘的个股走势与大盘走势基本一致；逆市庄指庄家控盘的个股走势与大盘走势不同，受大盘影响较低。

根据庄家操盘的获利情况划分可以将庄家分为获利庄和被套庄。获利庄是指成功出货，获得丰厚收益回报的庄家；被套庄包括两种，一种是股价低于庄家建仓成本，庄家没有操盘能力被套，另一种是由于操盘手法有误，股价超出合理价值，导致没有跟风盘，使得股价虽高但无法兑现。

No.100
庄家的操盘过程

庄家坐庄会经历建仓、洗盘、拉升和出货4个阶段。因此，股民需要发掘庄家坐庄的建仓期，并紧跟庄家买进，等待拉升获取利益。但是通常庄家建仓阶段历时较长，盘面比较隐蔽，往往难以发现。

一图
展示

要点
剖析

股民想要更好地跟庄需要对这 4 个过程做具体的了解方法如下。

◆ **建仓阶段**：建仓是庄家坐庄的第一步，即大量收集筹码。通常庄家
建仓的周期比较长，为了降低购买价格，庄家的吸筹动作不能做得
太大，尽量不要引起市场关注，这就需要更长的吸筹周期。其次，
在建仓阶段，股价波动较小，为避免引起市场的注意，引起跟风
盘，庄家会利用手中已有的筹码进行打压。最后，建仓阶段中的成
交量变化不大，均匀分布。

◆ **洗盘阶段**：庄家在低位区获得足够的筹码之后通常会洗盘，一方面
可以查看盘内的跟风盘情况；另一方面也可以清洗意志不坚定的浮
筹，为即将开始的大幅拉升清除障碍。

◆ **拉升阶段**：拉升阶段初期成交量明显放大，一般从小到大呈递增态
势，能量逐步得到聚集，交投活跃，表明有场外跟风资金入场，在

日K线上一片绯红，股价节节拔高，势如破竹。当市场过热，成交量过大时，大幅拉升阶段也就即将结束了。因为买盘的后续资金一旦用完，卖压就会倾泻而出。

◆ **出货阶段**：出货是庄家的最后一步，也是获利的关键一步，即将手中持有的筹码抛出。此时，虽然买盘虽然仍表现旺盛，但是已露出疲软的态势，成交量连日放大，显示主力已在派发离场。

10.2 找准庄家建仓的时机

建仓是庄家操盘的第一步，为了能够收集更多的低位筹码，避免引起市场的注意，庄家会采取各种各样的建仓方式，例如，在下跌过程中建仓，或者利用横盘建仓等，股民需要了解和掌握庄家的建仓手法，精准抄底。

No.101
庄家横盘式建仓

横盘式建仓是指股价基本在一个水平线上运行，其上下波动的幅度都较小。在股价横盘运行的过程中，成交量保持萎缩，庄家既当买家又当卖家，价格稍微上涨，就用大单将股价打压下去；价格稍微跌下来就吸筹，这样一来使得股价长期在一个狭窄的区域内波动，形成横向盘整走势。

这种横盘式建仓的时间一般要在3个月以上，有的长达半年甚至更长。横盘吸筹期间，每日的成交量虽然不大，但累计成交量却非常可观。这种股票一旦启动，涨势往往十分惊人。

在横盘建仓的过程中，比较常见的是小实体K线，对有筹码的持股人，庄家用小阳线来诱使其抛售，或者用连续高开低走的阴线迫使其吐出筹码，以便庄家低位吸筹。

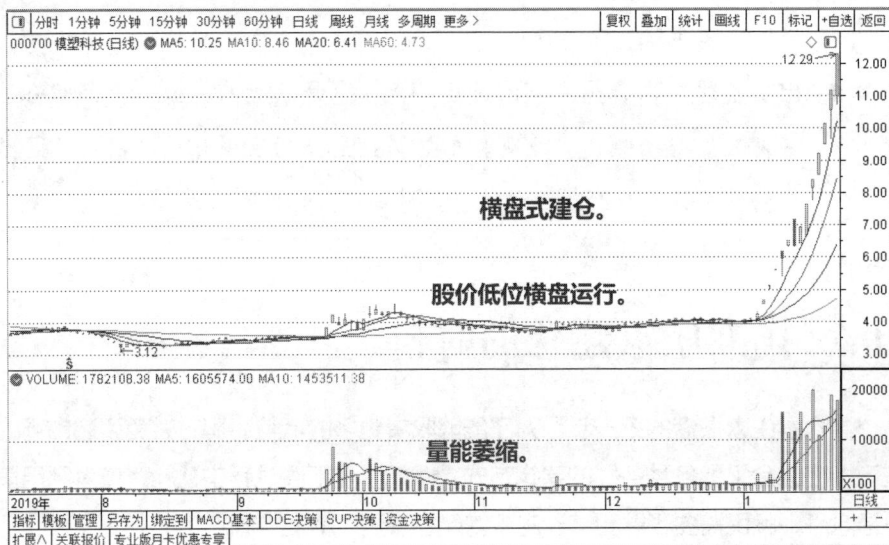

对于散户股民来说，股价横盘期间，不应盲目介入，可以在股价放量向上突破盘整格局时再买入。

美锦能源（000723）识别庄家横盘建仓手法

美锦能源2017年9月至2019年1月的K线走势如下图所示。

从下图可以看到，该股从9.88元的相对高位处开始下跌，跌至4.00元价位线附近后跌势渐缓，随后股价维持在3.60元上下，表现出横盘整理走势。

股价横盘运行了5个月左右，其间成交量大致保持在同一个水平位置上波动运行，变化不大。此时观察筹码发现，在股价横盘运行期间，上方筹码逐渐被消耗，在低位区形成单峰密集。综合这些信号可以得出，有主力入场在横盘低位区收集筹码建仓，后市必将迎来一波上涨行情。

确定了庄家建仓的意图之后，股民需要确定买进时机。12月下旬，K线收出连续阴线股价下跌至3.11元，创出新低后止跌，打破之前横盘走势的平衡状态，说明横盘底部形成，股价拉升在即，激进的股民可在此抄底买入。

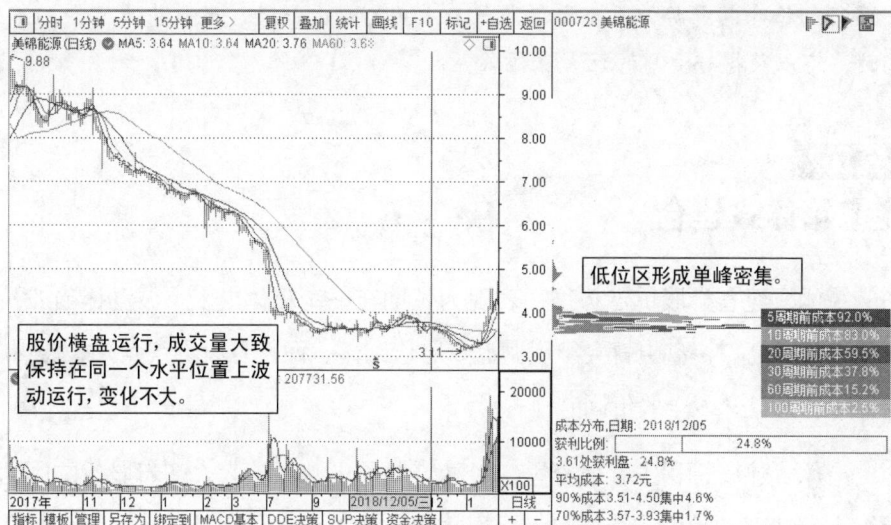

低位区形成单峰密集。

股价横盘运行，成交量大致保持在同一个水平位置上波动运行，变化不大。

图 美锦能源2017年9月至2019年1月的K线走势

2019年1月初成交量明显放大，股价向上拉升，有效突破前期4.00元阻力位。说明股价行情已经发生转变，后市看涨，稳健的股民可以在此位置买进。

美锦能源2018年9月至2019年4月的K线走势如下图所示。

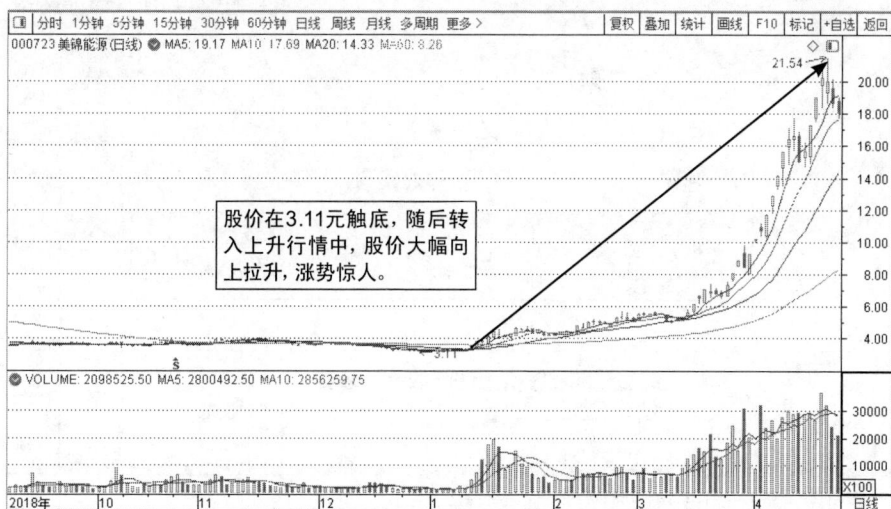

股价在3.11元触底，随后转入上升行情中，股价大幅向上拉升，涨势惊人。

图 美锦能源2018年9月至2019年4月的K线走势

从上图可以看到，果然股价在3.11元触底，随后转入上升行情中，股价大幅向上拉升，涨势惊人。如果股民在4.00元附近买进，当股价上涨至21.54元时，可以获得438.5%的巨大涨幅收益。

No.102
庄家箱体式建仓

箱体式建仓指股价走势往往表现为长期在一个箱体内上下波动，当股价上升至某一高点，盘中就会出现抛盘令股价回落，而一旦股价跌到某一低点，盘中即有买盘介入令股价回升。

箱体式建仓过程中，成交量一般随着股价上涨而放大，随着股价的回落而缩小。其中，股价在箱体内上下震荡的次数越多，周期越短，证明其是庄股的可能性就越大。庄家用这种方式建仓可以将建仓成本控制在一个特定的区间内。

一图展示

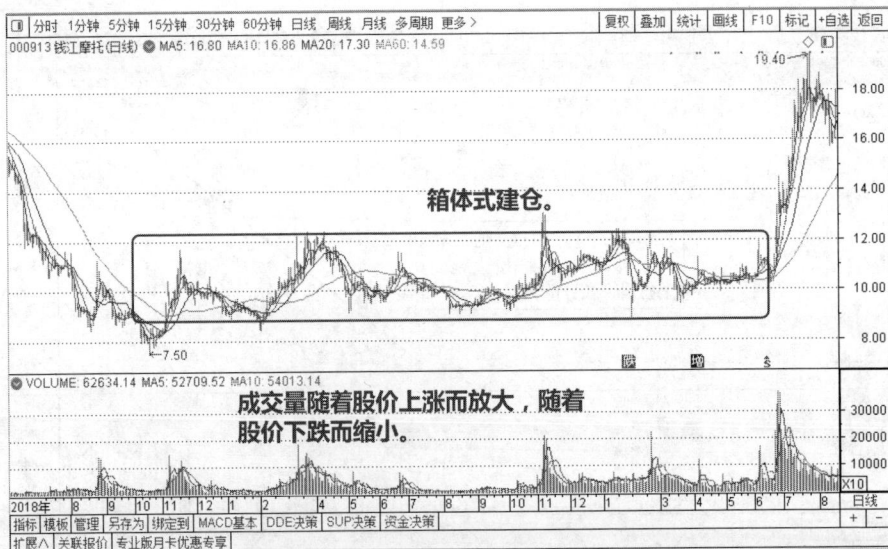

箱体式建仓。

成交量随着股价上涨而放大，随着股价下跌而缩小。

针对箱体建仓的庄家行为，股民可以在股价向上有效突破箱体上边缘后再积极买进。

**实例
分析** 国光电器（002045）庄家箱体式建仓抄底

国光电器2018年2月至2019年9月的K线走势如下图所示。

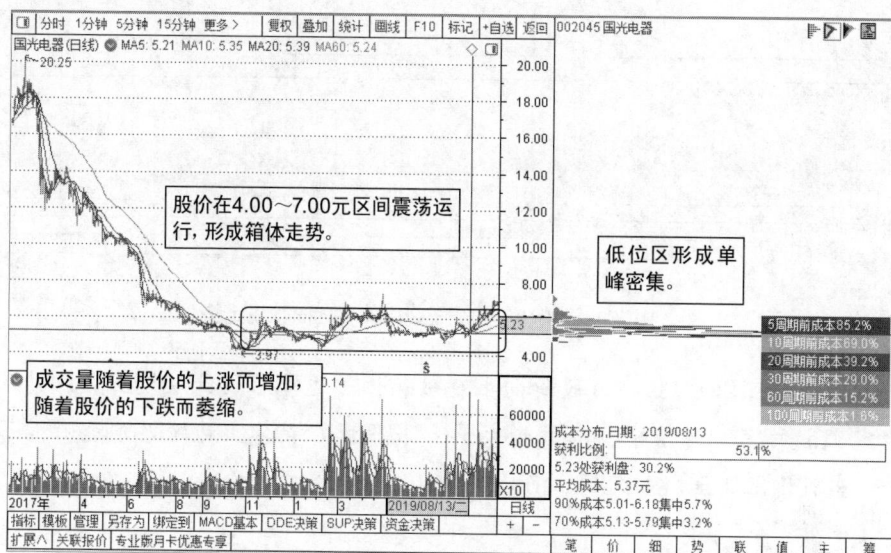

股价在4.00～7.00元区间震荡运行，形成箱体走势。

低位区形成单峰密集。

成交量随着股价的上涨而增加，随着股价的下跌而萎缩。

图　国光电器2018年2月至2019年9月的K线走势

从上图可以看到，该股表现为下跌行情，股价从20.25元的相对高位处开始下跌，创出3.97元的新低后止跌。随后股价在4.00～7.00元区间震荡运行，形成箱体式运动。成交量随着股价上涨而增加，随着股价下跌而萎缩。

此时观察筹码发现，在股价箱体运行期间，上方筹码逐渐被消耗，在低位区形成单峰密集。综合这些信号可以得出，有主力入场在4.00～7.00元区间收集筹码建仓，后市必将迎来一波上涨行情。

2019年8月，成交量放量，带动股价上涨，有效突破箱体上边缘，且继续上涨，说明底部形成，此时为股民介入的大好机会。

国光电器2018年11月至2019年12月的K线走势如下图所示。

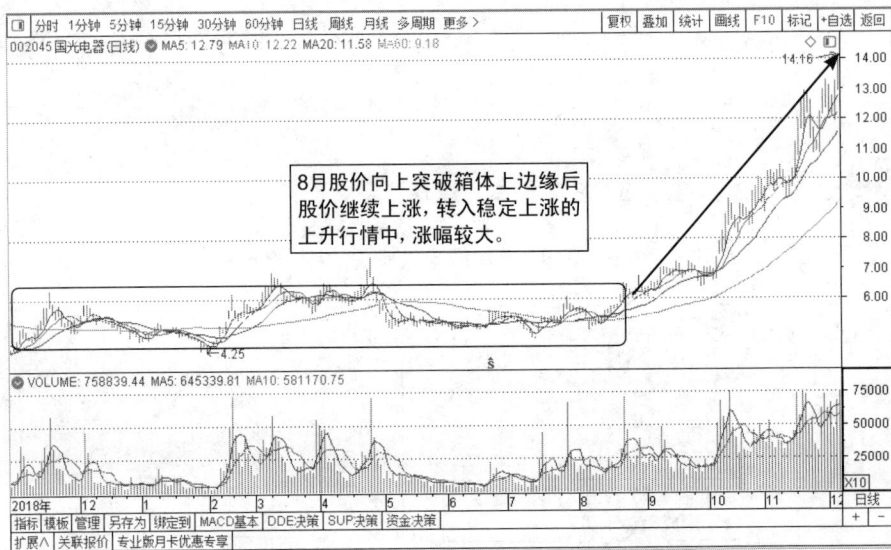

图　国光电器2018年11月至2019年12月的K线走势

从上图可以看到，8月股价向上突破箱体上边缘后股价继续上涨，转入稳定上涨的上升行情中，涨幅较大。如果股民在箱体上边缘7.00元附近买进，当股价上涨至14.16元时，可以得到102.3%的涨幅收益。

No.103
庄家下跌式建仓

下跌式建仓是指庄家在建仓过程中，股价呈下跌走势。股价下跌过程就是庄家建仓的过程，实际上是指股价下跌的中后期。当股价下跌企稳时，就是庄家建仓结束之时。

建仓初期，庄家利用手中的有限筹码，对股价进行打压，甚至有时造成大跌走势，最终吸筹于低位。在股价不断下跌的过程中，庄家手中的筹码也越来越多。

在下跌建仓的过程中，股价呈现单边下跌走势，几乎不会呈现有效反弹，甚至不会出现平台震荡走势。在成交量方面，总体上呈现温和放量的状态，交投比较活跃。从分时图上可以明显看出，股价在下跌阶段成交量明显密集，为放量下跌，有买盘、有卖盘，但盘面并不会企稳，大势依旧向下。

一图展示

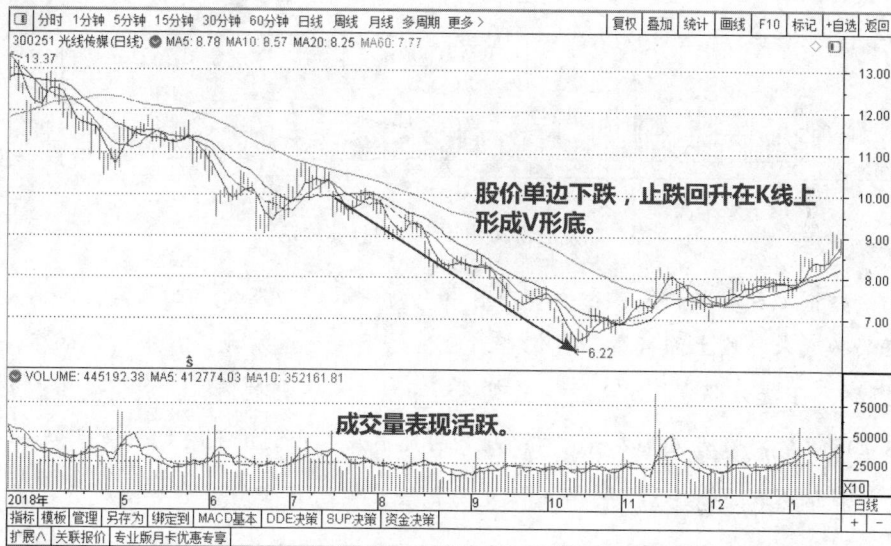

要点剖析

面对庄家的下跌式建仓行为，股民应该在建仓完成、股价止跌回升、K线中出现明显的上涨走势之后再买进。

实例分析 鼎龙股份（300054）下跌式建仓买进

鼎龙股份2018年5～11月的K线走势如下图所示。

从下图可以看到，该股处于下跌行情中，股价从12.23元的相对高位开始下跌，创出5.18元的新低后止跌小幅回升，此时是否意味着股价行情发生转变，后市看涨呢？

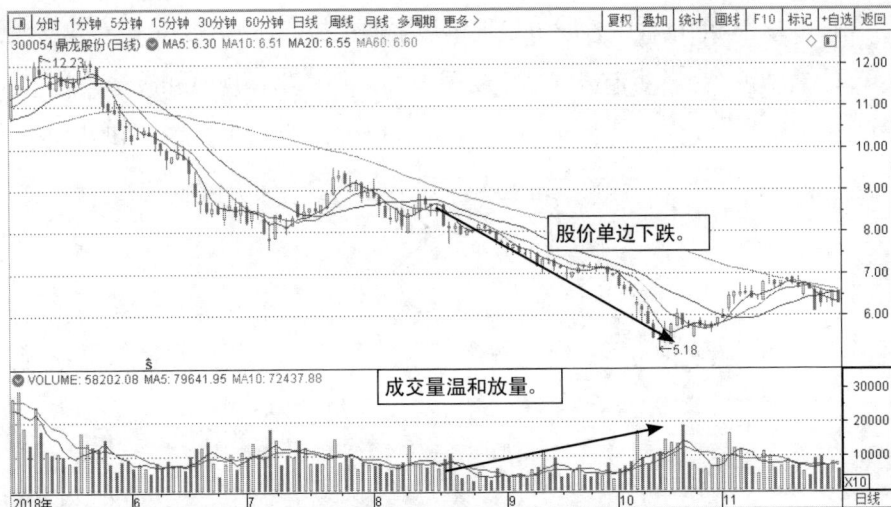

图　鼎龙股份2018年5～11月的K线走势

后市是否看涨的关键在于场内有没有新庄家成功建仓，如果有，那么后市势必迎来一波上涨行情。我们查看股价的下跌行情发现，在中后期的下跌过程中，K线大部分收阴，股价呈现单边下跌走势，与此同时，成交量有温和放量的迹象，场内交投活跃。说明场内可能有庄家在利用下跌式手法建仓。

我们选取下跌中后期中某一天的分时图走势进行查看，如下图所示。

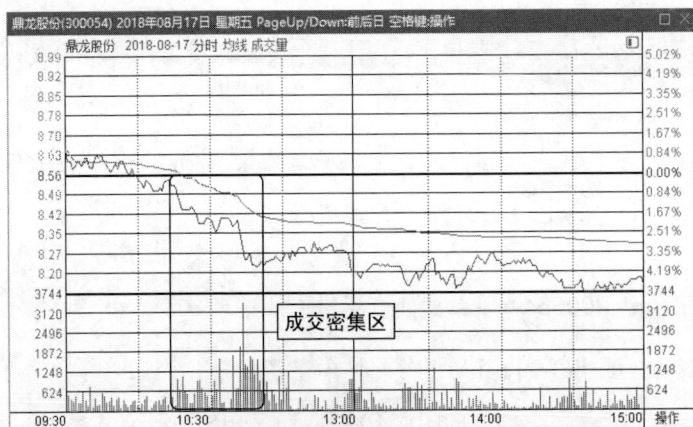

图　鼎龙股份2018年8月17日的分时走势

从上图可以看到，在当天的分时走势中，股价下跌时间段也是成交量最为密集的阶段。我们来看一下当日的成交密集区间的交易情况，如下图所示。

通达信(R)

10:47	8.26	10		1
10:47	8.26	50	B	12
10:47	8.25	42	S	3
10:47	8.26	17	B	1
10:47	8.25	338	S	9
10:47	8.25	507	S	10
10:47	8.25	50	B	3
10:47	8.24	91	S	12
10:47	8.24	69	S	3
10:47	8.24	24	S	4
10:47	8.23	43	S	4
10:48	8.24	20	S	10
10:48	8.24	15	S	3
10:48	8.24	30	S	3
10:48	8.23	206	S	22
10:48	8.23	22	S	3
10:48	8.25	218	B	7
10:48	8.25	113	S	12
10:48	8.25	35	S	1
10:48	8.24	7	S	1
10:48	8.25	25	B	2
10:48	8.24	35	S	10
10:48	8.23	221	S	7

分笔 分钟 数值

通达信(R)

10:51	8.24	8	B	1
10:51	8.24	60	B	13
10:51	8.24	10	B	1
10:52	8.23	1	S	1
10:52	8.24	11	B	1
10:52	8.23	5	S	1
10:52	8.23	6	S	6
10:52	8.23	200	S	5
10:52	8.23	102	S	7
10:52	8.24	69	B	8
10:52	8.23	8		2
10:52	8.23	48	S	[illegible]
10:52	8.23	3	S	[illegible]
10:52	8.23	1	S	[illegible]
10:52	8.24	1	B	[illegible]
10:52	8.24	40	B	2
10:52	8.23	20	S	2
10:53	8.23	5	S	5
10:53	8.24	168	B	6
10:53	8.23	4	S	4
10:53	8.24	187	B	1
10:53	8.24	33	B	12
10:53	8.24	21	S	10

分笔 分钟 数值

通达信(R)

11:01	8.26	57	B	17
11:01	8.27	17	B	7
11:01	8.27	20	B	6
11:01	8.26	49	S	20
11:01	8.27	26	B	5
11:01	8.27	7	B	7
11:01	8.27	7	B	6
11:01	8.27	28	B	15
11:01	8.27	5	B	4
11:01	8.27	4	B	4
11:01	8.27	60	B	9
[illegible]	[illegible]	[illegible]	B	1
[illegible]	[illegible]	[illegible]	S	2
[illegible]	[illegible]	[illegible]	S	1
[illegible]	[illegible]	[illegible]	S	5
11:02	8.27	15	S	4
11:02	8.27	8	S	8
11:02	8.28	2	B	1
11:02	8.28	20	B	1
11:02	8.28	250	B	3
11:02	8.27	127	S	7
11:02	8.28	81	B	3
11:02	8.25	494	S	24

分笔 分钟 数值

买卖夹杂，有买有卖，交投活跃，成交密集。

图 8月17日分时区间成交区

从上图可以看到，盘内成交密集，有大单卖出，也有大单买进，买卖夹杂，但是股价走势整体仍然下跌，说明盘内的做空势力仍然存在，但是盘内已经有庄家买入建仓的迹象，所以才能促成如此密集的成交。

怎么确定庄家是否建仓完成了呢？

10月17日K线收出一根长下影线阴线，创出5.18元的新低，形成金针探底的K线形态。在股价经历长时间、大幅度下跌后的底部区域出现金针探底，这是典型的底部反转形态，说明空头杀跌的动能已经不足。

另外，10月下旬，股价开始小幅上涨，与此同时，成交量却没有出现非常明显的放大，说明庄家在下跌过程中已经吸取了足够多的筹码，股民可以待股价上涨走势明显、K线形成明显V字底部形态后再买进。

No.104

庄家拉高式建仓

拉高式建仓通常出现在长期下跌的股票，或市场冷门股中。庄家以迅雷不及掩耳之势快速拉升股价，并在拉升过程中操作建仓。庄家开始介入该股时会吸入大量的筹码，随着股价的上升，庄家渐渐减少吸筹的数量，直至最后吸筹完毕。拉高式建仓的表现如下。

◆ 股价在一两天时间内突然向上拉升，K线拉出几根放量大阳线，有时甚至是涨停板，将股价快速拉高，然后再通过大幅震荡形成高位整理态势。在此期间，散户担心庄家做高抛低吸收差价，引发抛盘。

◆ 成交量突然明显放量，场内散户以为庄家要出货而抛售手中筹码，庄家却趁机吸筹。

拉高式建仓是由于庄家准备不充分，而行情已经展开，所以不得不开展的建仓方式，目的是以最少的时间达到最大的建仓量，以空间换时间的建仓方式，也是比较有效的一种建仓方式。

一图展示

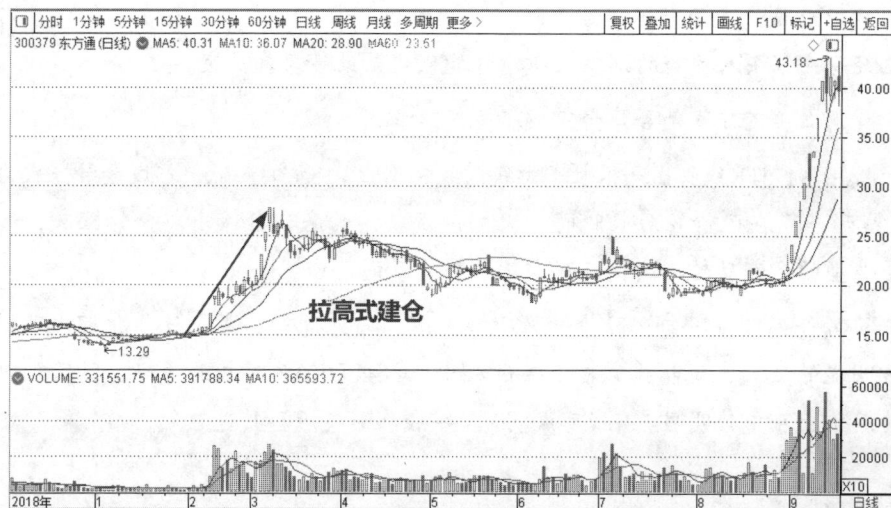

要点剖析

拉高式建仓有以下两种情况。

◆ **一步到位式吸筹**：庄家介入后，将股价从低位急速拉升，甚至用涨停板的方式逼空建仓。股价拉至相对高位后形成平台、旗形或三角形等整理态势，此时散户往往会抛出短线获利盘、前期套牢盘，庄家则悄悄接纳抛出的筹码，以达到建仓的目的。

◆ **连续拉高式**：股价长期下跌后，逐渐形成底部，股民产生惜售心理，庄家无法在底部收集足够多的筹码。为了尽快吸筹，庄家连续拉高股价，日K线陡峭上行。同时，庄家制造震荡的走势，引发散户抛盘，庄家则暗中吸筹。

拉高式建仓透露出了庄家建仓的急迫心理，说明未来股价应该存在较大的涨幅空间。但股民发现股价异常拉升时应跟踪股价的变动走势，通常庄家拉升股价完成建仓后会进行洗盘，清洗场内浮筹，所以股民应该等待股价放量拉升突破压力线，洗盘结束后再介入。

实例分析 达安基因（002030）拉高式建仓买进

达安基因2019年4月至2020年4月的K线走势如下图所示。

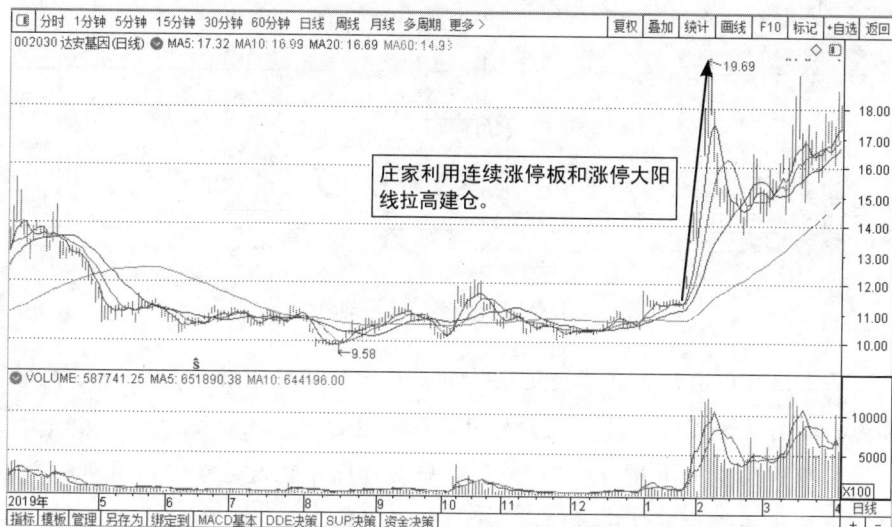

图　达安基因2019年4月至2020年4月的K线走势

从上图可以看到，该股经历一波下跌行情后，股价运行至11.00元附近的相对低位区域，并在该价位线上波动横盘运行，时间长达8个月左右。2020年2月初，K线突然连续拉出涨停板和涨停大阳线，7个交易日内将股价快速拉升至19.69元的高位，成交量异常放大，随后股价止涨下跌回调。

这说明场内有庄家入场拉高建仓，将股价在短时间内快速拉高，然后通过大幅度震荡吓退场内意志不坚定的持股人，趁机集筹。

确认了庄家的建仓意图之后，股民要寻找良好的买入点。此时庄家正在场内回调洗盘，清理浮筹，不宜买进。所以，股民应该在庄家吸筹完毕，股价止跌回升，向上有效突破压力线，K线出现明确的上涨信号再买进。

达安基因2020年1～8月的K线走势如下图所示。

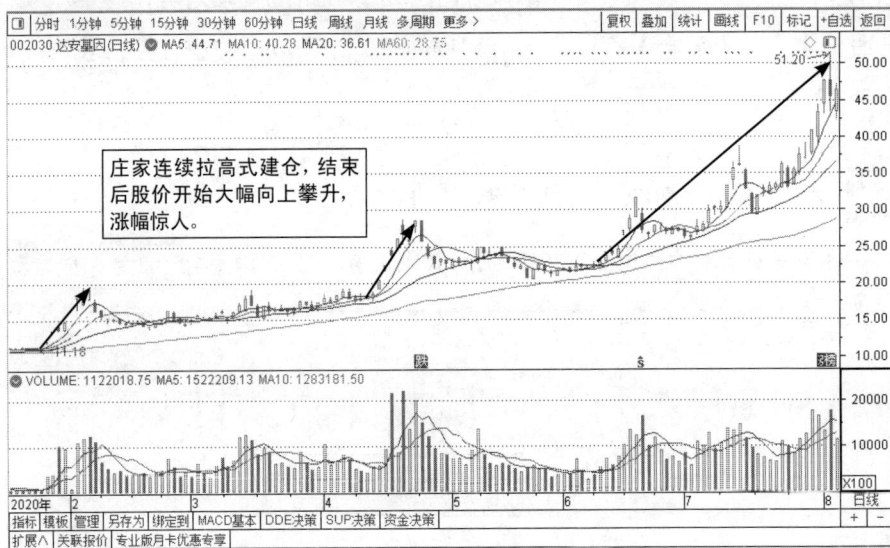

图　达安基因2020年1～8月的K线走势

从上图可以看到，庄家通过两次的拉高才完成建仓任务，每一次拉高后都会出现明显的震荡下跌，洗盘行为，庄家建仓完毕之后股价开始大幅上涨行情，股价快速向上攀升至51.20元。如果股民在洗盘结束回调底部，即在22.00元附近买进，可以获得132.7%的涨幅收益。

10.3 了解庄家洗盘的手法

洗盘是庄家清理市场多余浮动筹码的手段，洗盘结束后股价会迎来一波大幅上涨行情，也是股民跟庄获利的大好机会。因此，股民有必要了解并掌握庄家常见的一些洗盘手法。

No.105
庄家打压式洗盘

打压式洗盘是庄家最常用的一种洗盘方式，也是最容易达到洗盘的目的。当股价上涨到一定高位后，股价止涨急跌，场内散户害怕失去即将到手的利润或害怕被套，而锁定前期利润抛售手中的筹码，庄家则顺势收集筹码。

一图展示

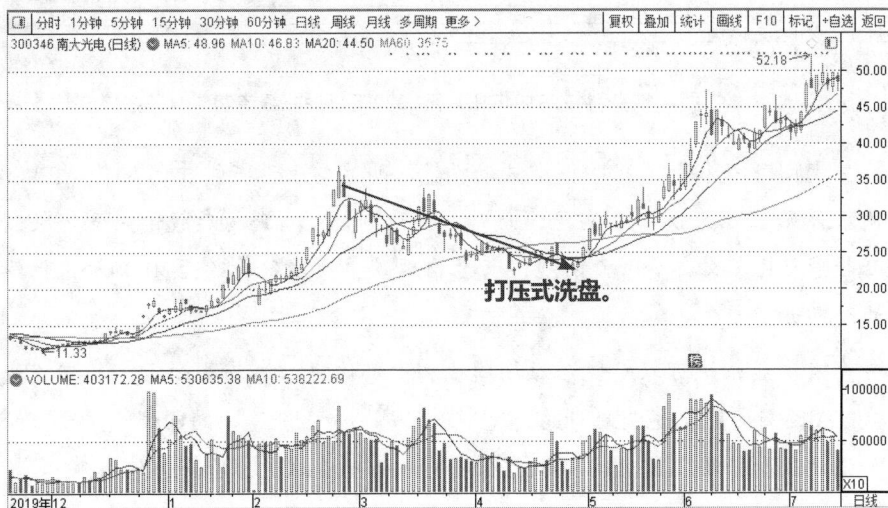

要点剖析

庄家打压式洗盘时，股民可以观察量能变化，如果成交量表现出缩量后放大的情况,说明庄家洗盘结束,回调底部形成,此时为股民买进的大好机会。

实例分析 雅克科技(002409)打压式洗盘买进

雅克科技2019年10月至2020年4月的K线走势如下图所示。

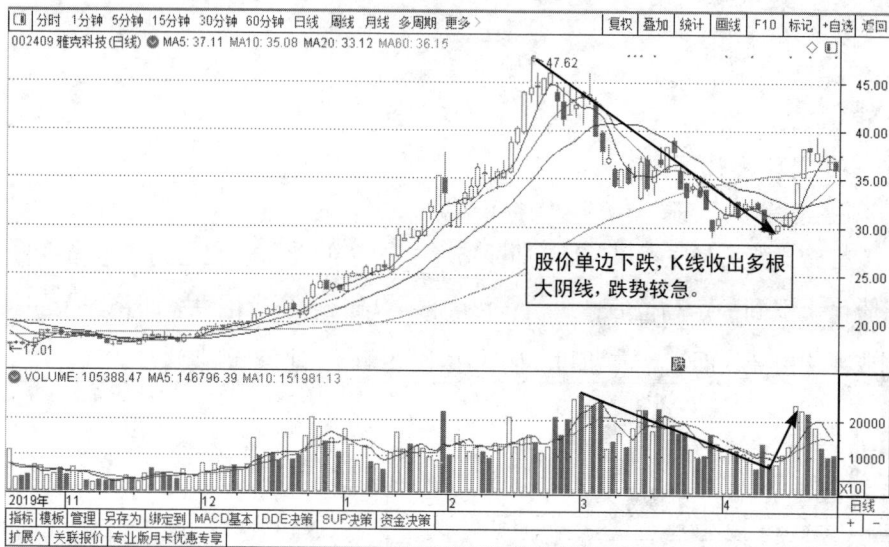

图 雅克科技2019年10月至2020年4月的K线走势

从上图可以看到,2019年12月该股转入明显的上涨行情中,股价从20.00元附近开始上涨,涨至47.62元,此时涨幅达到138.1%。随后股价止涨下跌,跌势较急,K线收出多根大阴线,甚至出现跌停大阴线,跌至30.00元价位线后止跌回升。

查看均线系统可以发现,短期均线和中期均线纷纷拐头向上,长期均线并未改变运行方向,说明此时的急速下跌只是股价上涨途中的回调,是庄家的一种强硬洗盘手法,股价的整体上涨趋势并未发生改变,后市仍然看涨。

股价下跌过程中成交量逐渐萎缩,当股价止跌回升时成交量放量,K线连续拉出两根涨停大阳线,说明庄家洗盘结束,回调底部形成,庄家做多的态度坚决。因此,股民可以在此位置抄底买进。

雅克科技2019年12月至2020年7月的K线走势如下图所示。

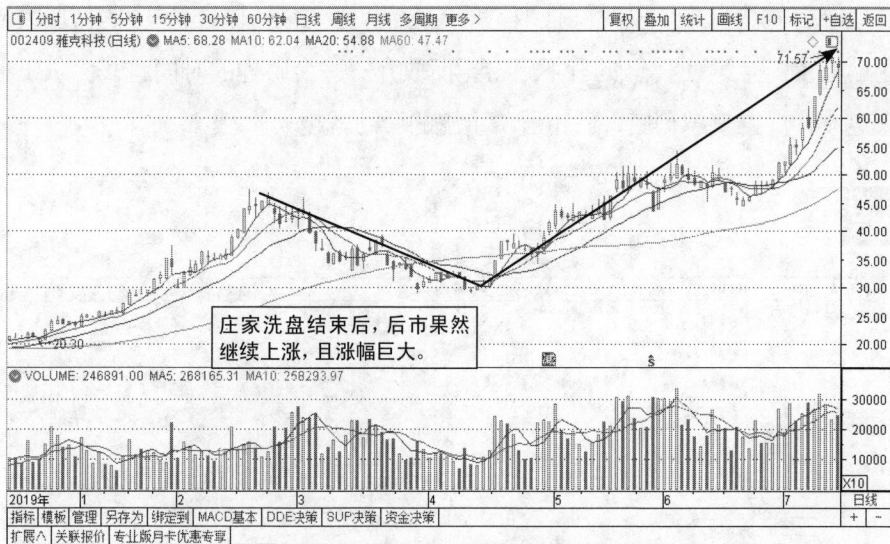

图　雅克科技2019年12月至2020年7月的K线走势

从上图可以看到，庄家洗盘结束后，后市果然继续上涨，且涨幅巨大。如果股民在30.00元附近的回调底部买进，当股价上涨至71.57元时，可以获得138.6%的涨幅收益。

No.106
庄家平台式洗盘

对于一些业绩表现良好，且具有较好前景的个股，庄家通常不会采取打压的方式洗盘，而会采取平台式洗盘。因为这类个股大多数股民都看好，如果采用打压式洗盘，散户投资者和小资金持有者不但不会抛售原有的筹码，反而还会采用逢低买进的方法摊平和降低持仓成本。另外，其他在场外等待的大机构也很可能会抢走打压筹码。这样很容易造成庄家筹码的严重流失。

平台式洗盘中，股价呈横盘走势，在很长一段时间内股价波动幅度较小，成交量表现萎缩。在此区间庄家既不打压，也不拉升，一般多是通过在委托盘上挂大压单、下挂大托单用于维持股价，引导散户投资者充分换手。

平台式洗盘采取以时间换取空间的方法，主要是针对市场中的持股人缺乏耐心的特点，使其感觉看不到希望而放弃。平台整理的时间越长，上下振幅越小，洗得就越彻底，后市股价上涨的后劲就越大。

一图展示

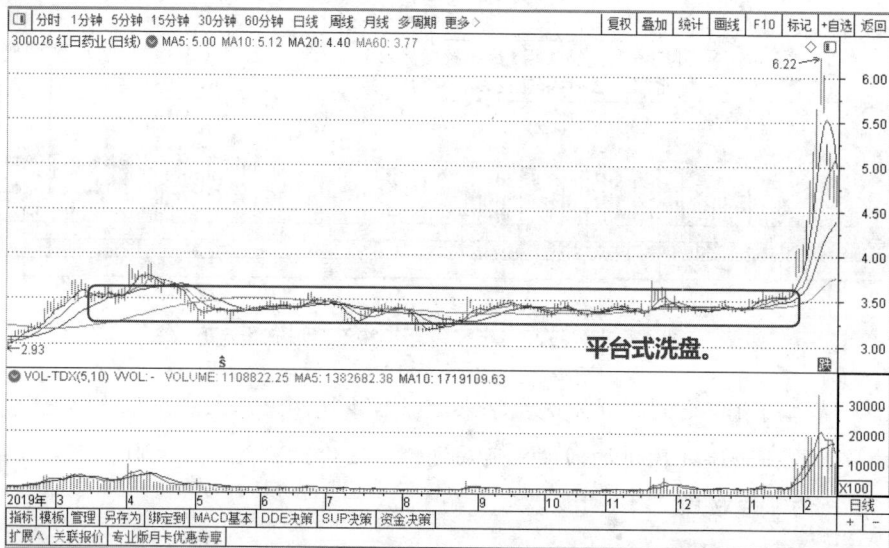

要点剖析

对于庄家平台式洗盘的手法，股民应持币观望，一旦出现放量拉升，突破前期整理平台，则可以立即跟进。通常情况下，整理的时间越长，上涨的幅度就越大。

实例分析 领益智造（002600）平台式洗盘买进

领益智造2018年10月至2019年8月的K线走势如下图所示。

从下图可以看到，该股经历一波下跌行情后在3.00元线上横盘筑底，随后止跌转入上涨行情中。股价创下8.52元的高价后止涨横盘，在6.00元价位线上展开了长达5个月左右的横盘波动走势，K线反复收出阴线和阳线，与此同时，成交量逐渐萎缩。

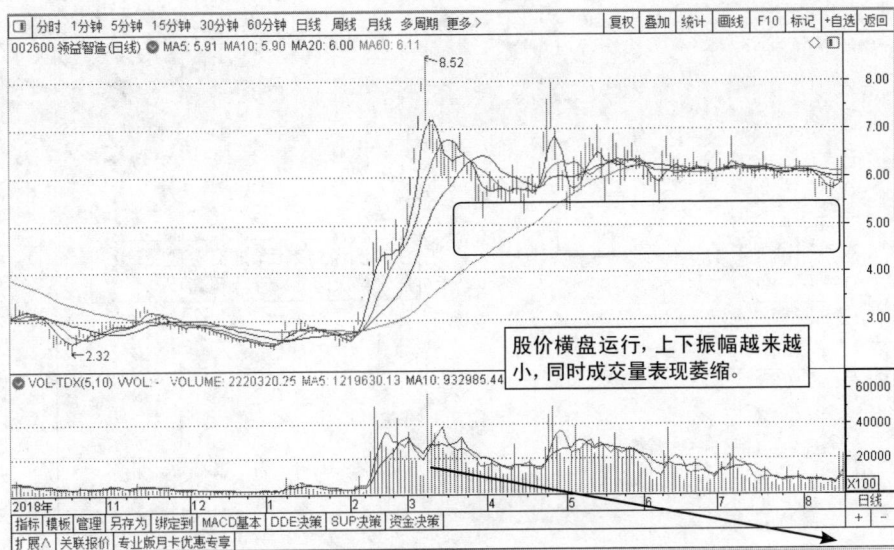

图　领益智造2018年10月至2019年8月的K线走势

该股前期急速上涨，K线出现多次涨停板，表明场内有主力在操作，但步入阶段性高位后，却开始长期横盘运行，说明庄家开始对盘内的筹码进行清洗。

横盘时间长达5个月左右，庄家稳住了股价的涨跌幅度，不给市场明确的后市涨跌信号，均线缠绕运行。但随着成交量的萎缩，说明场内的浮筹基本已经清理干净。紧接着成交量保持一段时间的萎缩低量后，开始明显放大，说明庄家洗盘结束，股价即将迎来上涨。股价放量上涨有效突破横盘平台时为股民的买进机会。

领益智造2019年2月至2020年2月的K线走势如下图所示。

从下图可以看到，庄家洗盘结束后，成交量放量，股价再次向上攀升，涨幅惊人。如果股民在洗盘结束位置6.00元附近买进，当股价上涨至13.78元时，可以获得129.7%的涨幅收益。

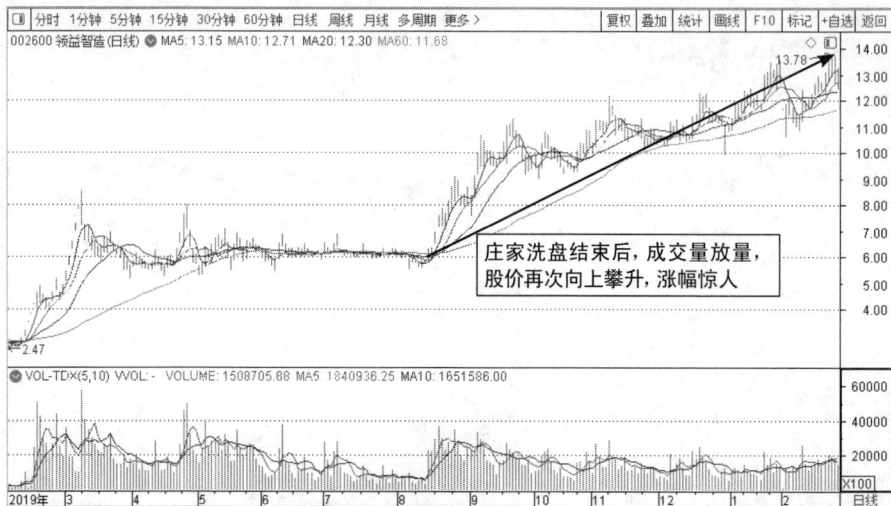

图　领益智造2019年2月至2020年2月的K线走势

No.107

边拉边洗式洗盘

　　边拉边洗式洗盘是指庄家在股价上涨过程中吸筹，同时进行洗盘。在K线上表现出股价拉升过程中伴随着回档，庄家先是连续大幅拉高股价，然后停止做多。因为短线涨幅过大，担心股价出现大幅回调，而出现抛盘，使得股价回落，从而达到清洗短线浮筹的目的。

　　边拉边洗式洗盘，K线会呈现出"上涨→下跌→上涨→下跌"的反复走势，虽然整体来看上涨和下跌的幅度不大，但重心逐渐抬高。与此同时，成交量也呈现出非常不规则的态势。

　　通常情况下，采取这种洗盘方式的庄家，实力都很强大，控盘度较高。庄家通过一涨一跌的盘面，不断地把获利盘清理出局，又让持币者果断介入，这样筹码完成一进一出，得到充分交换，同时锁定长线筹码，为庄家日后大幅拉升股价减轻压力。

一图展示

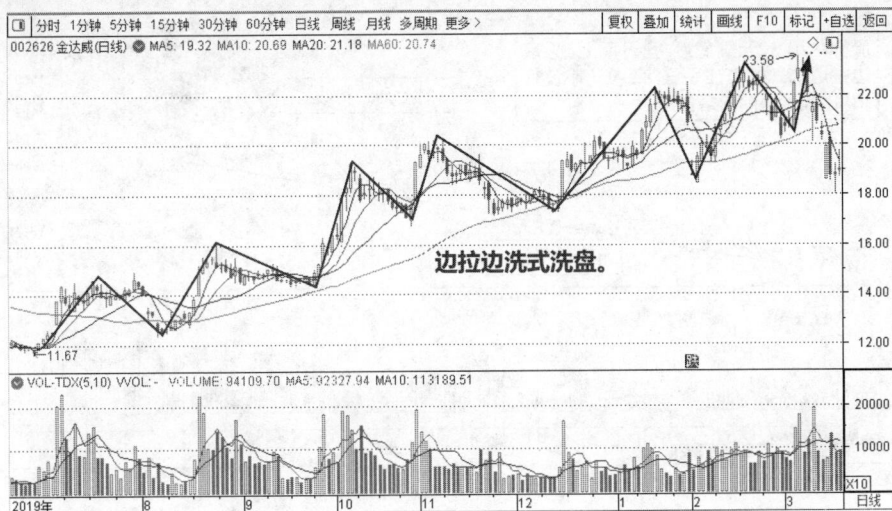

边拉边洗式洗盘。

要点剖析

面对边拉边洗式洗盘，股民可以在股价远离短期移动平均线、乖离率偏大时，择高先行退出；在股价接近短期移动平均线时，可择低介入。股民也可以根据上升趋势线进行判断，当股价触及上升趋势线时买入。

实例分析 开立医疗（300633）边拉边洗式洗盘买进

开立医疗2019年11月至2020年7月的K线走势如下图所示。

从下图可以看到，该股在20.62元触底后，盘升而上，采取边拉边洗的坐庄手法，每拉升一小波行情后，股价随即回落整理，并多次跌破20日均线，造成空头陷阱，使部分跟庄者出局，但股价很快拉回，重新回到20日均线之上。

面对股价小幅上涨再小幅回落的走势，中长线的股民可以在股价回调接近短期移动平均线时择低买入，或者绘制上升趋势线，当股价触及上升趋势线时买入。

当股价上升幅度过大，上升趋势线失效时，股民需要对其做出修正，确认上升趋势线的有效性。

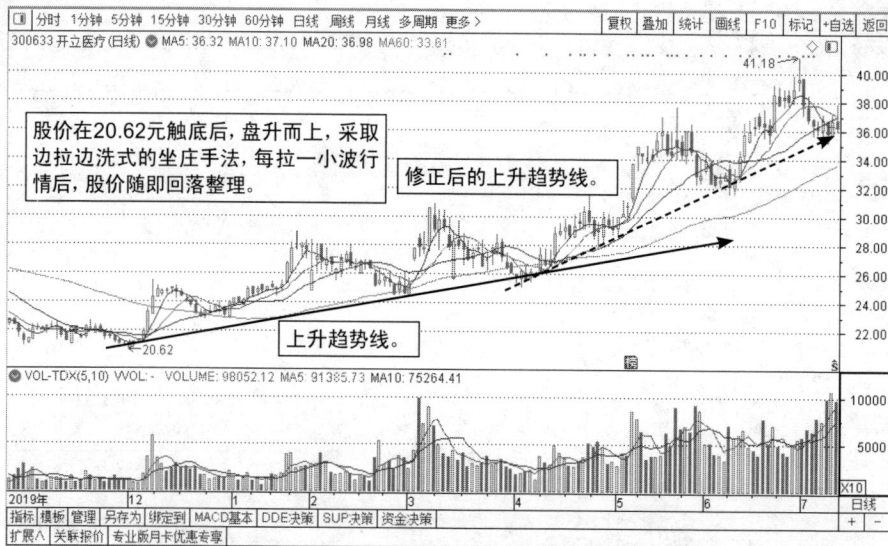

图　开立医疗2019年11月至2020年7月的K线走势

识别假底陷阱

股市中的庄家为了获得丰厚的回报，经常会刻意制造一些陷阱来迷惑散户，尤其是一些虚假底部，让股民以为行情触底而买进，但却牢牢被套。因此，股民需要重视这些陷阱，少走弯路。

No.108 低位大阳线陷阱，后市被套

No.109 探底针陷阱，抄底后继续下跌

No.110 阳包阴陷阱，后市下跌被套

No.111 阴孕阳陷阱，后市看跌

No.112 假V形底

No.113 假双重底

No.114 假头肩底

No.115 向上假突破下降趋势线

......

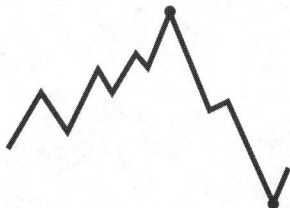

11.1 K线及K线组合常见陷阱

K线是股民分析的经典技术，也是庄家制造陷阱的关键，因为庄家资金实力强大，所以利用一天或几天刻意制造虚假的K线或K线组合比较容易，也比较有效。

No.108
低位大阳线陷阱，后市被套

通常股价下跌后的相对低位区域出现大阳线，说明空头势能释放完毕，股价有见底反转的可能，是强烈的底部反转信号。但在实际应用中还要多方考虑。

一图展示

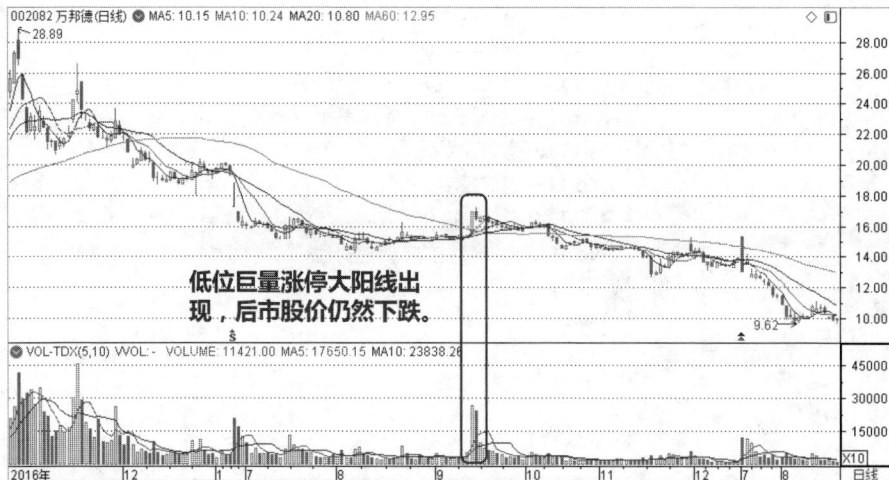

低位巨量涨停大阳线出现，后市股价仍然下跌。

要点剖析

低位大阳线出现后，我们要如何判断呢？应该结合以下几点。

◆ 查看第二天的交易状况，如果没有继续维持低位大阳线的上涨成果，则低位大阳线信号不能得到有效确认。

- 成交量有没有继续放大，如果没有后续的成交量作为支撑，则难以维持上涨。
- 是否有效突破20日均线的压制，站在均线上方。

实例分析 横河模具（300539）识别低位大阳线陷阱

横河模具2019年3～6月的K线走势如下图所示。

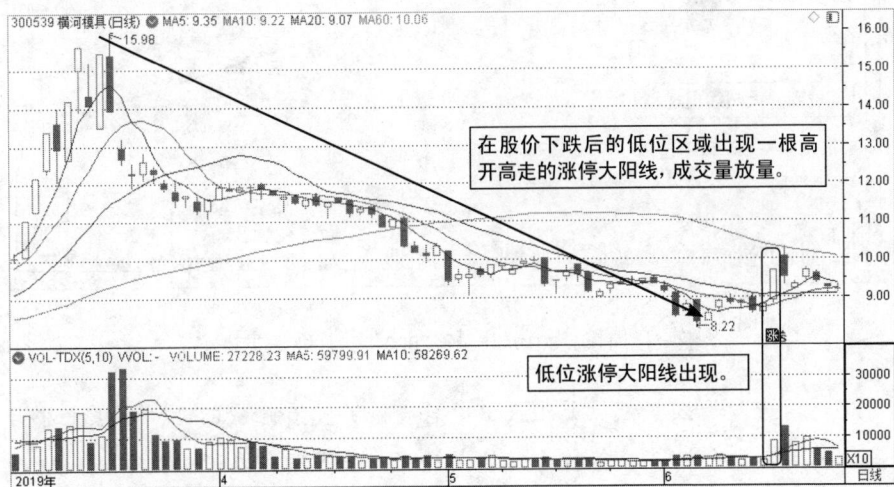

图　横河模具2019年3～6月的K线走势

从上图可以看到，该股经历一波上涨行情后在15.98元见顶，随后转入下跌行情，股价一路下跌。跌至10.00元价位线后，跌势渐缓，成交量极度萎缩。6月初该股在创出8.22元的新低后止跌，小幅回升，6月18日K线收出一根高开高走的涨停大阳线，成交量出现放量。这是否透露出股价行情触底回升的信号？

其实不然，我们仔细查看可以发现，6月18日K线收出涨停大阳线，将股价从9.00元拉升至9.68元，但第二天一根高开低走的中阴线出现，直接摧毁了前一天的努力，说明涨势没有得到继续。其次，成交量虽然有所放量，但量并不大，且几个交易日后又马上表现萎缩，没有持续放量为股价支撑。另外，短期均线虽然拐头向上，但很快又继续向下，中长期均线持续走平。大阳线向上突破均线，运行至均线上方，但很快再次下跌至均线下方，说明上涨动能不足。综合这些信息可以得出，此处的低位大阳线为假底信号。

横河模具2019年6月至2020年2月的K线走势如下图所示。

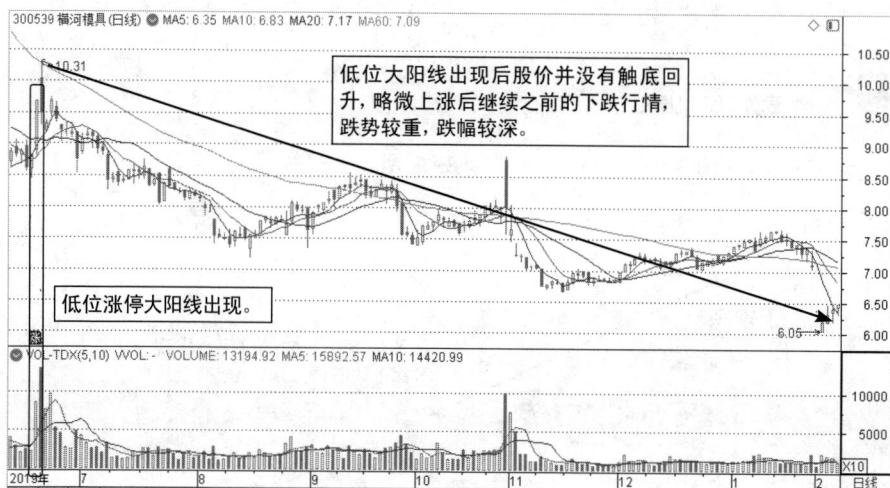

图　横河模具2019年6月至2020年2月的K线走势

从上图可以看到，低位大阳线出现后股价并没有触底回升，略微上涨后继续之前的下跌行情，跌势较重，跌幅较深。如果股民在低位大阳线出现后买进，将会遭遇被套风险。

No.109

探底针陷阱，抄底后继续下跌

探底针是股市常见的底部信号，指带长下影线而实体很小的K线，无论阴阳。其市场含义是股价当日大幅下跌，然后被拉回至开盘价附近。如果在股价大幅下挫后出现探底针，说明多头承接力较强，股价很有可能在此位置筑底回升。

但有时候庄家也会刻意制造探底针，造成股价见底的假象，诱导散户接盘。因此，在实战中即便出现探底针，也要结合其他技术指标多方确认，不要盲目抄底。

一图展示

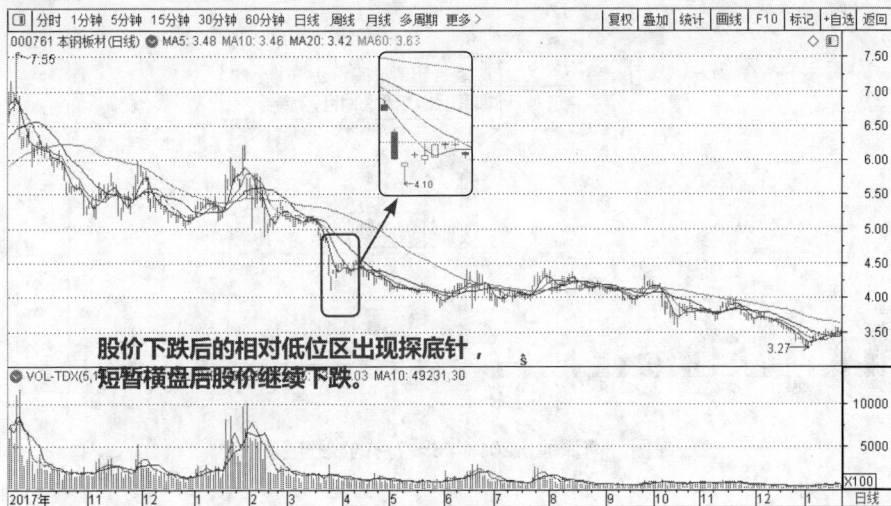

股价下跌后的相对低位区出现探底针，短暂横盘后股价继续下跌。

要点剖析

　　判断探底针能否成功，首先，不能脱离股价行情的大背景，如果处于股价下跌初期，那么探底针失效的可能性较大。如果处于股价大幅下跌的中后期，那么探底针成功的可能性较大。其次，探底针出现后，通常还要观察近期的几个交易日，以不跌破探底针的最低价为准，如果股价就此反转上涨，则有可能形成底部。另外，还要结合均线系统、成交量和 MACD 等技术指标，判断是否出现底部信号。

实例分析 博深股份（002282）探底针出现，后市继续下跌

　　博深股份2019年3~7月的K线走势如下图所示。

　　从下图可以看到，该股经历一波上涨行情后在11.75元见顶回落，跌至8.50元价位线后止跌横盘，股价小幅回升。仔细观察发现，横盘走势中，5月27日K线拉出一根带长下影线的小阳线，创出近期最低价7.90元，形成金针探底形态，说明股价极有可能在8.50元价位线筑底，后市看涨。但事实是否如此呢？

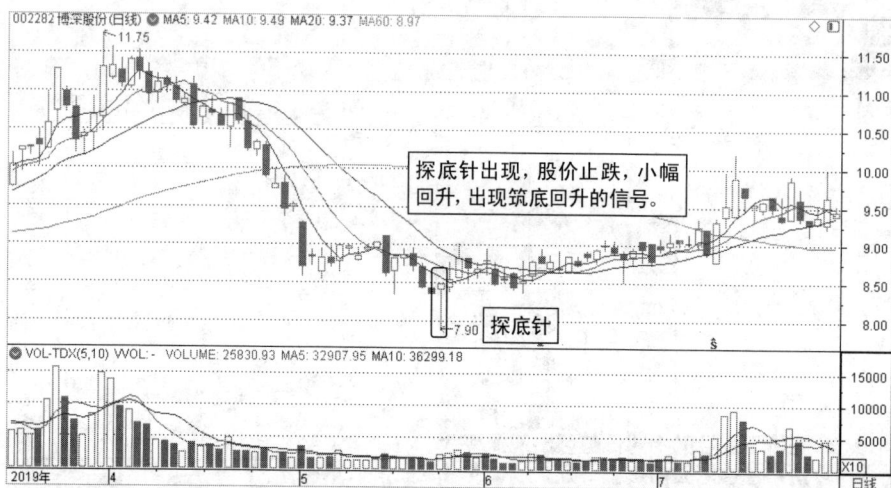

图　博深股份2019年3～7月的K线走势

我们进一步查看发现，股价回升，成交量虽然出现放大，但没有形成有效堆量，几个交易日后，成交量便再次萎缩，说明此番上涨没有获得成交量的有效支撑。其次，均线虽然在上涨过程中拐头向上，但很快便止涨走平，说明场内的下跌趋势并未发生改变，后市仍然看跌。综合这些信号，可以得出这根探底针为假的底部信号，后市股价仍然看跌。

博深股份2019年5月至2020年2月的K线走势如下图所示。

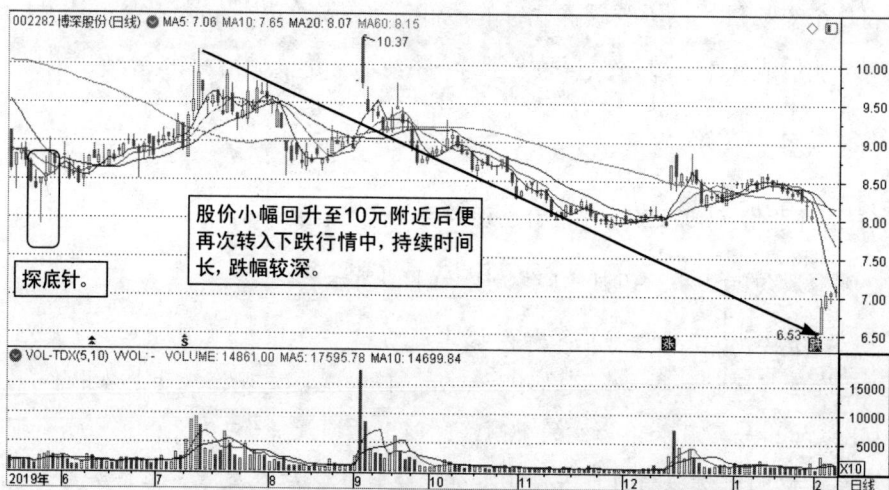

图　博深股份2019年5月至2020年2月的K线走势

从上图可以看到，股价小幅回升至10.00元附近后便再次转入下跌行情中，此番下跌持续了6个月左右，最低跌至6.53元，跌幅达到34.7%。

No.110
阳包阴陷阱，后市下跌被套

阳包阴指股价大幅下跌后，K线收出一根中阳线或大阳线，将前一天的阴线全部吞没的K线组合。阳包阴组合说明多头强势反击，后市股价可能反转上行。但实际股市中阳包阴陷阱随处可见，股民需要多多留心。

一图展示

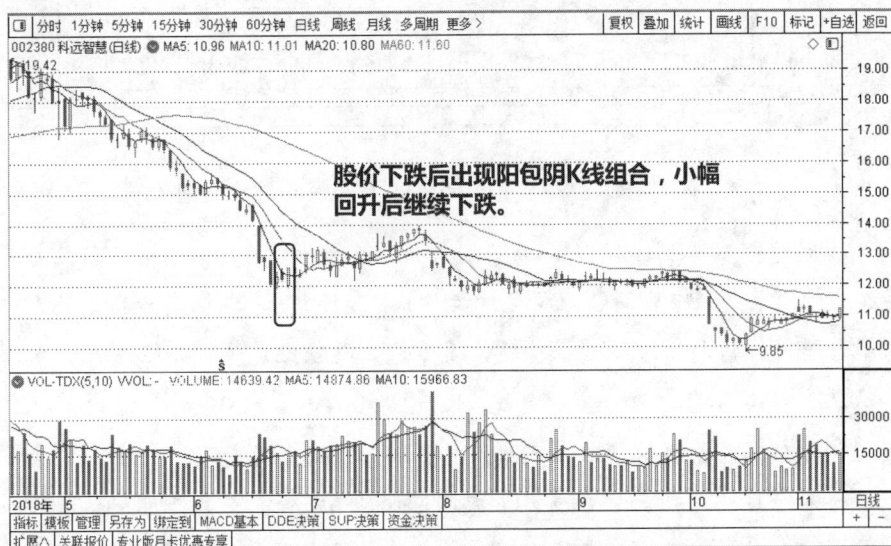

股价下跌后出现阳包阴K线组合，小幅回升后继续下跌。

要点剖析

想要识别阳包阴形态是不是陷阱，首先要关注阳包阴出现的位置，下跌初期出现阳包阴可能是庄家制造的回调结束继续强势的假象。其次，观察量能变化，低位回升量能持续放大，阳包阴才能成立。

ST尤夫（002427）阳包阴组合，抄底被套

ST尤夫2019年4～11月的K线走势如下图所示。

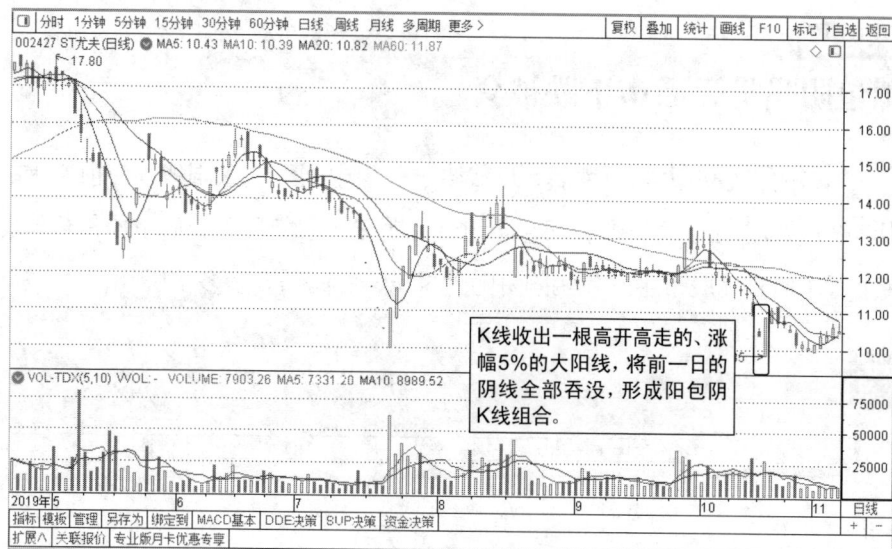

图　ST尤夫2019年4～11月的K线走势

从上图可以看到，该股处于下跌行情中，股价从17.80元相对高位处下滑，成交量萎缩。7月下旬，成交量放量，K线连续收出5根高开高走的大阳线拉升股价，但此番上涨并未持续，随后便止涨横盘，股价在12.00元价位线上横盘波动。

10月初，股价再次下跌，22日K线收出一根高开高走的、涨幅5%的大阳线，将前一日的阴线全部吞没，形成阳包阴K线组合。并且阳包阴出现后，股价继续小幅下跌，但没跌破10.00元阻力线便止跌回升，有筑底意味，由此说明后市盘内多头占据优势，后市看涨。

事实确是如此吗？仔细观察可以发现，阳包阴组合出现后不久，股价筑底回升，但是成交量却没有伴随放大，反而极度萎缩，甚至地量，说明此时的上涨并没有得到量能的支撑，后市仍然看跌。

ST尤夫2019年10月至2020年8月的K线走势如下图所示。

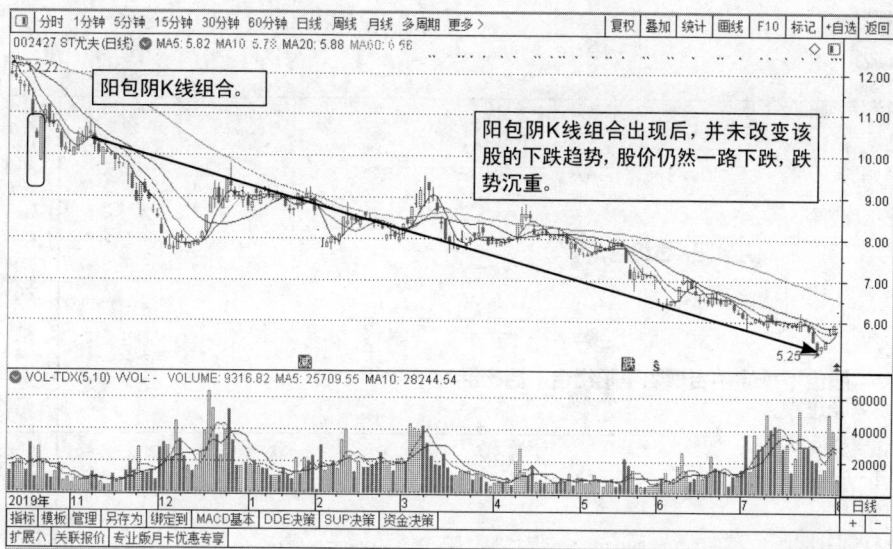

图　ST尤夫2019年10月至2020年8月的K线走势

从上图可以看到，阳包阴K线组合出现后，并未改变该股的下跌趋势，股价仍然下跌，最低跌至5.25元，跌幅达到47.5%。因此，10月出现的阳包阴K线组合确实是一个虚假的见底回升信号。

No.111

阴孕阳陷阱，后市看跌

阴孕阳K线组合是指K线收出一根中、大阴线，次日股价高开高走，在阴线内部收出一根中、小阳线，即腹中阳线。说明此时虽然空头占据优势，但多头强势介入，尽管没有收复失地，但反击已经形成，后市有望上涨。

但并非所有的阴孕阳K线组合都是这样的，胎死腹中的情况也有很多，尤其是在下跌初期或途中，庄家常常会刻意制造阴孕阳形态，诱惑散户接盘。因此股民需要能识别阴孕阳陷阱，避免被套。

一图
展示

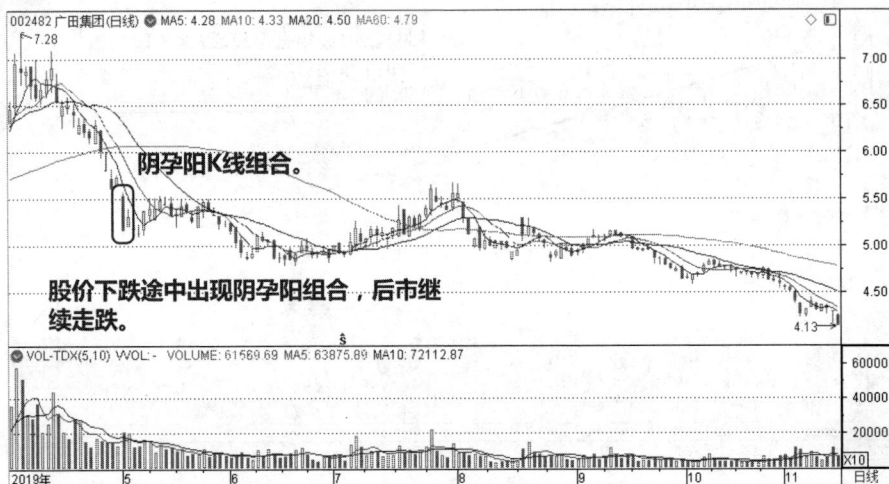

要点
剖析

识别阴孕阳形态是否是陷阱，也要查看形态出现的位置，再结合均线和成交量分析，不能单纯以阴孕阳形态进行判断。

实例
分析 昂利康（002940）阴孕阳陷阱，抄底被套

昂利康2018年11月至2019年6月的K线走势如下图所示。

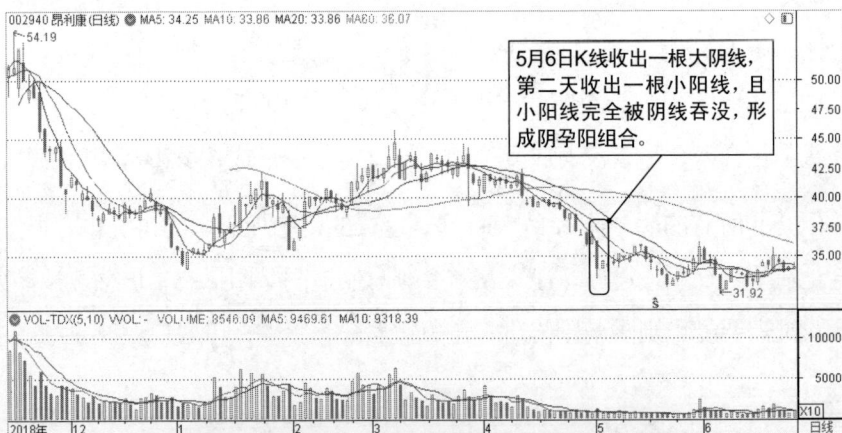

图　昂利康2018年11月至2019年6月的K线走势

从上图可以看到，该股处于下跌行情中，股价跌至35.00元价位线后止跌回升，涨至45.00元附近后再次止涨下跌，跌至35.00元价位线再次获得支撑止跌，并在该价位线上横盘波动。

仔细查看K线发现，5月6日K线收出一根大阴线，第二天收出一根小阳线，且小阳线完全被阴线吞没，形成阴孕阳组合。在股价下跌后的相对低位区域，K线形成阴孕阳形态，股价止跌横盘，出现筑底迹象，很多股民面对这样的走势都会选择在此抄底。

但我们查看成交量发现，成交量表现缩量，没有明显的放大迹象。并且多条均线相互缠绕横行，没有明确的运行方向，说明后市指向不明。由此可以得出，该股后市走向不明，多头并没有占据明显优势，后市可能继续看跌，股民应在明确的上涨信号出现后再买进。

昂利康2019年4月至2019年11月的K线走势如下图所示。

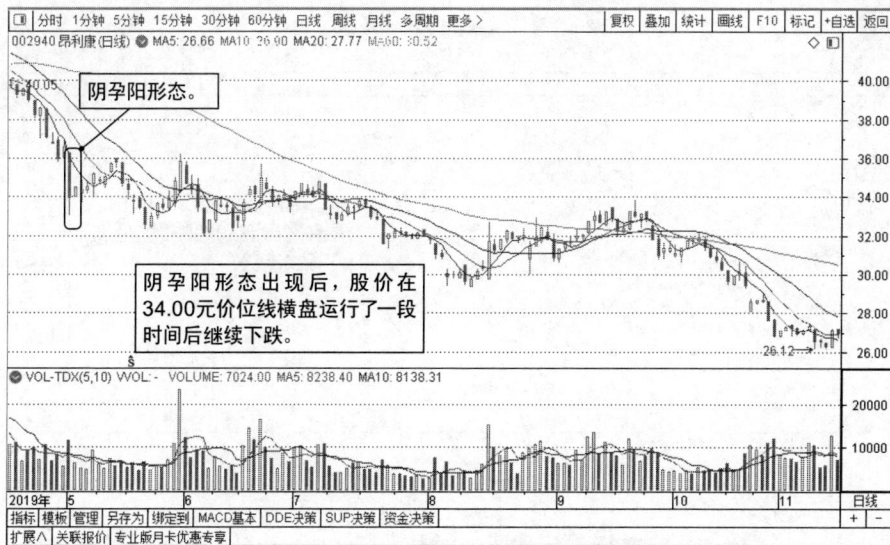

图　昂利康2019年4月至2019年11月的K线走势

从上图可以看到，阴孕阳形态出现后，股价在34.00元价位线横盘运行了一段时间后继续下跌，最低跌至26.12元，跌幅达到22.2%。如果股民在横盘时买进，就会陷入被套风险。

11.2 K线中的一些假底形态

除了K线和K线组合陷阱之外,长期K线还会形成一些假底形态,例如V形底、双重底以及头肩底等。

No.112
假V形底

V形底是典型的底部反转形态,出现在股价下跌后的低位区域。但是V形底筑底时间较短,所以底部通常不扎实,很多时候是假底部,是庄家刻意制造的假底陷阱。

一图展示

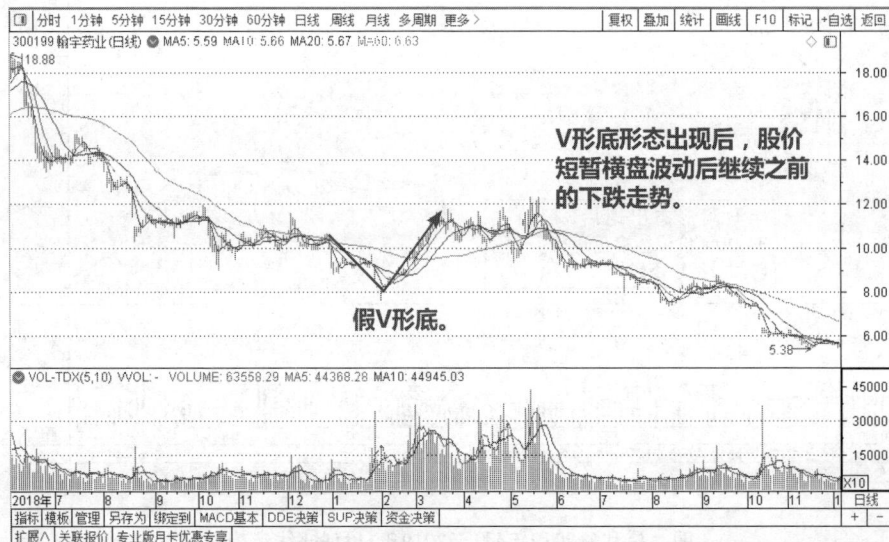

要点剖析

判断V形底的真实性可以从以下几个方面入手。

◆ V形底形态出现的位置，下跌末期更可靠。

◆ 股价是否有效突破前期阻力位，持续上涨的趋势。

◆ 是否有成交量做支撑。

实例分析 莱茵体育（000558）假V形底分析

莱茵体育2019年3～9月的K线走势如下图所示。

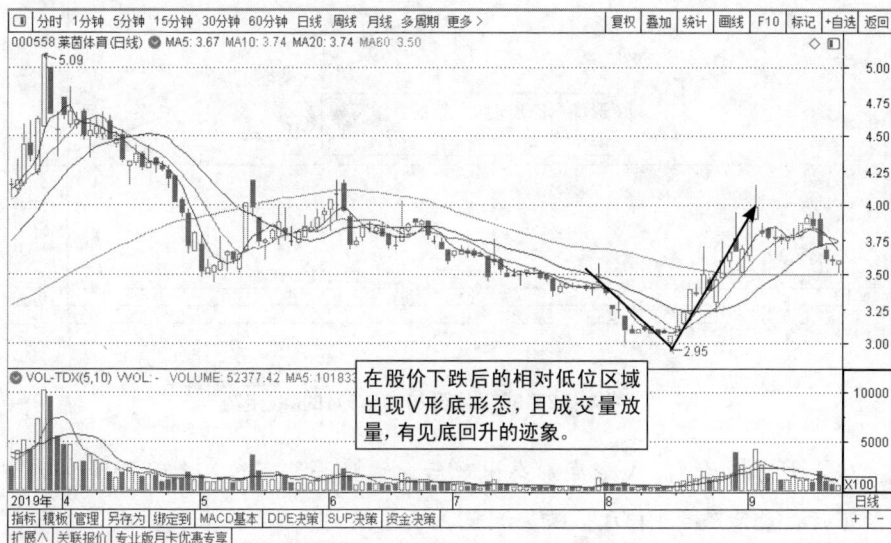

图 莱茵体育2019年3～9月的K线走势

从上图可以看到，该股处于下跌行情中，股价从5.09元开始下跌，跌至3.50元后止跌反弹，回升至4.00元价位线后再次受阻下跌。此次下跌跌势渐缓，跌至3.50元价位线后出现短暂横盘波动。

9月初，K线突然连续收阴，股价进一步下跌，创下2.95元的新低后，K线连续收阳急涨，在K线上形成V形底部形态。在股价下跌后的相对低位区域出现V形底形态，且成交量放量，有见底回升的迹象。

仔细观察可以发现，股价虽然上涨，但上涨至4.00元附近后，再次受阻止涨，并在3.75元附近横盘波动。此时，多根均线缠绕横行，后市走向不明。另外，成交量虽然放量，但放大程度较低且很快便再次缩量，并没有对股价上涨形成有效支撑，所以可以判断此时的V形底为假底部。

莱茵体育2019年4月至2020年5月的K线走势如下图所示。

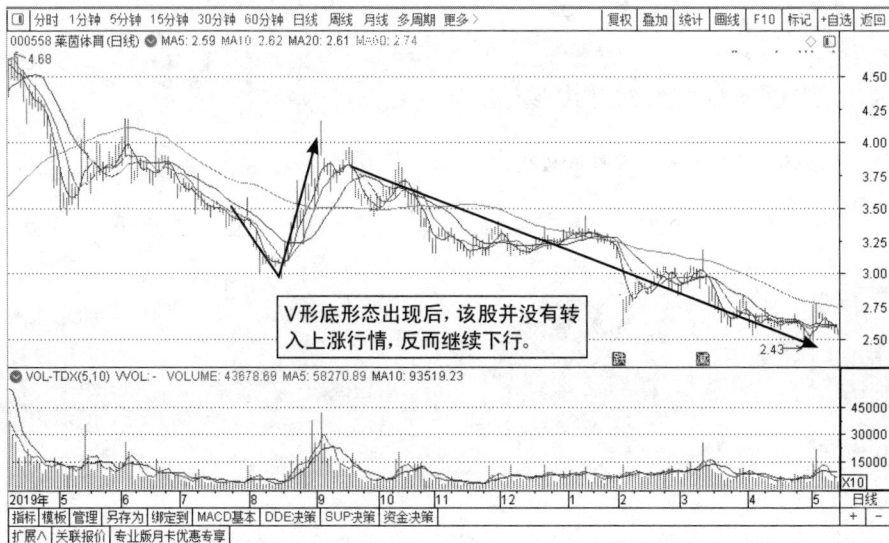

图 莱茵体育2019年4月至2020年5月的K线走势

从上图可以看到，V形底形态出现后，该股并没有转入上涨行情，反而继续下行，最低跌至2.43元，跌势沉重，跌幅较大。

No.113
假双重底

双重底指股价连续两次下跌的低点大致相同时形成的K线走势形态，因为外形像英文字母"W"，所以又被称为W底形态。双重底通常出现在下跌末期，是一种重要的底部形态。当双重底反转形态有效形成后，该股后期大概率会走高。

判断双重底的真假关键在于形成了双重底形态之后股价是否能够有效向上突破，转入上升行情中。

一图展示

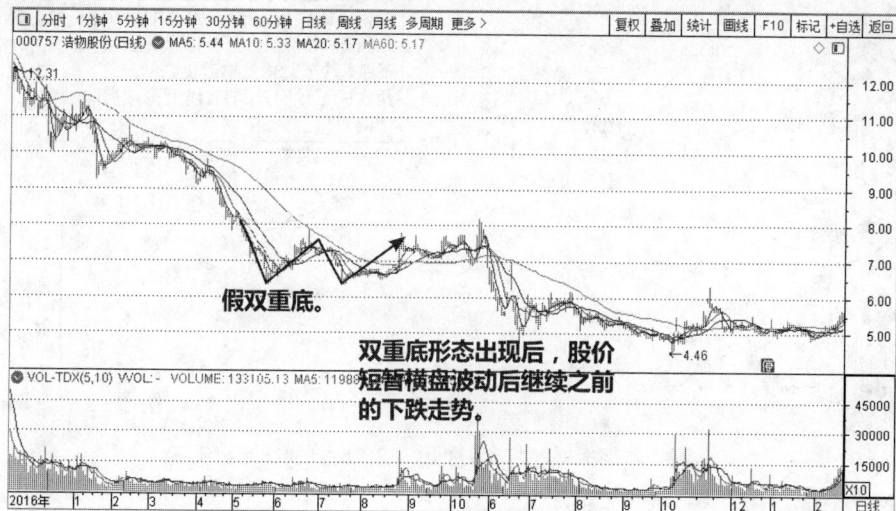

假双重底。

双重底形态出现后，股价短暂横盘波动后继续之前的下跌走势。

要点剖析

判断双重底真假可以从以下两点入手。

◆ 查看股价是否有效突破双重底颈线，且突破时成交量明显放大。通常股价突破后会回抽，确认突破有效。

◆ 双重底形态完成时成交量需要明显放大，且右底明显大于左底。

实例分析 本钢板材（000761）假双重底分析

本钢板材2017年9月至2018年8月的K线走势如下图所示。

从下图可以看到，该股处于下跌行情中，股价从7.55元的相对高位处开始下滑，跌势明显，成交量放量。当跌至5.50元价位线附近后止跌横盘波动一段时间后，继续下跌，跌势更重。

5月末股价跌至4.00元价位线附近后，跌势明显减缓，在创出3.83元的新低后止跌回升，股价回升至4.40元后止涨下跌，跌至3.80元附近止跌回升。两次的下跌回升，在K线上形成典型的双重底形态，按照双重底形态的市场意义，在股价大幅下跌的低位区出现，底部反转信号强烈，后市看涨。

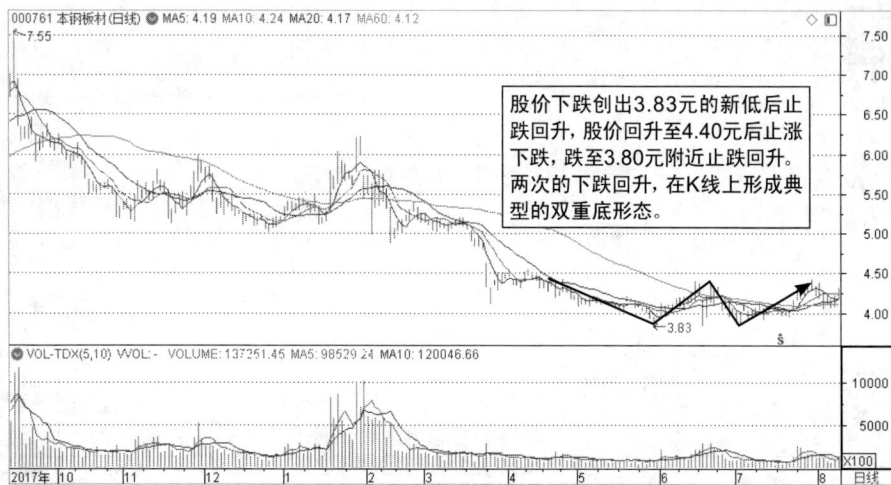

> 股价下跌创出3.83元的新低后止跌回升，股价回升至4.40元后止涨下跌，跌至3.80元附近止跌回升。两次的下跌回升，在K线上形成典型的双重底形态。

图　本钢板材2017年9月至2018年8月的K线走势

事实上并非如此，我们仔细查看可以发现。首先，双重底形态形成时下方成交量没有出现明显放大，说明没有成交量支撑，涨势难以继续。其次，股价再次回升至4.50元颈线位置受阻下跌，并未形成有效突破，说明盘内多方势力较弱，空头仍然占据优势。因此，后市仍然看跌，此处的双重底为假底信号。

本钢板材2018年4月至2019年1月的K线走势如下图所示。

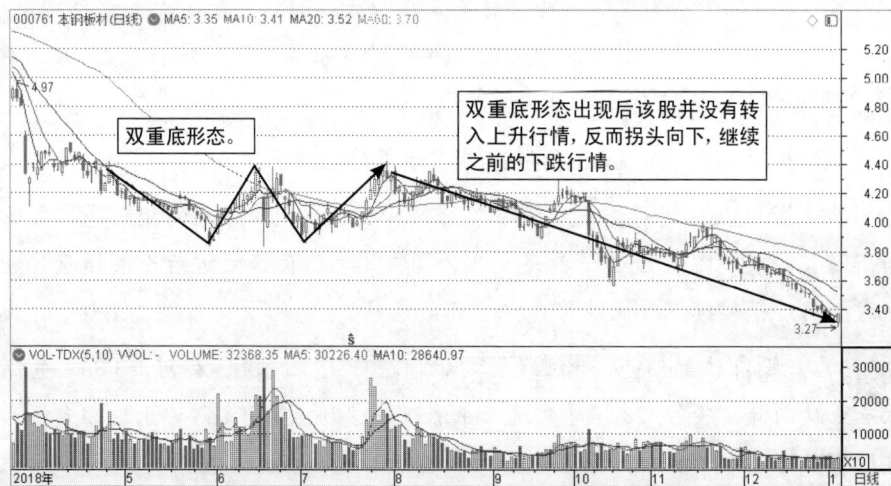

> 双重底形态。

> 双重底形态出现后该股并没有转入上升行情，反而拐头向下，继续之前的下跌行情。

图　本钢板材2018年4月至2019年1月的K线走势

从上图可以看到，双重底形态出现后该股并没有转入上升行情，反而拐头向下，继续之前的下跌行情。此番下跌持续了5个多月，股价最低跌至3.27元，跌幅较深。

No.114
假头肩底

头肩底是一种比较常见的底部形态，预示市场阶段性止跌，后市有望展开一轮止跌回升的上涨行情。因此它是市场中重要的底部反转信号，但在实际炒股过程中，头肩底的有效性并不容易判断，也容易出现假头肩底形态。

一图展示

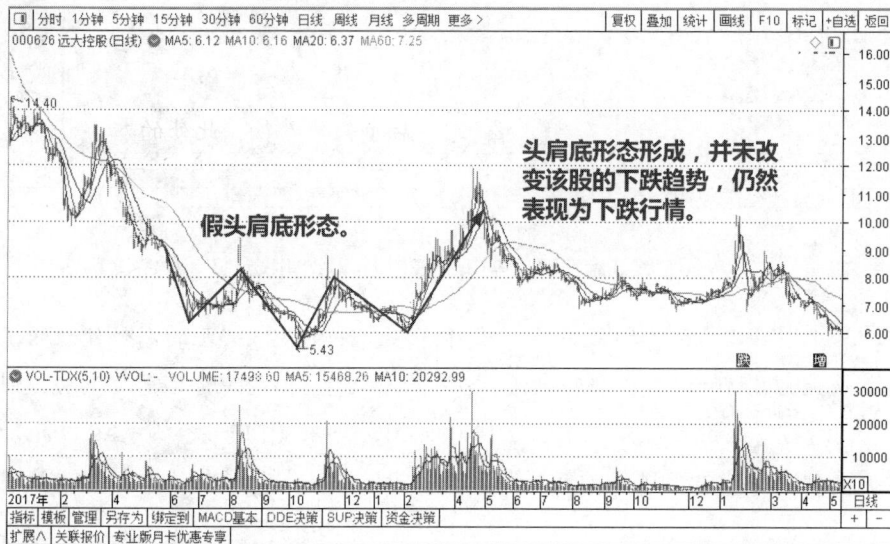

要点剖析

判断头肩底真假的关键有以下两点。

◆ 头肩底右肩形成，股价向上突破颈线时，成交量必须放量，拉升股价有效突破。

◆ 头肩底形成后，股价通常会下跌回踩，但是股价不能跌破颈线，如果股价跌破颈线，则说明头肩底不具备意义。

实例分析 钱江摩托（000913）假头肩底分析

钱江摩托2017年12月至2019年7月的K线走势如下图所示。

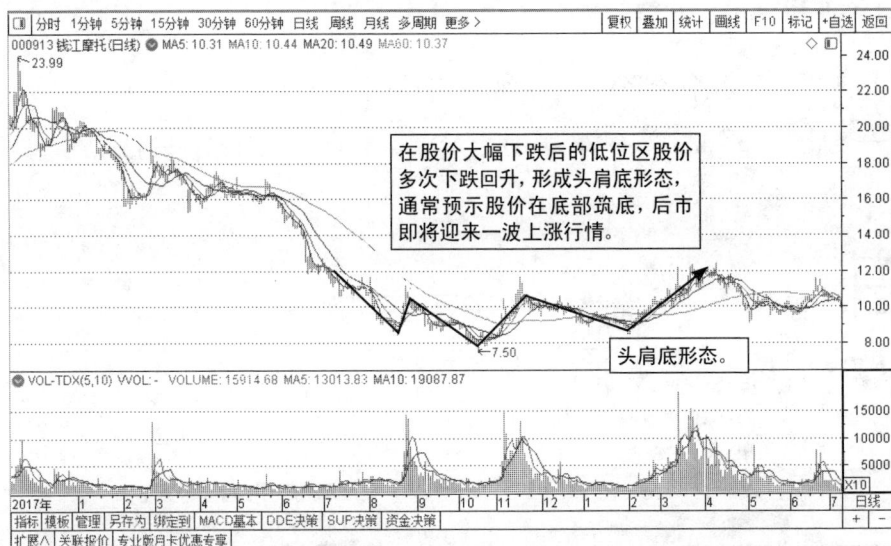

图 钱江摩托2017年12月至2019年7月的K线走势

从上图可以看到，该股处于下跌行情中，股价从23.99元的高位处开始下跌，跌至9.00元附近后，跌势渐缓，小幅回升至11.00元，随后再次下跌，创下7.50元的最低价后回升，上涨至11.00元附近再次受阻下跌，跌至9.00元附近，受到支撑回升。这一波反复的下跌回升，在K线上形成了典型的头肩底形态。

在股价大幅下跌后的低位区股价多次下跌回升形成头肩底形态，通常预示股价在底部筑底，后市即将迎来一波上涨行情。头肩底形态也是股民判断买进抄底的重要信号，但这里的头肩底形态是否为真底呢？

我们仔细观察可以发现，首先头肩底右肩形成时虽然成交量明显放量，拉升股价突破颈线，但是成交量并没有持续放大，很快便萎缩了，萎缩幅度较大，说明下方没有成交量支撑，场内人气比较冷淡。其次，股价突破颈线，上涨至12.00元后止涨下跌，跌破11.00元颈线支撑位，跌至10.00元价位线后止跌，并在该价位线上波动，成交量继续萎缩。股价回踩跌破颈线，说明头肩底形态失效，下方成交量缩量，K线大部分收阴，可见市场仍然消极看空，此处的头肩底为假底信号。

钱江摩托2018年8月至2020年9月的K线走势如下图所示。

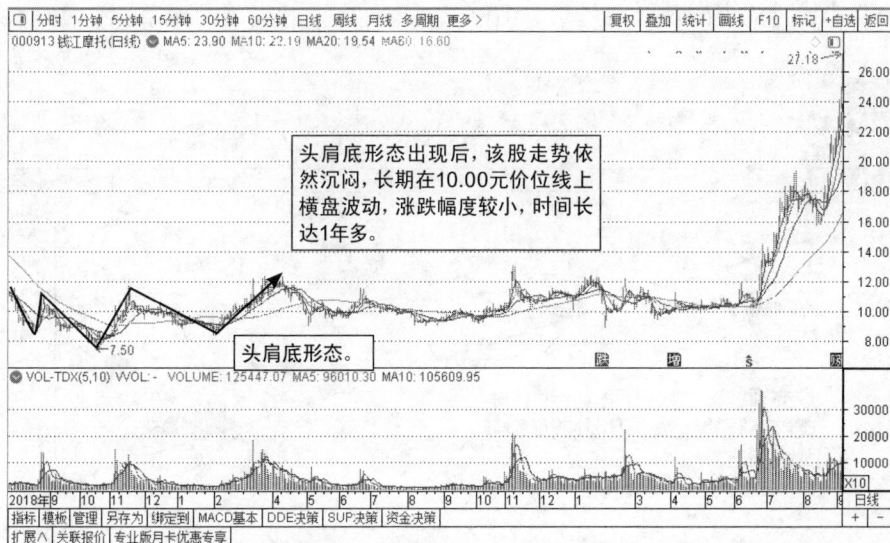

图　钱江摩托2018年8月至2020年9月的K线走势

从上图可以看到，头肩底形态出现后，该股走势依然沉闷，长期在10.00元价位线上横盘波动，涨跌幅度较小，时间长达1年多，直到2020年7月，成交量放量拉升，一举突破12.00元阻力位，股价才开始大幅向上。因此，如果股民前期仅仅依靠头肩底形态买进该股，将会陷入被套陷阱之中。

11.3　趋势线中的假信号

前面我们介绍过由于趋势线的持续作用和转折作用，能够对股价的走势判断起到重要作用。当股价向上或向下，突破或跌破原先的趋势时，股价的行情可能发生转变。但在实盘中，股价在趋势线附近也会存在很多虚假信号的情况。

No.115
向上假突破下降趋势线

下降趋势线对股价起到压制作用，当股价放量上涨时，由下向上突破下降趋势线时买点出现。但是实盘中可能会出现向上假突破的现象。

一图展示

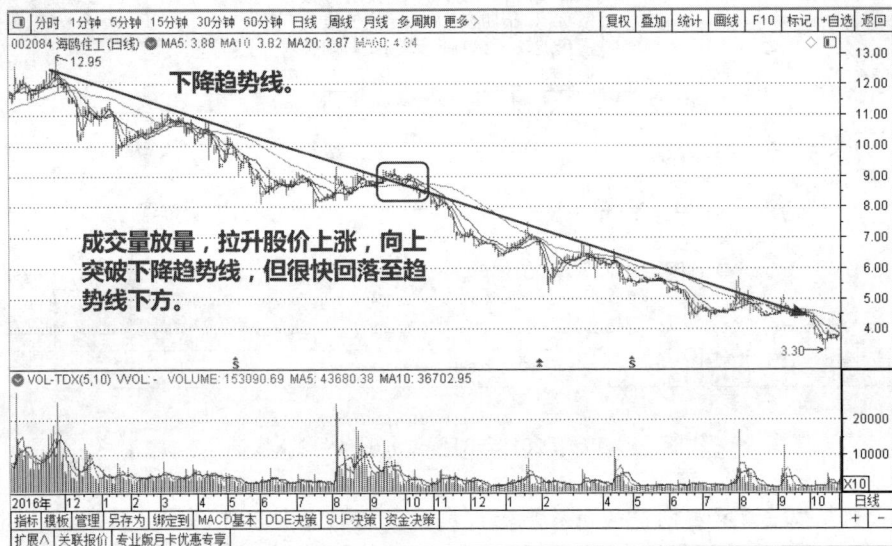

要点剖析

假突破是指股价突破了最初画的趋势线，但是股价行情并未发生改变，短暂突破后快速回落到趋势线下方，继续向下运行。判断真假突破首先是要查看时间周期，如果股价长期有效突破下降趋势线，且成交量放量支撑，说明行情确实发生了改变。另外，还要结合均线，查看股价的中长期趋势是否发生改变。

实例分析 中工国际（002051）股价向上假突破分析

中工国际2019年7月至2020年2月的K线走势如下图所示。

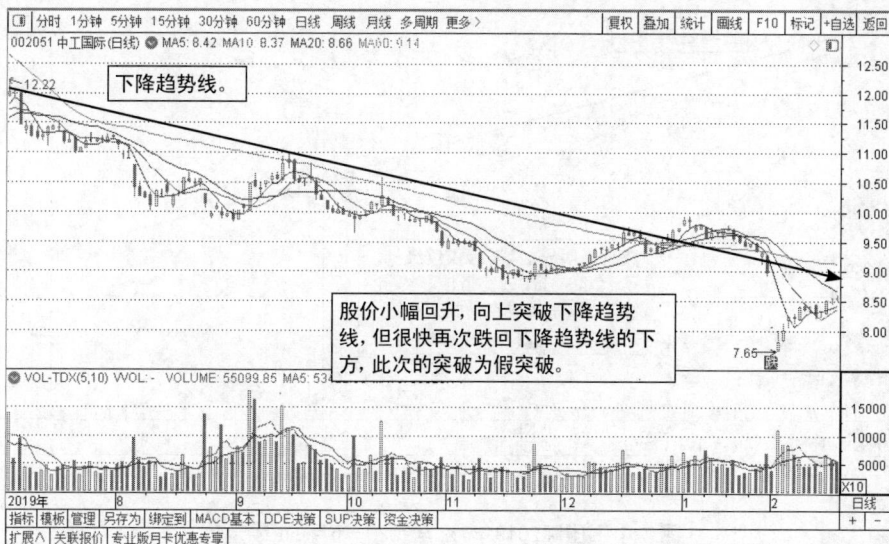

图 中工国际2019年7月至2020年2月的K线走势

从上图可以看到，该股处于下跌行情中，股价受到下降趋势线的压制，在趋势线下方向下运行。2020年1月，股价小幅回升，向上突破下降趋势线，但很快再次跌回至下降趋势线的下方，此次的突破为假突破，这是为什么呢？

我们查看股价向上突破下降趋势线时，下方成交量没有明显放大支撑股价继续上涨。其次，短期均线和中期均线虽然拐头向上运行，但向上突破下降趋势线后马上走平，说明上涨动力不足，为假突破。

中工国际2019年7月至2020年6月的K线走势如下图所示。

从下图可以看到，2020年3月成交量放量，股价再次向上突破下降趋势线，但仍然为假突破，后市仍然走跌，这是为什么呢？

虽然这次突破成交量明显放量，但仅仅维持了5个交易日，成交量便萎缩持续走低，说明成交量并未真正持续放大，支撑股价上涨。其次，股价突破下降趋势线后，10日均线和20日均线迅速拐头向下运行，从中长期来看，股价的行情不会发生改变，此时的突破为一次假突破。

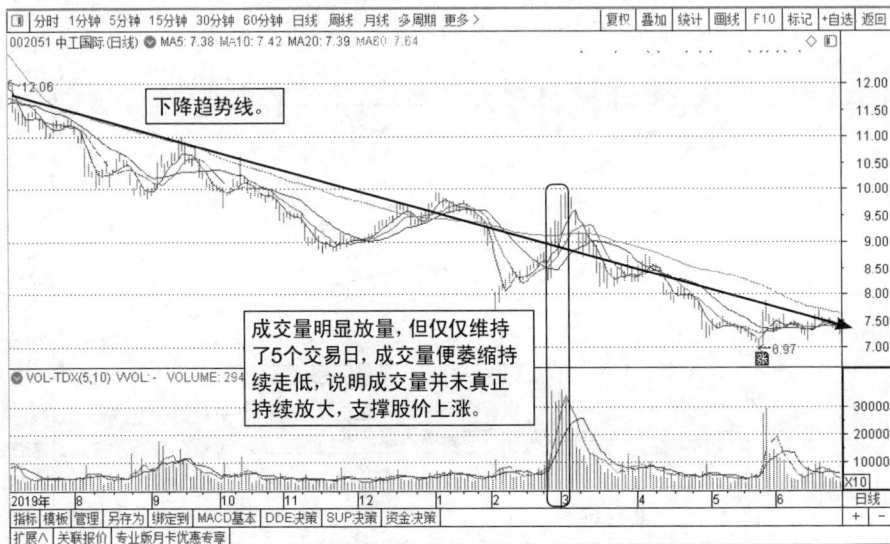

图　中工国际2019年7月至2020年6月的K线走势

> **补充提示** *正确认识假突破*
>
> 　　实际上，不管是真突破还是假突破，在很大程度上都受到人的主观因素的影响，画线位置不同，突破的位置也就存在差异。但不管是真突破还是假突破，一旦突破发生，就需要将其当作真突破来认真分析，判断趋势变化的可能性。

No.116

向下假跌破上升趋势线

　　上升趋势线对股价起到支撑作用，当股价回落下跌，跌破上升趋势线时，说明该股趋势发生变化，后市看跌。但是实盘中可能会出现向下假跌破的现象。

一图展示

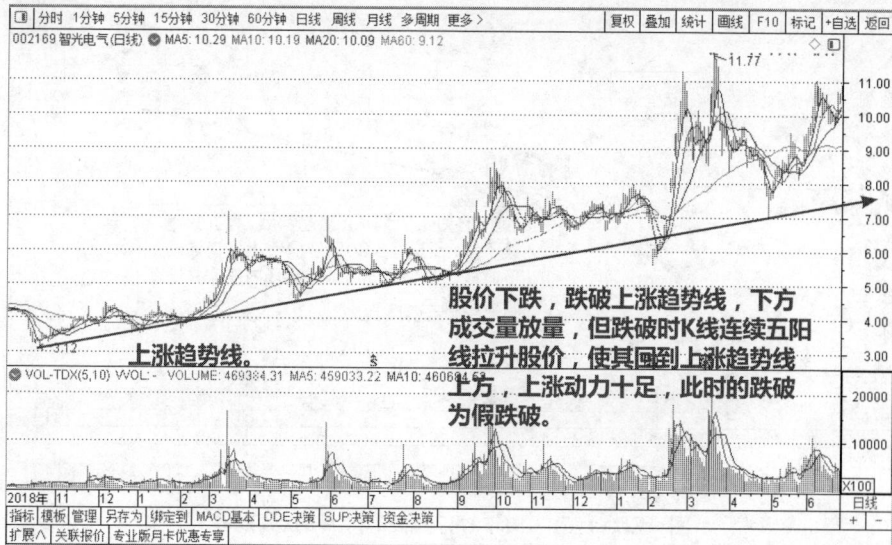

股价下跌，跌破上涨趋势线，下方成交量放量，但跌破时K线连续五阳线拉升股价，使其回到上涨趋势线上方，上涨动力十足，此时的跌破为假跌破。

上涨趋势线。

要点剖析

假跌破是指股价跌破了最初画的上涨趋势线，但是股价行情并未发生改变，短暂跌破后，股价快速拉升回到趋势线上方，继续上行。判断真假跌破的关键首先同样是要看时间周期，如果股价长期有效跌破上涨趋势线，且成交量放量，说明行情发生转变，后市看跌。另外，还要结合均线，查看股价的中长期趋势是否发生改变。

实例分析 双塔食品（002481）股价向下假跌破分析

双塔食品2019年3月至2020年6月的K线走势如下图所示。

从下图可以看到，该股处于上升行情中，股价从2.85元的低位开始向上攀升，受到上涨趋势线的支撑一路向上。当股价上涨至10.00元附近时，止涨回落跌破上升趋势线。

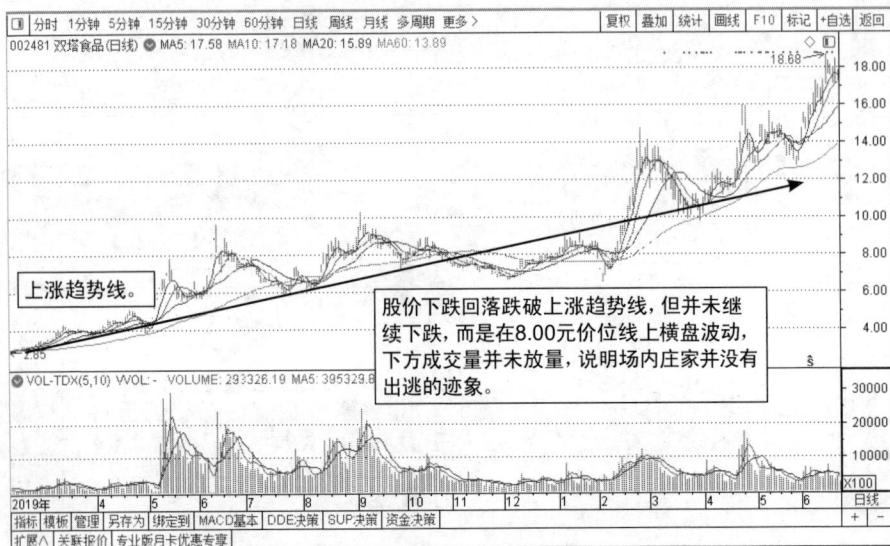

图　双塔食品2019年3月至2020年6月的K线走势

　　股价上涨到10.00元附近，涨幅达到250.9%，通常在股价大幅上涨后的高位区域出现股价回落，跌破上涨趋势线，则说明场内的获利盘逐渐增多，后市股价上涨乏力，庄家想了结获利出局。跌破趋势线为行情反转的信号，但这里的跌破却不是。

　　股价虽然跌破上涨趋势线，却没有继续下跌，而是持续在8.00元价位线上横盘波动，下方的成交量也没有明显放量，说明场内庄家并没有出逃的迹象。此时的横盘波动为上涨途中的调整，以便后市能够更好地拉升股价。因此，跌破为假跌破，该股的上涨行情并未发生改变。